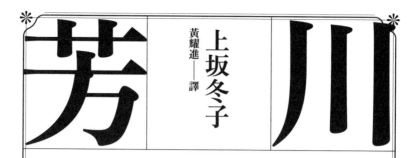

川島芳子

男裝麗人的時代悲歌

上坂冬子
黃耀進——譯

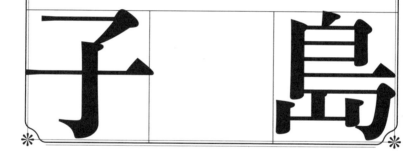

目次

序章——為何現在還要談川島芳子？

第一章——從出生到斷髮

第二章——東洋的瑪塔・哈莉傳說

第三章——日本敗戰，遭受槍決

譯者說明

◆ 原作者上坂冬子慣以日本年號紀年，本中文版翻譯時於日本年號後加上西元紀年，以供讀者參考。清朝年號部分，原作者會加注日本年號，本中文版翻譯時只加入西元紀年，略去日本年號。

◆ 作者部分針對日文讀者加上的注釋，在中文脈絡中並無需解釋，該部分依譯者判斷省略日文注釋。例如「復辟」、「坦白從寬」等詞均略去不列注。

◆ 原作者自稱「為了突顯時代氣氛，特意使用『支那』一詞」，估計原作者應該知悉此用語現為歧視性字眼，但仍「特意」使用，因此翻譯時仍保留原作者的用字遣詞風格。日文版原書成書於一九八四年，因此書中指稱的「現在」、「現年～歲」、「～年前」、「今日依然健在」等時間指涉，皆以一九八四年為基準。

◆ 誠如作者所言，川島芳子的書信，在日語用字、文法、斷句錯誤頗多，極其難讀，內容欠缺脈絡，思緒跳躍，偶爾尚會出現意義不明的用詞，翻譯時已嘗試盡量保持書信的閱讀感受。

◆ 作者引用中文審判資料時，已由作者自行刪節翻譯為日文，本書依照作者日文再翻譯回中文，與原始法院資料、報紙內容有所出入。依照作者日文翻譯可看出作者如何詮釋該段史料（對照原檔案可以看出作者刪節某處、補充某處），而需使用中文原文史料者，請另行調閱正式檔案文獻。

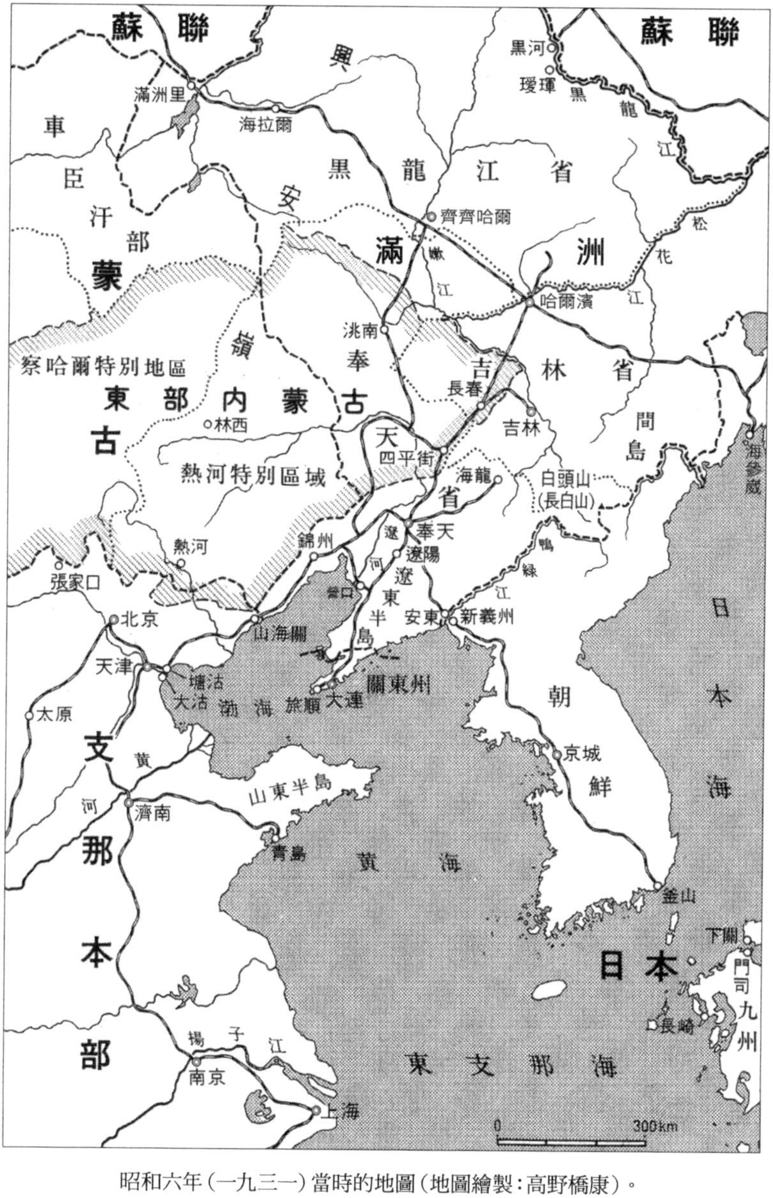

昭和六年（一九三一）當時的地圖（地圖繪製：高野橋康）。

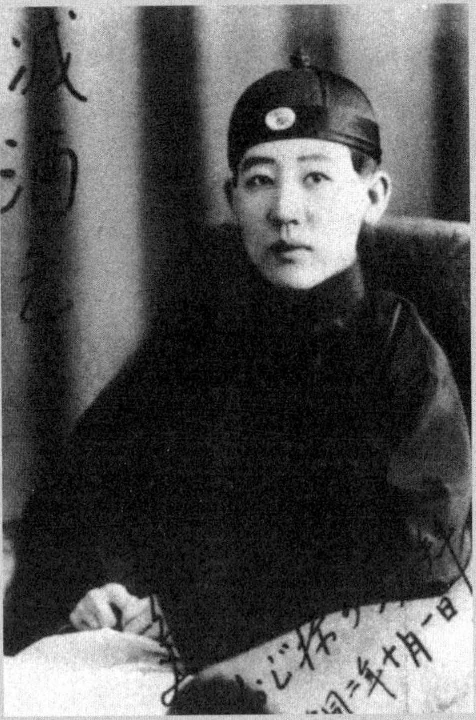

昭和八年（一九三三）寄給多田駿少將姊夫的照片
（署名為多田良麿，芳子偶爾會以此名自稱）。

序章・為何現在還要談川島芳子？

川島芳子是何人？

那純粹是一次偶然的機遇。十四點三十分從大阪國際機場出發的中國民航九二二班機，坐在我身旁的女士，竟是河本大作[1]的三女兒。

「曾經居住過的大連，現在終於開放自由旅行了，事隔三十九年後，想再度造訪，看看現在的景緻。」說這句話的人，是一位修女。而大名鼎鼎的河本大作，就是身為關東軍[2]高級參謀，得為昭和三年（一九二八）六月四日炸死張作霖的皇姑屯事件負責的那位河本。

河本在皇姑屯事件後離開軍職，歷任滿鐵（南滿洲鐵道株式會社）理事與滿炭（滿洲炭礦株式會社）理事長等職，結束規定的四年任期後，便拿著自己滿鐵的理事退休金，於大連市南山麓楠町蓋了一幢自家宅邸。這棟住宅完成於昭和十三年（一九三八），聽說現在被中國政府改為南山賓館二十五號，專門用來接待外賓。這位年過六十的河本家三女，因為想再回懷念的老家看看，才計畫了這趟旅程。在篤信上帝而表現沉穩的同時，在她臉上也讓人看到一股須歷經人生波瀾後，方能展現出來的豪爽神情。

她淡然回答我接連不斷的失禮提問。根據她的說法，當她在昭和十五年（一九四〇）決定受洗時，父親河本大作只說，「自己的人生，照自己的意思前進就好」，絲毫沒有表現出任何堅持或反對之意。她手邊還留著當時父親的親筆信函，信中字體纖細，足以讓人誤會是女性的筆跡，而且內容見解意外地相當開明。

提起昭和十五年，便會讓人想起那個始於天照大神的日本神國，展開「紀元二千六百年奉讚」[3]的年頭。在當年的軍國主義體制之下，一位擁有陸軍上校經歷的人，竟然願意認同自己女兒翻開聖經信教，這個事實確實讓我瞠目結舌。但她接下來若無其事地繼續告訴我的其他事實，又更讓我為之屏息。

川島芳子經常來我們大連的住家拜訪。我想應該是在昭和十年（一九三五）左右吧，因為她經濟上有困難，我父親似乎還給過她零用錢。短髮軍裝打扮，給人一種彷彿寶塚歌舞團主角般的感覺。當時還是女學生的我，也曾被她帶去「琣羅給歌舞廳」（Perroquet）見識，她還教

1〔譯注〕河本大作（1883-1955）：日本陸軍上校，關東軍參謀。以皇姑屯事件主謀而出名。

2〔譯注〕日本帝國陸軍總軍的其中一支。日本租借遼東半島時稱該區域為關東州，並設關東督都府統管，關東督都府守備隊即為關東軍前身，後隨日本於東北勢力的擴展，成為日本支配滿洲區域的主要陸軍部隊。

3〔譯注〕由日本初代天皇神武天皇即位元年起算，至昭和十五年，正好歷經二千六百年。日本政府認為此代表創國二千六百年，進而於全國舉行各種慶祝儀式。

造訪河本大作時的芳子。

過我蒙古的安眠曲。說到這個，有一陣子我們也住過松岡洋右[4]擔任滿鐵副總裁時的公司宿舍，松岡家在宅邸外增建了檜木澡堂，對我們而言那可是極其珍貴的寶貝。有一次我與妹妹正在泡湯，芳子突然進到澡堂，害我們驚叫了一聲。現在想想，大家一樣是女生，實在沒必要那樣大驚小怪。

過往立有小村壽太郎[5]銅像的大連市小村公園，現在已經成為動物園，入口附近原來的「培羅給歌舞廳」變成了兒童電影院，專門放映教育電影。而松岡副總裁曾經住過的舊兒玉町公司宿舍，除了澡堂已經消失之外，仍依照原本外觀獲得保存。

我的這趟中國旅行，其實還帶著一個私人目的，那就是要依照故友的建議，到東北進行關於川島芳子事蹟的實地調查。我事先準備好四十年前的地圖，一切打理就緒，但心中仍有一絲

4〔譯注〕松岡洋右（1880-1946）：日本外交官。一九二一年就任滿鐵理事，一九二七年任同公司副總裁，一九三〇年當選眾議員，後為國際聯盟日本代表，一九三三年國際聯盟拒絕承認滿洲國，松岡代表退場，日本之後退出國際聯盟。一九三五年任滿鐵總裁，稍後擔任第二次近衛內閣外交大臣，一九四〇年促成日德義三國同盟，一九四一年締結《日蘇中立條約》，戰後被指名為甲級戰犯，審判前病死獄中。

5〔譯注〕小村壽太郎（1855-1911）：日本外交官。歷任外務大臣、貴族院議員等。一九〇〇年代表日本負責全權處理庚子拳亂後續事宜；日俄戰爭講和條約締結有功，受封伯爵；一九一一年與美談判，簽訂《日美通商航海條約》，恢復自幕府末年以來喪失的關稅自主權，之後更因「韓國併合」時有功，陞封侯爵。

不安，擔心不知道會出現什麼意外——例如現今地名已然改變，我可能會找不到芳子過往足跡的情形。

不過，這一切似乎都只是我庸人自擾，旅程初始，就受惠於一位我作夢也不敢奢求的嚮導。

然而，突然提起川島芳子的名字，恐怕現在知道她的人應該也不多了。昭和八年（一九三三），作家村松梢風[6]出版了一本小說《男裝的麗人》（男装の麗人），大概有些人會回想起書中女主角的原型，正是那位風靡一時的川島芳子。小說書名靈感來自於她的裝扮，有時穿著學生制服或西裝，有時又穿著日本和服，戰爭期間更會穿著特製的軍服，一位繁忙穿梭於大陸和日本之間的麗人。該書於昭和九年（一九三四）改編成舞台劇，在東京寶塚劇場由水谷八重子主演，吸引了大批觀眾。《男裝的麗人》從昭和七年（一九三二）起在《婦人公論》雜誌上開始連載，連載開始時，新興電影公司也以川島芳子為人物模型，製作上映了《滿蒙建國的黎明》（滿蒙建国の黎明）這部電影，女主角由入江隆子主演，當時也蔚然成為話題。

村松在《男裝的麗人》後記中寫著：

軍部的某人在AK廣播[7]演講中，盛讚芳子小姐是東洋的聖女貞德。

在某段時間裡，許多日本人都記得她英勇的身姿，但日本戰敗後她遭國民政府逮捕，三年後便因漢奸罪名遭到槍決。從過往的「東洋聖女貞德」轉變為「東洋瑪塔・哈莉」[8]，可說是聲名掃地。讀者們應該都知道，聖女貞德是英法百年戰爭末期拯救法國的英雄少女，而瑪塔・哈莉則是第一次世界大戰中以德國間諜身分暗中活躍，是世界間諜史中妖冶無雙的女性。

究竟川島芳子是個什麼樣的人物，實際上又做了些什麼，為何最終又被槍決？雖然有各式各樣的傳聞，但幾乎都沒有明確的事實證據。

如同被稱為「滿洲陰謀者」的河本大作，川島芳子也有令人難以想像且思想開明的一面。不管是被形容成聖女貞德還是瑪塔・哈莉，她肯定也還留下許多我們意想不到或從未注意過的一面。

當然，不是只有我對川島芳子抱持興趣，中國方面也有人追蹤了她的言行舉止。昭和五十七年（一九八二）二月，渡邊龍策[9]寫了一本《祕錄・川島芳子——其生涯真相與謎團》，

6〔譯注〕村松梢風（1889-1961）：日本小說家。本名村松義一。
7〔譯注〕指 NHK 廣播東京台。
8〔譯注〕瑪塔・哈莉（Mata Hari, 1876-1917）：一戰前活躍於巴黎的舞女。一戰期間因間諜嫌疑於巴黎被捕，遭處死刑。其名後成為女間諜的代名詞。
9〔譯注〕渡邊龍策（1903-1988）：日本作家。對中國馬賊頗有研究。

由南京江蘇人民出版社翻譯出版[10]。因為屬於「內部發行」，所以書店無法購得，但大概只花了一年時間，此書便出版了三刷，共約六萬五千本。書本開頭有譯者的一段話。

……川島芳子的一生，與肅親王追求大清王朝復辟、日本帝國主義導致中國分裂，以及操弄傀儡滿洲國的罪惡目標等，都有著緊密關係，而且本書對於一九三〇年代日本侵略中國一事，也具有史料上的價值。只是書中對川島芳子抱有同情，而芳子寫的書信也始終在替自己辯護。作者更是站在讚美與同情川島芳子的角度上論述，所以此書可說是一本美化川島芳子並為其辯護的著作。特別是部分內容其實毫無事實根據，因此在此須先強調，希望讀者不可全數當真，並應當留心注意這些部分。

彷彿在配合與等待這本書的出版一般，昭和五十七年（一九八二）三月二十五日，也就是芳子被處決後的第三十四次忌日，《北京日報》連載專欄「北京歷史上的今天」，也以〈漢奸金壁輝槍決〉[11]為標題，刊出了以下報導內容：

一九四八年三月二十五日，清晨六點四十分，漢奸金壁輝於北平宣武門外第一監獄接受槍決。金壁輝是清朝肅親王善奕[12]的第十四女，生於東京。三歲時成為清朝日本人顧問川島浪速的養女，川島成為其養父。職是之故，她也被稱為川島芳子。金壁輝的養父母與日本皇室具有姻親關係，因此可與日本軍政界要人交際來往，並企圖藉此外力實現復辟清朝的夢想。

當時的日本，認為金壁輝有利用價值，九一八事變後讓她返回中國從事間諜活動。此後，金壁輝往返北平、天津、上海、偽滿洲、日本，參與了日本侵略中國的間諜活動。此外，她也擔任過偽滿洲皇宮女官長，與日本關東軍參謀長多田駿[13]共同策畫成立偽滿洲國、組織偽定國軍，編制陳國瑞[14]部隊並親自擔任統帥。之後更進一步迎接溥儀到熱河行宮，企圖組織偽政府。金壁輝亦協助丈夫蒙古人甘珠爾扎布訓練王府軍，參與策動蒙古獨立。七七事變後，金壁輝與

10〔編注〕《祕錄・川島芳子——其生涯真相與謎團》一書由南京江蘇人民出版社發行簡體中文版，名為《女間諜川島芳子》，一九八五年出版。

11〔原注〕應是「璧」之誤植。本段引用均如實刊載。

12〔原注〕「善耆」之誤植。

13〔譯注〕多田駿（1882-1948）：日本軍人，最終官拜陸軍上將。中日戰爭期間與石原莞爾皆主張不擴大戰爭與透過和蔣介石談判達成目的，但在戰爭擴大派的陸軍次官東條英機崛起後被編入預備役，二戰後被認為有甲級戰犯嫌疑遭到逮捕，後獲不起訴。

14〔譯注〕關於陳國瑞、收編定國軍等事宜，雖可見於漢奸審判時的檔案與本篇報導中，但無詳述。根據本書作者後文的說法，定國軍是由張宗昌（當時已經身亡）底下的參謀方永昌，向芳子提議希望由她擔任總司令，組織安國軍參加熱河作戰。

駐紮天津的日本軍司令官多田駿、特務機關長和知鷹二[15]等，策畫利用汪精衛樹立偽政權，且欲迎溥儀回北平，企圖復辟滿清王朝。

之後，她歷任偽華北人民自衛軍司令官、北平滿洲同鄉會總裁、中華採金會社理事長、留日學生總裁等偽職，不斷推進賣國利敵的計畫。其罪行重大，罪無可逭，於一九四五年十一月遭逮捕，一九四八年三月二十五日執行槍決。

照此看來，中國方面關於川島芳子的資料似乎也不甚充足，這則報導不僅充斥許多疑問，也有諸多明顯的事實錯誤。

例如報導中說，芳子是清王朝最後的貴族肅親王的第十四女，出生於東京，這明顯有誤。她出生於北京東交民巷，在船板胡同長大。東交民巷一隅，現在是名為台基場的官廳街區。在這裡還可以看到過往各國大使愛用的六國飯店，以及對面的橫濱正金銀行等建築，雖然已顯破舊，仍可感受到過往風華。原本位於船板胡同的肅親王府，現在成了北京襪廠，位在北京市東城區東四十四條小學的斜對角。其水泥牆垣仍可令人想起過往王府大門的屋頂，而圍牆之內已遭全面改建。文中另一處，說她的養父川島浪速家族「與日本皇室有著姻親關係」，這也是毫無事實根據的說法。

無論如何，以下將略述川島芳子的生平。她生為清朝最後親王的第十四格格，受到所謂「大陸浪人」[16]的日本人撫育，捲入七七事變及其前後一連串中日爭端漩渦中，隨著戰爭結束，也結束了她的一生。也就是說，她與日本所謂的對華「十五年戰爭」，擁有共同的連帶命運。

即便如此，事實真相仍如前述，留有許多依然不明的面向，即便曾經與她直接交流過的人們，也無法掌握她的本性。

例如曾擔任部落解放研究所[17]理事長的原田伴彥[18]，是少數認識川島芳子的人之一，他已於昭和五十八年（一九八三）過世。原田從七、八歲開始到二十一歲為止，偶爾會接觸川島芳子。原田母親的娘家與川島浪速家有親戚關係，原田的母親先作為川島的養女，之後嫁給原田家。昭和二十四年（一九四九）川島浪速八十四歲過世時，主辦葬禮的親屬也一同弔祭了無人祭祀的川島芳子。原田當天為了芳子還起草了一份長篇祭文，並由葬儀委員長、即原縣議會議員雄

15〔譯注〕和知鷹二（1893-1972）：日本軍人，官拜中將。歷任參謀本部、濟南駐在武官、關東軍參謀、廣東駐在武官等職，中日戰爭時任支那駐屯軍參謀，一九三八年任臺灣軍司令部付，負責特務等工作，一九四〇年太平洋戰爭爆發時任臺灣軍參謀長兼臺灣軍研究部長，後擔任菲律賓方面軍務，升至中將、南方軍總參謀副長、第三十五軍參謀長等，二戰後因戰犯嫌疑被捕，至一九五〇年獲得假釋。

16〔譯注〕指無正式職業、無地位所屬，隻身前往中國闖蕩的日本人。

17〔譯注〕專門研究日本部落歧視問題的團體，位於京都。

18〔譯注〕原田伴彥（1917-1983）：日本歷史學者。出生於滿洲奉天（今瀋陽），後搬回東京，一九五三年任部落解放研究所理事，一九六八年任該所第一任理事長，留下許多部落史研究成果，並致力消除對部落民的歧視。

谷村司代讀。原田得知芳子被槍決之後，立刻於昭和二十三年（一九四八）三月二十八日寫了一篇文章投稿《信陽新聞》[19]，這恐怕是日本人對芳子發表過的唯一一篇公開弔唁文章。文章大致如下：

……她的武器，不僅在於絕世的美貌，還有愛新覺羅王朝的貴族血統、財力、滿溢的才華與聰慧的頭腦。

但這些特質，也同樣造成她人生的悲劇。

她的生活中，既無理想，也無意識形態，性格中幾乎不具備現代性的精神。（中略）她是否真的從事了所謂的叛國間諜行為，我其實並不了解事實真相。（中略）但我卻深信，世上流傳的幾部把她形容為「東洋瑪塔・哈莉」的川島芳子傳記，全部都是從過往一、兩本獵奇性小說延伸而來，之後透過新聞記者們反覆渲染，製造神話，最終才會出現這種任意衍生嫁接的離奇故事。（中略）胡風畫破朔北的曠原，她的亡靈仍在其上踉蹌迷惘，每懷思至此，我的胸中總充滿著惋惜與追悼之情。當除去一切虛偽矯飾，在我眼中的她，只不過是一位無法走上幸福道路的不幸女子，加上她自己也選擇成為受人操弄的世紀「人偶」，這種形象宛如諷刺漫畫般，委實充滿悲情。

另外，村松梢風在前述書的後記中對芳子有如下評論：

最近對川島芳子的評論，越來越受矚目（中略）。

「究竟川島芳子真的是位偉大的女性嗎？」

我經常被人如此問到。（中略）應該說她偉大，還是說令人佩服，我自己也不清楚。可是，「川島芳子是一名天才。」

只有這件事，我可以毫不猶豫地直接斷言。（中略）

當時在上海經常聽到有關川島芳子的傳聞。傳說在七七事變之前她擔任日本間諜從事大量地下活動，現在也仍與某些單位保有關係，似乎仍活躍於各種場合。報紙上還以「在戰火交織暗巷中舞踊的謎樣女性」為題，刊登過芳子的照片。

雖然外界謠傳各式各樣的說法，但事實上芳子究竟從事地下活動到什麼程度，卻無人知曉。不僅如此，對於川島芳子究竟是個什麼樣的人，她的本質，從過往就從未被披露過。她完全就是謎樣般的女性，一個無法解釋的存在。（中略）就像植物或花朵也會出現變種一般，世上因為出現這位型類迥異的罕見女子，大家才會紛紛想像她完成了破天荒的暢快大業，而這種

19〔譯注〕發行於日本長野縣松本市的報紙。

想像也挺好的。

村松因為受日本軍部某人的建議，勸他「不妨以川島為題材寫本書」，在這個契機下他才寫成了《男裝的麗人》一書。而從當時的前後脈絡來看，這位某人應該是在東京軍事法庭上、身為檢方證人而受人矚目的原陸軍少將[20]田中隆吉[21]。川島芳子之所以能夠接近多田駿[22]或田中隆吉等日本陸軍重要幹部，或許是因為在那個天皇具有絕對權威的時代，她身為滿清王朝第十四格格的身分發揮了相當大的作用。

《男裝的麗人》以小說形式寫成：一位出身王朝、名喚滿里子[23]的女性，有時以舞孃身分招攬眾人眼光，有時又接受日本軍部命令，為上海一二八事變進行各種地下工作——以此為主軸展開各種故事場面。對於此書，村松表示「全部都當作空想即可」，特別強調小說內容均為想像。但無論村松如何否認，讀者仍會自行對照實際存在的男裝格格，以及七七事變爆發前後的大陸風雲史，而所造成的結果，便是在五十餘年後的今日，該暢銷著作的書名《男裝的麗人》，仍停留在許多人的腦海中。

因為這個不良影響，使得川島芳子的形象一如原田伴彥和村松梢風所指出的那般，成為虛偽資訊與八卦消息的總和，即便在她遭處決後已超過三十年的今天，她仍如亡靈般，存在於中日兩國之間。

我對於遭戰爭玩弄因而墜入兩國間幽谷的人們，抱持著深刻的關心，對於川島芳子的情況也一直無法釋然。我之所以會計畫此趟中國旅行，想要巡遊一次川島芳子曾經走過的土地，其實也是為了一償宿願，希望能夠獲得更多線索，藉以追尋她的真實形象。

川島芳子的兄弟姊妹

抵達北京後，我逕直趕往過去北平東四牌樓九條三十四號的川島芳子宅邸。房子仍在當時原址上，我推測外觀大致也維持著當時的樣貌，不過現在卻掛著「北京市東城區東四十九條小學」的招牌，成為一所小而整潔的學校。

透過帶有瓦頂的巍然大門，我往門縫內一看，正面牆壁上寫著「好好學習、天天向上」的

20〔原注〕田中隆吉當時還是駐紮上海的參謀本部少校。

21〔譯注〕田中隆吉（1893-1972）：日本軍人，官拜陸軍少將。一九三〇年於上海結識川島芳子並交往，並利用川島芳子，成為一二八事變主要策畫者。之後擔任陸軍省兵務局長，但在對美作戰時只擔任預備役。東京軍事法庭上以證人身分協助檢方，做出不利日本被告的證詞。

22〔原注〕多田駿在上海一二八事變當時為陸軍上校。

23〔原注〕以川島芳子為原型的主人公。

大字，紅底白字，令人印象深刻。詢問過當地人，我才得知大門外側仍保留三十幾年前的樣子，茂密樹林成列並排；穿過大門越過中庭，芳子的房間也如過往般整齊。過往有許多大戶人家住在九條通，現在則被切割細分，改由許多戶人家分住，門牌號碼因戶數增加而有改變，原本是三十四號的芳子宅邸現在則變成了六十七號。

探訪過芳子宅邸的隔天，我找到了芳子的同母胞妹，即身為第十七格格的顯琦（字默玉）。顯琦生於大正七年（一九一八），於昭和十二年（一九三七）自日本女子學習院畢業，第五十一屆的秋麗會名簿一開頭就記載著愛新覺羅顯琦的名字；她的容貌風采，就像被稱為「男裝麗人」時期的芳子。如今的顯琦任職於北京市文史研究館，與丈夫住在郊外二房二廳的集團住宅，過著只有夫婦兩人的生活。書架顯眼處放著愛新覺羅溥儀寫的《我的前半生》。顯琦夫婦沒有生育，聽說最近將要領養小孩。因為川島浪速的關係，與芳子同母親的親妹妹顯瑠、顯琦都被大家都稱為浪子與速子。被稱為浪子的顯瑠已經過世，妹妹顯琦的學習院同學至今仍以「速子」稱呼她。昭和五十七年（一九八二），她以出席同學會的理由訪日，但她卻表示：「我不喜歡被稱作速子。不想留下川島浪速這號人物的名聲。」她直接了當說完後，又接著說：

芳子姊姊確實聰明，但公平來說，她還沒力量去執行間諜行為。造成她悲劇的原因之一，就是成為川島浪速的養女，另一個原因就出在她的美貌。我認為她被自己的美貌詛咒了。

之後我又拜訪了芳子的異母姊姊，即第十二格格顯琭。顯琭的女兒若靜正在慶應義塾大學留學，因為思念母親，此趟特別託我帶了日本甜豆蜜餞來給她母親。顯琭現年七十九歲，仍展現出驚人的記憶力，能背出肅親王二十一個兒子與十七個女兒的名字，之後還以緩慢的口吻說：

芳子絕不是什麼壞人，這一切都是環境的錯。

她如此斷定。

肅親王的兒子與女兒、也就是川島芳子的兄弟姊妹，如附圖一覽表所示，雖然現在還活著的人已經不多，但仍在中國各地靜靜地生活著，外甥或姪子當中還有不少人仍記得當年的芳子姑媽。不過，不限於中國，在與芳子有深刻血緣關係的人當中，還有兩人住在日本。

其中一人是芳子的同母哥哥、也就是第十四阿哥憲立。憲立生於光緒二十九年（一九〇三），如今已歸化日本籍，精神矍鑠地生活在東京郊區。在《男裝的麗人》小說中有一位哥哥登場，村松梢風提及「兄弟姊妹當中，唯一理解滿里子的，就只有這位哥哥」，讓人聯想到，小說中這位哥哥指的便是憲立。

憲立前來日本並歸化日籍的經過，大致如下：

川島芳子遭國民政府槍決時，肅親王家人每天都過著避人耳目的日子。即使等到人民解放軍成立中華人民共和國，革新了所有體制，但過往採取親日立場的肅親王家族，某種意義上仍帶著愧疚感，因此當時肯定不希望引起人們的注意。昭和二十五年（一九五〇），憲立接到一則來自北京軍事管制委員會的委託。為了整修日本軍隊棄置中國的武器，需要憲立到日本購買相關零件。龐大的滿人一族中，各自有著不同的主張，支持不同的主義，其中有一位正好隸屬於北京軍事管制委員會。因為透過這位關係人的推薦，軍方才選上熟知日本事務的憲立。

憲立先來到香港，並加入旅行團成為前往日本的觀光客之一，對憲立個人而言，這也是一趟「尋妻之旅」。他的妻子是日本人，因為日本戰敗，不得不撤回日本。

造訪日本的憲立很快便順利見到妻子，之後隻身回到香港，卻沒返回中國，反而再度回到日本，開始辦理延長居留的手續。曾就學於上海東亞同文書院的憲立，在日本外務省有不少同窗舊識，因此在申請簽證上獲得不少協助。憲立過去在小磯國昭[24]的介紹下認識了河合良成[25]等人，因此到日本之後開始接受如小松製作所等大企業的翻譯工作，也在ＮＨＫ從事中文相關工作，藉此維持生計。

憲立出國時家中尚有十一歲、九歲、八歲與六歲的幾個孩子，均由妹妹顯琦代為扶養，這四個孩子都入了日本母親的國籍，於三年前來到日本，就此定居。憲立在中日恢復邦交、臺灣政府與日本斷交時，獲得喪失國籍的證明，之後便歸化日本籍。現在，幾乎沒有人會注意到這位有著日本名字、能說流暢日語的老先生竟是滿清王族的後代，而他本人也避免公開說明這件事。

當我詢問憲立對芳子的觀感時，他以略帶辛辣的口吻這麼回答：

芳子沒什麼遠大理想，而圍繞她身旁的人，又多為庸俗之輩。如果她接受更具思想基礎的教育，頭腦好加上天資聰穎，或許能擔任推動歷史的要角。可惜她出身的家庭本身就是個包袱，加上自身與生俱來的特異性格，造就她一輩子都在不斷重複毫無意義的個人行為，並且就這麼草草結束了自己的人生。

另一位住在日本的近親，就是肅親王的大阿哥憲章的女兒廉鋁。從第十四格格芳子的角度來看，廉鋁就是她的姪女輩。廉鋁現在歸化日籍，以川島廉子之名居住於長野縣松本市。繼芳

24〔譯注〕小磯國昭（1880-1950），日本軍人、政治家，歷任陸軍次長、關東軍參謀長、朝鮮軍司令官、拓務大臣、朝鮮總督等職。塞班島失陷後接替東條英機擔任日本首相，既無法挽回戰局，與中華民國的單獨和平談判亦失敗，一九四五年四月辭職。戰後東京軍事法庭判決終身監禁，於服刑中過世。

25〔譯注〕河合良成（1886-1970），日本政治家、實業家。一九四六年擔任吉田內閣的厚生大臣，一九四七年就任經營不順利的小松製作所社長，並成功振興該公司。

肅親王二十一子十七女一覽表

	王子	王女
正妃	1 憲章 2 憲德 8 憲真	1 顯瑄 2 顯珥
第一側妃	3 憲平 4 命名前死去 5 憲宜 7 憲奎（又寫作憲魁）別名金璧東	3 顯珊* 4 命名前死去 5 命名前死去 6 命名前死去
第二側妃	6 憲英 9 憲貴 11 憲原 12 憲均	10 顯瑚 12 顯珴 15 顯珣
第三側妃	10 憲邦 13 憲云 15 憲久	7 顯琪 9 顯玖 13 顯琮
第四側妃	14 憲立 16 憲方 17 憲基 18 憲開 19 憲容 20 命名前死去 21 憲東	14 顯玗（川島芳子） 16 顯瑠 17 顯琦

＊第八及第十一女出生後夭折。

＊第三女顯珊是正妃的侍女所生，因其母很快過世，因此被當作第一側妃的女兒。

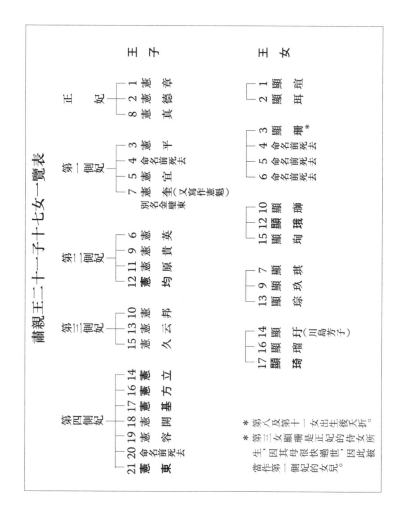

子之後，廉子也成為川島浪速的養女，過往被當作芳子的「妹妹」，也曾經與芳子一起上過報紙新聞。廉子的簡歷，以及前往日本並歸化日籍的過程大致如下：

大正二年（一九一三），廉子出生於旅順的肅親王府，祖父肅親王因旅順之故便為她取名為旅子。她的父親憲章是嫡長子，因此如果清朝沒有滅亡，他將會成為第十一代肅親王繼承人。廉子是次女，擁有舊時皇家的直系血統。因為辛亥革命，肅親王舉家從北京移居旅順，不久之後她便出生了。對此肅親王帶著極深的感慨，因此才為她取名「旅子」。

順帶一提，肅親王大阿哥憲章的七名子女中，包含廉子在內，目前仍然健在的僅剩三人：廉子的弟弟廉紳，現任教於武漢地質學院，一面擔任政治協商會議委員，一面為撰寫祖父肅親王傳記而收集各種資料。妹妹廉錞則以旅順的順字被大家通稱為順子，嫁給了過去曾擔任駐日公使的丁士源[26]之孫。廉錞與現在居住北京的溥傑[27]夫人，也就是嵯峨實勝[28]侯爵的女兒嵯峨浩，是相當好的朋友。廉子伴隨川島浪速前往日本的時間，是在肅親王過世的大正十三年

26〔譯注〕丁士源（1879-1945）：於清朝、中華民國與滿洲國皆擔任過政軍要職。滿洲國時代擔任過滿洲國駐日公使、滿洲中央銀行監事等職。
27〔譯注〕溥傑（1907-1994）：滿清末代皇帝愛新覺羅溥儀的胞弟。
28〔譯注〕嵯峨實勝（1887-1966）：日本華族，嵯峨公勝之子。為嵯峨家第三十代家主，封侯爵。

攝於位在松本的川島邸前。
由左至右為廉子、浪速、芳子、芳子的祕書千鶴子。

（一九二四），而正式入籍成為養女，則是昭和八年（一九三三）的事。這點與芳子有著極大差別，詳細情況容後再述。

之後，廉子陪著養父往返於日本與大陸之間，昭和十五年與京都大學畢業的薛錫三結婚，在北京迎來戰爭結束的日子。

毛主席領導的新中國，當然改變了廉子全家人的生活。她的父親，也就是身為肅親王繼位者的大阿哥憲章，於解放後第三年的昭和二十七年（一九五二）過世。據說過世前他還不斷喃喃自語：「生逢其時，我應當穿著龍袍，現在竟然穿著窟窿而死。」[29]

對此，廉子只有簡短地說：「那個時候，我們窮到得撿市場掉落的剩菜來吃，得到煤渣垃圾場蒐集沒燒完的煤炭取暖。」此外便未再多提。

川島廉子因為希望前往日本，於昭和三十四年（一九五九）寫了第一封信給她第二故鄉松本市的市長降旗德彌[30]。卻因為這件事，廉子被「下放」到距離北京搭巴士需三小時車程的農村。理由是因為她貪圖安逸生活，所以才夢想前往日本，因此必須下放農村，重新鍛鍊軟弱的

29〔原注〕此處指穿著滿是窟窿的破爛衣服。
30〔譯注〕降旗德彌（1898-1995），日本政治家、實業家。政治部分曾擔任過眾議院議員、第二次吉田內閣的遞信大臣、松本市長等，實業部分則擔任過《信濃日報》社長、信越放送董事、長野放送社長等。

精神。

到了昭和四十一年（一九六六）文化大革命時，與芳子一樣成為日本人養女的廉子，因親日派的關係成為紅衛兵鬥爭的目標，命令她詳細寫下與日本侵略者的哪些人物有什麼關係。除此之外，每天晚上都聚集一百多人，命令她做自我清算。

一方面也是為了中國重生的國民教育，對於來自社會底層人民的鬥爭，我認為應該低頭忍耐過去。不過被自己的親生孩子清算，說連我的臉都不想見時，還是感到非常痛苦。

廉子想起四人幫勢力最龐大的時期，不禁低下了頭。昭和四十七年（一九七二），田中角榮[31]首相推動中日恢復邦交時，「仇視日本」的氣氛開始出現微妙變化，廉子也察覺到此種狀況，但不知道「帶著過往犯錯者的身分，是否能申請護照」，最終她仍賭上一把提出申請。結果，在「中國政府寬大政策」之下，廉子達成目標，拿到前往日本的許可。當然，過去身為川島家養女的身分，之後也成為申請日本國籍時的有力根據，因此廉子即以生病為由，在次男文肇的陪同下前往日本。文肇曾在信州大學經濟學部當旁聽生，接受大內力教授[32]的指導，現在是橫濱國立大學的研究所學生。

廉子抵達日本的第二年，也就是從昭和五十七年（一九八二）一月四日起，開始在《信濃每日新聞》刊登共十一回的〈來者之記〉連載，最後總結之處如此寫道：

人生即將走到盡頭的我，卻能獲得這樣的幸福，我認為這全賴上天所賜。來日本之後，因為高血壓與眼病，度過了好幾個月的住院生活。當我躺在柔軟的床上閉上眼睛時，總覺得這四十餘年來苦難的每一天，彷彿就像一瞬間的夢境一般。

當我請教她，現在對姑媽川島芳子帶有什麼樣的想法時，她稍微沉默了一下，接著以慎重的口吻回答：

九一八事變之後，我陪著養父浪速由松本移居到大連，曾經與芳子姑媽一同生活過一段時間。記得有一次姑媽穿著白色高領毛衣，我稱讚那毛衣好看，之後姑媽便熟練地以兔毛織了一件同樣的毛衣給我。她做的料理非常美味，在日本的時候我們就像一家人一般，她還會照顧留學中的族人們，是個非常細心的人。如果不走上那樣的命運，或許她會是一位好主婦吧。中日

31〔譯注〕田中角榮（1918-1993），日本政治家。歷任眾議院議員、郵政大臣、大藏大臣、通商產業大臣、內閣總理大臣等。
32〔譯注〕大內力（1918-2009），日本經濟學者。東京大學名譽教授、信州大學名譽教授。

戰爭期間，她在東京的九段置了家宅，我在她家寄居了半年，還記得傍晚時分我們兩人會打扮一番，一起去銀座享用什錦甜涼粉，還曾經一同去京都旅行過。

對我來說……

廉子說到此處頓了一頓，最後下了一個結論：

實在是一位可憐的女性。

對於被指為漢奸而遭處刑的姑媽，在深思熟慮之後以「可憐」來評價，可以體會到廉子想避免引起其他爭議，苦思適當詞彙的心情。或許也是考慮到一直在旁正襟危坐的次男文肇，畢竟大家都知道，這對母子也經歷過那段孩子必須批判自己父母的文化大革命時期。

無論如何，與日本十五年戰爭命運緊緊相連的川島芳子，能否透過這些親屬的證詞線索，建構起更為實際的形象？在逐一找到這些經歷過那個年代、理解芳子習性的人們，並與他們訪談之後，更加深了我對川島芳子的執著。

現年三十四歲、頗具人望，且大家通稱為「肇桑」的次男文肇，有著一張乾淨的娃娃臉，他微笑著說：「有段時期我很憎恨背叛自己民族的川島芳子，也曾經怨恨過自己親日派的母親。但現在回首過往，只為這些人感到一股哀愁。基本上，那是一個與我們無關的時代，而我自己也不清楚，川島芳子究竟處在何種時代，做過、犯下什麼錯誤。為了讓未來的年輕世代們不要犯下同樣錯誤，我也希望可以理解更多正確的事實。如果要寫川島芳子，我希望作品能讓中日之間不要再重複過往那個哀傷的時代，並能讓後世從中學得教訓。」

受過社會主義體制影響的文筆，希望有關川島芳子的文章能充滿「教訓」，這對身為日本人的我而言，實在是相當困難的要求。不過，對日本而言已如消逝亡靈的川島芳子，以她為首的這群族人，在現代中國仍因過往與日本的糾葛，導致內心背負著複雜的內疚情感。而只要他們尚抱持這種情緒，我對芳子的關心範疇，就必須隨之更加擴大。

究竟川島芳子是個什麼樣的人物，為何她必須遭受槍決？她在十五年戰爭中又扮演著什麼樣的角色，抑或只是個受人操弄的傀儡？去除圍繞著芳子的虛假形象，擺脫對她無用的評價，說誇張一些，我認為這是日本人應盡的責任。

當我持續抱持著這種類似使命感的想法，努力追究芳子的真實形象時，收到了一封來自長崎的書簡。

芳子的生父肅親王（右）與養父川島浪速（左）。

第一章・從出生到斷髮

川島芳子遺留的書信

寄信人是小方八郎。他是長崎的古董美術商長崎屋的店主。之前與他見過兩次面，現在仍保持在季節轉換之際會通信問好的交情。我收到信後，帶著與過往一般輕鬆的心情拆開，卻看到「前略。敝人現已七十，是到了該考慮後事的時候了。實際上，今天寫這封信的原因是……」，接下來信中寫著出乎意料的內容。

某天傍晚，一位比小方八郎年長一歲的朋友來到他的店鋪拜訪，兩人一陣相談甚歡之後，朋友便回家了。可是當天夜裡，這位友人便因心肌梗塞過世。信件中可以感受小方的情緒起伏，但他仍暫且壓下自己的情緒，繼續書寫此次來信的主旨。

「因此，有件事情想要請託您。」原來，是他手邊有幾封川島芳子的信，希望由我接收保管。

如果您當作史料使用，用畢敬請找個類似歷史博物館之處，寄贈館藏。雖然交給我太太她仍會妥善保管，但在她身後恐有被當作廢物丟棄之虞，因此我一直考量著，想把此信交給適當的人。

對此，我當然完全沒有異議。

與小方聯絡之後沒多久，他迅速寄來幾封由「中國北平宣外第一監獄／川島芳子」寄出的航空郵件，除此之外還有幾張上面墨痕鮮明地寫著「無我／川島芳子」的方形厚紙箋。航空郵件中，中華民國郵政的「貳圓」郵票上，印著「國幣壹仟圓」字樣，總額共貼了六千元，郵戳是民國三十七年，讓人聯想起那個時代北京發生的通貨膨脹情形。宣外第一監獄，現在掛著「北京監獄」的標示，位於北京宣武門外西南邊護城河旁。

厚紙箋上有著「東珍」與「金璧輝」兩種落款，仔細查看，這並非在獄中所寫。東珍是川島芳子的字，本名則是愛新覺羅顯玗。金璧輝則是她往來「日支兩國」[33]最「活躍」的時期時為自己所取的名號。之前也有另一說，認為應該是金「碧」輝，但由落款來看，證明確實應該是金「璧」輝無誤。她那位同父異母的哥哥、也就是七阿哥憲奎，與日本有著深厚關係，曾經擔任新京市長[34]，大家通稱他金璧東，川島芳子大概是模仿這個名字給自己取名的吧。

33〔原注〕下文應改為中國，但為了突顯時代氣氛，特意使用「支那」此一詞彙表現。
34〔原注〕滿洲國首都，即今長春市。

明治四十五年（一九一二），小方八郎出生於長崎的高級料亭[35]「共樂亭」。某段時期還與早川雪州以及伏見直江、伏見信子姊妹[36]等人，活躍於中國大陸。昭和一〇年代（一九三五至一九四五），芳子開始逗留位於福岡市東中洲的清流莊旅館，她看到當時在該旅館工作的小方，便將他挖角過來，聘他管理帳冊兼處理身旁雜務。從那之後，小方就一直陪在往返大陸與日本間的芳子身旁，大戰之後甚至與芳子一同被捕入獄，可以說是芳子生涯最後十年最親近的人。他因為身體虛弱，是「第二乙種體位」，因此無須服兵役。現在雖然滿頭白髮，但仍臉色紅潤，儀態堂堂。

這位長崎市的古董美術商在行家之中具有一定分量，閒暇時便與夫人一起練習日本三弦琴，夫婦倆沒有小孩。戰爭結束後，他於昭和二十二年（一九四七）四月三日回到日本，於九州的佐世保上岸；日本敗戰後的那段混亂時期，他都在長崎度過。而他手上持有的芳子書簡，便是芳子於那段時期由北京監獄寄到長崎給他的。

因為日本戰敗而遭逮捕的芳子與小方，首先被囚禁在北海公園附近的迎賓館，很快又被移到北京西部原日本陸軍的拘留所。或許是這個原因，芳子的書簡總是密密麻麻地寫在印有「陸軍」字樣的用紙上。據說過去養過四隻猴子的芳子，會在信紙欄外畫上猴臉，內容並沒有給人事態特別嚴重的感覺。但信中所寫的內容，卻隱含了理解當時芳子真實想法的重大線索。

與「男裝的麗人」名實相符，她的書簡中也都使用男性專用的日語。

給八公[37]

俺終於兩回死刑了[38]，不過沒有洩氣，精神還算不錯，（中略）阿年[39]全暴露了，俺非常驚慌。俺生於大正五年（一九一六）。趕緊幫俺改了，這樣事變[40]當時才十六或十七歲，事變時根本沒能力做什麼，此點可能有救。重點就是，如果事變當時俺不在十六歲以下，可能無法獲救。立刻轉達老爸，（中略）要快，如果不快，將趕不上最高院[41]。不想死掉還得被驗屍（後略）。

當時有關川島芳子的報導，大概都認為她年紀約莫三十幾。例如重慶特電（合眾通訊社／UP特約）在昭和二十年（一九四五）十一月十二日刊載的芳子遭到逮捕報導中，指出她

35（譯注）高級傳統日本料理餐廳。特點在於提供包廂，通常會請藝妓來助興。早期不接受新顧客，只有通過熟客引薦才能入內。由於其隱蔽性，很多政商界人物都會選擇在此類場所進行祕密商談。

36（譯注）早川雪州（1889-1973）、伏見直江（1908-1982）與伏見信子（1915-？）三人皆為當時日本知名電影演員。

37（原注）指小方八郎。

38（原注）指判決兩次死刑。

39（原注）阿年指年紀一事。

40（原注）指九一八事變。

41（原注）指最高法院。

年紀三十二歲；發表與芳子獄中會面記的美聯社（AP）特派員史賓塞・穆薩在昭和二十三年（一九四八）三月十八日共同消息中指出，「她說自己三十三年前生於日本」。《朝日新聞》的記者野津甫，則說明關於芳子的年齡有四十一歲與三十一歲兩種說法；國際通信社（INS）則說芳子是四十二歲。實際上她出生於光緒三十三年農曆四月十二日，也就是明治四十年（一九〇七）五月二十四日，遭到槍決時虛歲四十二歲，實歲是還差兩個月便滿四十一歲。

實際年齡與報導之間所差的十幾歲，正是芳子的真正意圖所在。希望獲得減刑的芳子判斷，如果九一八事變發生時自己還在十六歲以下，便可以未成年作為抗辯，「生於大正五年」肯定就是她自己算出來的安全年齡。

於昭和二十三年，芳子說自己「三十三年前生於日本」，依此計算就是生於大正五年，九一八事變時正好十六歲。芳子寫信給小方的前後時期，也曾寫信委託養父浪速暗中修改她的國籍。

……這次需要戶籍謄本。如果我有日本籍就能無罪。（中略）敬請立刻送來。

在太平洋戰爭下遭日方囚禁並強制擔任對美進行戰略廣播，被稱為「東京玫瑰」[42]的日裔二代女性，在福特總統時期獲得特赦，事隔二十八年後重新以美國人身分獲得市民權利，而當時她背負叛國罪的理由，是因為她以美國籍身分參加了日本帝國主導的戰略廣播。川島芳子如果想逃脫漢奸罪名，除了年紀之外，國籍也是可以思考的一條對策。因此，她執著的求生意念，便表現在把自己描繪成九一八事變時只是一位十六歲的日本少女之上。

只不過，從結果來看，以身為川島浪速養女而集世間矚目於一身的芳子，其實並未入籍川島家。在芳子之後成為養女的廉子，名字確實正式登記在川島家的戶籍謄本上，但謄本上卻沒有芳子的名字。我們不知道為何兩人之間會出現這種不同狀況，但被逼到無路可退的芳子，想要依賴戶籍謄本求生的欲望，卻是相當明顯的。川島浪速收到來自小方與芳子關於戶籍謄本的催促信件後，他也回信給了芳子的律師李宜琛[43]，這封信的副本，目前保存在黑姬山莊保存會事物局長中島英雄的手邊，而這個保存會就設置在長野縣，該地也是浪速過世之處。根據信件內容我們可以看到，這位養父為了證明芳子從未入籍，當時也煞費了一番苦心。

42〔譯注〕日軍在太平洋戰爭中利用女性播音員以英語對同盟國進行宣傳廣播，而美軍官兵即暱稱這些女性播音員為「東京玫瑰」（Tokyo Rose）。其中部分女播音員為日裔美籍，戰爭期間等於協助敵方宣傳工作，因而戰後遭美國政府剝奪公民權利。

43〔譯注〕李宜琛（1910-1976），中華民國法學家。一九三一年留學日本。一九三四年回國，歷任多所大學，一九四五年大戰結束回到北平擔任律師並於大學兼課。一九四九年北平解放後被疑為陳立夫留下之潛伏人員，遭送管訓，一九五六年恢復政治權利後返回北京。一九六六年文革時又被送回本籍福建，一九七六年於福州病逝。

對於大正二年來到日本的芳子，養父浪速說明「我記得大概是在大正八年（一九一九），芳子根據日本歸化法正式取得日本國籍。當時住在東京市外的岩淵町字稻付，但即便在該公所戶籍簿上留有記錄，也因為大正九年（一九二〇）東京發生大地震，該公所存檔文件盡皆燒毀……」

「大正九年東京發生大地震」，顯然是大正十二年（一九二三）九月一日東京大地震之誤植。簡單來說，川島浪速的論述就是，芳子已經正式入籍成為日本人，但運氣不好遇上了東京大地震，戶籍資料全遭燒毀。他在信中說明，關於國籍問題會請村長開具證明並送達律師，請對方幫忙做適當的辯護，最後浪速的結論是，「中華人亦須體悟，東亞保全之道最終仍在日華相互提攜、一致協力之上。」

開具的證明文件內容如下。

川島芳子，亦稱華裔金璧輝，原為故肅親王善耆第十四公主，因敝人膝下無子，由親王處過繼此女，芳子六歲起由吾家接手養育，大正二年十月二十五日成為敝人養女，較眾人所知更早被認定為日本國民的一員。敬祈證明以上事由。

以上芳子父　川島浪速

長野縣上水內郡信濃尻村
村長　常田豐治　殿
前記事項確認無誤，此茲證明
信濃尻村村長　常田豐治

芳子看到這份證明書時，想必非常焦慮。如果大正二年（一九一三）十月二十五日被領養時已經六歲，那就可以確認她出生於明治四十年（一九〇七），而證明中「被認定為日本國民的一員」的表達方法，也不能成為擁有日本國籍的證明。養父川島浪速當時已經八十二歲了，送來這麼一封不符芳子要求的回信，或許有人會說那是他老化的前兆，但小方對此則如此說明：「雖然我再三拜託送來偽造的戶籍謄本，但我記得川島浪速說，因為當時處於聯合國總司令部管轄之下，他既然身為日本人，就有無法突破的困難，除了偽造文書的罪名，一個不謹慎，還可能被認為有戰犯嫌疑。」

小方的手邊還留有川島浪速當時的回信，說明「關於（芳子的出生年月為）大正五年出生一事，雖然也想再與村長進一步協商」，但終究不太可能成功。

確實在當時的情況下，難保川島沒有戰犯嫌疑。當時川島過往的好友伊達順之助[44]，也就是譚一雄小說《黃昏與手槍》主人公的人物原型，已經被當作戰犯關在上海監獄[45]，另外如玄洋社的頭山滿[46]、愛國黨的岩田愛之助[47]、九一八事變後成為陸軍大臣的荒木貞夫[48]等，則以甲級戰犯身分被判終身監禁，川島與這些人皆有往來，因此如果表面上有什麼顯眼的舉動，很可能就會被當作調查對象。川島身為養父，雖然願意偽證芳子戶籍因為震災而燒毀，但超過這種程度，例如假造虛偽的事實關係，他顯然就不願意冒這種險了。過往從清朝送來的六歲女童，長大成人之後被自己國家的政府囚禁、宣判死刑，而在養育她的國家中又沒有國籍——川島芳子就這麼成了被世間遺棄、無人庇護的天涯淪落人。

用盡身為四十歲女性的智慧，只能一個人不斷想方設法求生的芳子，又寫了一封信給浪速。

> 前信[49]中說漏了一件事，在此簡要回報。憲章的字與廉的字必須修改。（中略）比起肅忠親王[50]，只要能說明我是父親的孩子，且有法律性的證明即可。（中略）不要填入阿廉的名字，要寫芳。不這麼辦無法成事（後略）。

信中反覆強調的這幾句，即修改「憲章的字與廉的字」，以及如不以「芳」取代「阿廉」

便無法成事，究竟意味著什麼？其實這一連串的謎題，正是芳子為了突破一連串檢閱，傳達自己真正意思，而拼了命下的一番功夫。

憲章是肅親王的長子、芳子的異母哥哥，廉指次女廉鋁、也就是現今住在松本市的川島廉子。於芳子之後成為浪速養女的廉鋁，如前所述確實在川島家的戶籍簿上明確留有「養女廉子」的記載。廉子看到芳子的信件，立刻說：「我想姑媽心裡清楚我有入籍，她卻沒辦理入籍的狀

44〔譯注〕伊達順之助（1892-1948）：日本大陸浪人、馬賊。出身日本貴族，祖先是諸侯伊達政宗。後改名張宗援，加入中國國籍，他曾支持滿蒙獨立運動，並參加山東自治聯軍，二戰後依照漢奸罪遭槍決。

45〔原注〕伊達順之助後於昭和二十三年九月九日遭處決。

46〔譯注〕頭山滿（1855-1944）：活躍於明治到昭和前期的亞細亞主義者巨擘，為玄洋社的總帥。玄洋社是日本國家主義運動的草創團體，之後為愛國主義團體與右翼團體打開發展門道。在改訂西方國家對日本的不平等條約上，頭山一向採取強硬態度，並支持日本向海外擴展；另一方面也支持亞細亞各地流亡日本的民族主義者、獨立運動家，如朝鮮的金玉均、中國的孫文等。

47〔譯注〕岩田愛之助（1890-1950）：日本右翼運動家，愛國社的創設者。陸軍幼年學校中輟後至神戶學習中文，一九一〇年前往中國，參加過武昌起義。之後接觸川島浪速等人，轉而支持清朝復辟，數度往返日中之間。一九二八年組織右翼團體「愛國社」，主張反共與積極的大陸政策，戰後遭「盟軍最高司令官總司令部」（GHQ）禁止從事公職。

48〔譯注〕荒木貞夫（1877-1966）：日本軍人，官拜陸軍上將，封男爵，曾任犬養內閣與齋藤內閣的陸軍大臣；第一次近衛內閣、平沼內閣的文部大臣，致力促進日本的軍國化教育。是日本「皇道派」的領導人之一。

49〔原注〕指請求寄送戶籍謄本的信件。

50〔原注〕「忠」為肅親王歿後諡號。

況。」

廉子的戶籍謄本中清楚記錄著，「滿洲國關東州旅順市鎮遠町十番地肅親王憲章[51]次女，金廉鋁，出生於大正二年八月二十日。川島浪速及其妻福子共同提出領養申請，昭和八年十二月十三日承辦，同日取得國籍入籍」。

「姑媽的意思，恐怕是要拿我的戶籍抄本，把憲章的名字改成川島浪速，把廉子的名字改成芳子，即可沒有破綻地偽造日本國籍，並證明自己是出生於大正二年的川島家正式養女，如此便可解釋得通。」改「憲章」的字，以「芳」取代「廉」，對於這些暗號一般的信件內容，廉子的推測應該大致無誤。如果照這樣執行，芳子便能年輕六歲，九一八事變時尚未成年，或許不失為一個好的推托之詞。廉子面對如果順利送出造假的抄本便可能得以救回姑媽一命的事實，臉上出現了感慨萬千的表情。

如果沒有遭遇這些事情，芳子應該要度過七十七歲大壽了。為何她的命運必須與日本發起的十五年戰爭綁在一起？以下，將要展開具體說明，企圖釐清真相與各種關係。

川島芳子的父親——肅親王

首先，讓我們關注川島芳子的親生父親，究竟是一個什麼樣的人物？

芳子親父的名字是肅親王善耆，生於清同治五年（一八六六）農曆八月二十七日。肅親王府，可以說是滿清八大世襲家族[52]的頭號家族，祖先是皇太極（太宗皇帝）第一王子、輔佐大清帝國立國的元勳之一——肅武親王豪格。根據著有《肅親王》一書的石川半山[53]說法，當時大家都認為這位皇太極直系的親王將會繼承王位。現在的瀋陽觀光路線之一，就是參觀中國古代帝王陵墓中保存狀態良好、清朝入關之前留下最大規模陵墓的北陵（清昭陵）。北陵地宮中葬有皇太極及其妃，可以一窺肅親王家祖先的偉大容貌。

川島芳子的親生父親是第十代肅親王，除了正妃之外，還有四位側妃，共生了二十一位王子與十七位公主。芳子的母親是第四側妃，芳子則是第十四格格。石川半山的《肅親王》一書

51〔原注〕親王地位的繼承似乎與辛亥革命無關，身為皇族嫡長子仍舊繼承了親王的王位。

52〔譯注〕世襲罔替，俗稱「八大鐵帽子王」。

53〔譯注〕石川半山（1872-1925）：即石川安次郎。明治、大正時代的日本記者，歷任《信濃日報》、《中央新聞》、《東京每日新聞》等報社，曾以記者身分從軍。之後成為《萬朝報》主筆，一九二四年成為眾議院議員。他通曉中國之事，推崇肅親王，並在日本出版了《肅親王》一書。

發行於大正五年七月，由當時對滿蒙充滿強烈關心的福島安正[54]大將為該書題字。本書將一面參照此書，一面整理第十代肅親王的經歷與人品。

親王三十二歲（一八九八）時，因父親肅良親王薨，繼任王位，並被任命為崇文門稅務衙門監督。此職負責對所有進入北京城的貨品進行課稅。當時米、煤炭、柴、木炭等免稅，而酒、菸草、茶、油等食品一直都有課稅，另外布疋、寶石等奢侈品也會加以課稅。服勤於此衙門的官員，除了上繳國庫的額度之外，尚可公然分配殘餘稅金，又可收取買辦的賄賂。另外還有一種稱為「逋稅」[55]的賄賂，可說只要任過此職一次，便可瞬間賺入大筆財富。

但肅親王就任後卻一掃賄賂風氣，讓國庫收入超過原本比例的稅金額度。慈禧太后原本想讓肅親王賺取財富，特意安排此職，但他反而善用此一職位，進行改革。一些親王便開始批評，傳出「肅親王輕佻且急功好名」的風聲，而根據石川的說法，「從此開始，王公大臣間廣為知曉，肅親王乃一位非凡人物」。

親王三十六歲時，受命擔任工巡局管理事務大臣。此職務兼管土木建造業務與警察業務，是合併過往協巡局與警務處後的單位。而於此時期，協助設立北城警務處與興辦警務學堂、並培養巡捕的，正是川島浪速。

工巡局管理事務大臣時代的肅親王，為了測試巡捕的實力，曾微服出巡市內，還因為穿著打扮特異而曾遭拘捕。在日本這可以稱為「水戶黃門」[56]的方式，之後親王還表揚了那位巡捕。

同時期，親王也廢止了中式馬車，改採西洋馬車，並開始實施電話線架設。

四十歲時受命擔任理藩院管理事務大臣，此職任務在於折衝外藩，也就是協調蒙古諸部王侯。過去清朝相當尊重內外蒙古的自主性，但隨著俄羅斯將勢力範圍伸入蒙古，英國也將勢力伸入西藏後，清廷開始檢討並加強管理。肅親王受委託擔任的，正是此一重責大任。肅親王的第五妹妹嫁給了蒙古喀喇沁王[57]，可說正好適合擔任此一職位。肅親王就任後很快便前往蒙古進行為期兩個月的視察，之後親王還撰寫了如下意見：

第一，他提議成立毛織工廠。過去為了開發蒙古，曾經輸入了一些機械，器材雖仍可使用，

54〔譯注〕福島安正（1852-1919）：日本軍人，官拜陸軍上將，封男爵。一八七九年曾至中國、朝鮮進行實地調查。一八八七年以陸軍少校身分派駐德國柏林公使館，一八九二年歸國時，從波蘭橫越俄國、外蒙古，至西伯利亞為止，進行探勘旅程。一九〇四年日俄戰爭之際擔任滿洲軍總司令部參謀，一九一二年任關東都督。一九一四年升為陸軍上將並退役，返國後於一九一九年過世。

55〔原注〕對於把高稅金商品挾藏於免稅米、炭中，逃稅通關的行為睜一隻眼閉一隻眼。

56〔譯注〕以江戶時代水戶藩第二代藩主德川光圀為主人公的民間故事，因光圀曾任「中納言」官職，而該官職唐名「黃門侍郎」，故別稱「水戶黃門」。民間故事中光　身為高階武士，卻微服出巡，並四處懲奸罰惡。此處作者把肅親王微服測試巡捕的行為比擬作「水戶黃門」。

57〔譯注〕喀喇沁右旗的王府位於內蒙古自治區赤峰市郊，此處所指者為喀喇沁第十二代、也是最後一代王爺——貢桑諾爾布親王。一八九九年即親王位，推行新政、興辦實業、訓練軍隊、辦理教育，使喀喇沁旗發展欣欣向榮。

卻遭閒置，如能活用這些機械，興建工廠，便可促進畜牧業發展。

第二，提議改良馬匹品種。親王看到過往以駿敏聞名的蒙古馬，逐漸因為家畜化而無法應用於軍事用途，親王希望索求阿拉伯種栗毛駿馬進行配種。

第三，供水。蒙古人習慣蓄雨水或積雪，以供生活用水。親王在遼河上游找到舊日河道，提議經人工將湖泊引水至此，如此將可對蒙古開發大有助益。

第四，提議於蒙古開發鋪設鐵路。

根據石川的說法，原本「由如此卓越的頭腦所想出的經世大計，曾上奏給慈禧太后與皇帝，但清廷卻充滿姑息氣氛，終究沒有施行的誠意」，因此這些想法最終仍淪為空談。

四十一歲時擔任民政部尚書，相當於日本的內務大臣。過往美國方面宣稱支那有二億七千五百萬人口，支那方面則發表有四億九百萬人口，為了正確掌握數字，親王展開了戶口普查。接著預告今後十年間將全面禁止鴉片製造與禁抽鴉片菸，並設立戒菸局，利用報紙廣告推廣宣傳。為了培養王族子孫，肅親王開設了華冑學堂[58]，並由川島浪速擔任監督一職。華冑學堂之後由國庫支出經費，在日本的學習院附近設立了華冑學校。

此外，親王不僅在市內各處設置廁所，普及衛生習慣，明治四十四年（一九一一）一月鼠疫爆發，親王尚購入傳染病原的老鼠，進行屍體檢查與焚化，對出現病人的家庭進行一定期間的家族隔離，並教導附近居民如何消毒，提出各種近代化的對應方法。肅親王更於奉天舉行鼠疫會議，從日本邀請北里柴三郎[59]、北山五郎作[60]兩位博士出席。從石川半山的描寫可以看出他相當欽佩肅親王，但即便去除這些情感要素，仍能充分看出肅親王確實是位幹吏。

此外，因為過往「男女七歲不同席」的儒教思想，戲院一直都只對男性開放，如果女性想看戲，只能在自家搭設舞台，聘戲班來演出。肅親王在擔任民政部尚書時，開設了「文明茶園」劇場，為女性看戲開啟了一扇大門。雖然引來保守派的批評，認為此舉敗壞風俗，但肅親王為了取得眾人諒解，規定看戲時女性在二樓，男性在一樓，男女由不同入口進場，此舉也引來「肅親王思想開化的讚賞」。

此處離題說明一下。滿清末年，清朝貴族熱愛京劇，常在各自的王府中搭設戲臺，幾乎每晚都以看戲為樂。肅親王更被稱為培養京劇的大家長，芳子的同母哥哥第十四阿哥憲立，說過

58〔譯注〕此學堂設於親王府內，聘來川島浪速於北京警務學堂任用的講師，對自家子弟進行日式教育。肅親王也試圖說服其他王公將子弟送入該學堂就讀。另在府中還設立和育女子學校，聘請木村芳子與川島福子（浪速妻）教導女眷、王女、王姪女等。

59〔譯注〕北里柴三郎（1853-1931）：日本細菌學之父。受封男爵，創立私立傳染病研究所（今東京大學醫科學研究所），擔任首任所長；慶應義塾大學醫學科創立者兼首任醫學科長、慶應義塾大學醫院首任院長、日本醫師會創立者兼首任會長。

60〔譯注〕北山五郎作（1871-1913）：原著有誤，應為柴山五郎作。明治至大正時期的傳染病學者，歷任傳染病研究所助手、海港檢疫醫官兼臨時檢疫局技師、傳染病研究所技師等，以鼠疫與結核病研究知名。

小時候曾在自家坐在梅蘭芳[61]的肩膀上看戲。昭和三十一年（一九五六）梅蘭芳訪問日本時，NHK請來奧野信太郎[62]講解，而TBS則請憲立擔任解說，據說這是由現在擔任亞洲調查會會長的田中香苗所推薦。田中過往曾是《大阪每日新聞》的報社記者，在中國大陸各處跑過新聞，與憲立有所深交。田中回憶當時情況，說了句：「持平而言，TBS的解說更勝一籌。」

當憲立前往梅蘭芳宿舍拜訪時，梅蘭芳以立正不動的姿勢迎接憲立，口中尊稱一聲：「十四爺！」藉此表達敬意。

憲立如此描述了自己的父親肅親王：

現在北京市營的襪子工廠，就是當年的肅親王府，我所成長的地方，建地四千多坪，建築物內有數百間房間。北京最早蓋二層樓房的，就是我父親，當時我們已經有私家發電設備，還有私家自來水。我家還有別館，是法國式洋房，還記得裡面裝有管風琴與輝煌的吊燈。此外庭院中還有噴水池，大概因為這類近代化建築太過稀罕，甚至大家都傳言我父親吃了外國的藥，中了外國的毒。不過從小孩的眼光來看，父親還是一號充滿改革氣魄的人物，特別對日本明治維新抱持著強烈的關心。

再岔題說段閒話，有一則關於肅親王人品的逸話，被大家不斷流傳，那就是他救了汪兆銘

（即汪精衛）一命。宣統三年（一九一一）四月，當時有一組人在監國攝政王醇親王宅邸前的橋下裝設炸彈，並將導火線引到水井附近，卻因為水井附近人影晃動而遭人察覺，最終並未成功。這舉事件的首謀，就是汪兆銘。

抓到主謀之後當然必須嚴懲法辦，訊問時汪卻說，口頭陳述會有錯誤，要求拿來紙筆，他要寫下為何要執行暗殺計畫。民政部尚書肅親王讀了這篇文章，內心感嘆「如此有為之人，與其殺之，莫若改其志，可使為邦國盡瘁也」，因此終止了死刑。之後經過許多曲折，昭和十四年（一九三九）汪兆銘來訪日本，與日本政府聯絡密謀樹立新的中央政府。當時汪兆銘告訴憲立：「沒有當初令尊的寬大處置，就沒有今天的我。希望能找個時間，詳談當今局勢。」

憲立接受了邀約。根據傳聞，似乎汪兆銘原想請憲立擔任駐日大使，但昭和十九年（一九四四）十一月十日，汪兆銘卻客死於名古屋大學醫院[63]。

時間有點倒置，回頭說革命黨的黃興，有段時期曾經逃亡到日本，並受到日本當局的監視，肅親王也透過川島浪速委託日本政府保護黃興。為何要保護這麼一個反對清朝的人物？根據石

61〔譯注〕梅蘭芳（1894-1961）：知名京劇旦角，本名瀾，字畹華，藝名蘭芳。為京劇「梅派」創始人，是享譽國際的京劇大師。
62〔譯注〕奧野信太郎（1899-1968），日本的中國文學家，隨筆散文家，曾留學北京，二戰後任教於慶應義塾大學。
63〔原注〕當時是名古屋帝國大學醫院。

川半山的說法，一來是肅親王是位不惜援助新銳志士、甚至可以超越黨派的寬大人物。二來肅親王早早看穿了眾人倚重的袁世凱，認為與其信賴袁世凱，不如從袁世凱視為敵人的革命黨中尋找人才，抱持著最終可將革命黨拉攏為友方的判斷。眾所周知，之後袁世凱確實做出了背叛清廷之舉。

養父——川島浪速

另一方面，養父川島浪速又是何許人物？

浪速生於慶應元年（一八六五），是松本藩士川島良顯的長男。當時松本藩受到徵召要前往征討長州，其父良顯正在大坂等候出征，留守藩地的家臣長老，因為其父身在「大坂」的因由，因此為其取名「浪速」[64]。

川島浪速的傳記《川島浪速翁》於昭和十一年（一九三六）出版，第一章是由當時二十幾歲的川島廉子為川島浪速做的口述筆記，「我是個天性有如薄玻璃，稍受刺激便會感到感動，容易崩潰的神經質男人」，這段文字相當可以說明他的性格。廉子還清楚記得那段口述是在聖山新蓋好的川島浪速山莊「無聖庵」所記錄的。

川島浪速進入松本市剛創立的開智學校就讀。明治八年（一八七五），家中賣掉房子，舉家遷至東京，他的父親在本鄉弓町一丁目租房，並成為東京女子師範學校的職員，浪速則轉學來到御茶之水的東京師範附屬小學。不知是否因為這層關係，之後浪速也把養女芳子送到豐島師範附屬小學就讀，而川島小學時代的同班同學之一，據說就是幸田露伴[65]。

很快的，浪速開始對副島種臣[66]、榎本武揚[67]的「興亞會」感到傾心，為了挽救「亞洲大部分都受到白人壓迫，實際上僅有支那、朝鮮、日本勉強維持獨立」的狀況，且受到「首先必須防範未然，避免支那滅亡」見解的影響，明治十五年（一八八二）他進入外語學校支那語科就讀，成為公費生。這個時期他與往後擔任善鄰書院院長的宮島大八[68]，以及以筆名二葉亭四迷

64〔譯注〕近世大阪的別稱之一。

65〔譯注〕幸田露伴（1867-1947）：日本小說家。本名幸田成行，別號蝸牛庵、雷音洞主等。帝國學士院會員、帝國藝術院會員。知名作品有《風流佛》、《五重塔》、《命運》等，是模仿古典主義文風的大師，與尾崎紅葉並稱「紅露時代」。

66〔譯注〕副島種臣（1828-1905）：通稱次郎，號滄海、一一學人等，頗善書法，為江戶末期至明治時期的志士、佐賀藩士、官僚、政治家，封伯爵，很早便認同尊皇攘夷的想法。臺灣發生牡丹社事件時，擔任特命全權公使兼外務大臣前往北京與清廷交涉，交換《日清修好條規》。也曾於第一次松方內閣擔任內務大臣。

67〔譯注〕榎本武揚（1836-1908）：日本化學家、外交官、政治家、海軍中將，封子爵。曾留學荷蘭，歸國後成為幕府海軍指揮官，日本開始內閣制度後，歷任遞信大臣、文部大臣、外務大臣、農商務大臣等職。

68〔譯注〕宮島大八（1867-1943）：原名吉美，字詠士，號大八。活躍於明治到昭和前期的書法家、教育家。曾於一九〇四年出版《北京官話急就篇》，創設並終身經營中文私塾。

聞名的長谷川辰之助[69]等人成為朋友。

不過，明治十八年（一八八五）文部省改變方針，將外語學校改編為商業學校，同班同學中有些人便改至陸軍士官學校就讀。浪速最初也曾考慮轉學，但最終害怕進入軍校會失去個人自由，當時還發下「我不想去當犯人」的豪語。結果，浪速違背了畢業後就須到三井公司的分公司上班的約定，自外語學校退學，於明治十九年（一八八六）九月經橫濱前往上海。當時同樣出身松本的福島安正以上尉身分任職於參謀本部，據說福島幫浪速寫了一封給駐紮於天津的友人的介紹信，浪速覺得大致有個目標了，便毅然出發。其實浪速若發揮所學的支那語，在法院找份工作，一個月大約可賺到四、五十日圓的月薪，對此他在傳記中寫道：「其實對雙親感到萬分過意不去，但心想為了國家，還是壓抑下親情，選擇前往支那。」

他對上海的第一印象，是與英、法租界相比，日本租界相對貧弱，當時還帶著「沒來由的一肚子火，往後大家走著瞧」的心情眺望租界景色，果然是位年輕氣盛的青年。此回憶錄寫於昭和一〇年代，浪速時年已七十多歲，此處仍多少可以一窺浪速的性格。浪速到了上海，放下行李便趕緊前往拜訪福島上尉幫忙寫介紹信的友人，但那份工作卻已經由別人頂替了。

就在此時，他遇到了為調查支那中部海防，而同樣下榻於東和洋行的海軍上尉新納新介。新納相當賞識浪速，之後浪速便與新納共同巡迴各地，進行砲台調查。有關髮型問題，離開日本之前他已開始蓄髮，不足的部分便以假髮補上，結成髮辮，服裝則穿成苦力的模樣。與新納踏上最初旅程的前一天晚上，浪速還苦於瘧疾高燒，但隔日仍強忍著出發。

進入大正時期（一九一二至一九二六）後，浪速逐漸失去聽力，大正末期幾乎兩耳都已聽不到聲音，追究原因，有一說便直指當時因瘧疾而造成的高燒。也有傳聞說是因為在北京摔下馬來，掉進玉米田被收割後的殘株割傷所致。無論如何，浪速得以與玄洋社[70]的眾人，以及目標放在西北支那的荒尾精[71]等人深交，都是因為這趟旅程之故。

很快的，與荒尾精注意西北支那相對應，川島浪速開始注目東北支那。他認為「如果滿洲落入他們[72]手中，就等於迅速扼住支那、朝鮮的咽喉（中略），東洋存活的關鍵，完全就在滿洲上」。他自己尋思計畫，首先要潛入滿洲，一面「養羊與養豬」，一面參加馬賊，並夢想在滿洲創建一個包含蒙古東部的國家。只要等日本的實力整備完成，「日滿提攜對抗俄國的日子終將到來。朝鮮該如何處置則看情況而定。此處位於拯救支那的大道上，保全東亞大局的途徑，

69〔譯注〕長谷川辰之助（1864-1909）：日本小說家、翻譯家。代表作《浮雲》，以言文一致的文體書寫，屬寫實主義小說，被譽為日本近代小說開山始祖。

70〔譯注〕以頭山滿為首的右翼團體，初始為自由民權團體，抱持大亞細亞主義，後逐漸右傾，並展開在中國的各種行動。

71〔譯注〕荒尾精（1859-1896）：日本軍人，官拜陸軍上尉。設立日清貿易研究所，中日甲午戰爭時，著有〈對清意見〉、〈對清辯妄〉等文章，反對要求清國割讓領土，提倡中日相互提攜，保全東亞的思想。

72〔原注〕指俄國。

捨此無他」。浪速的考量逐漸擴張，到了明治二十二年（一八八九），他發下豪語，說出「大地就是我家的塌塌米，青空就是我家的屋頂」後，便啟身前往滿洲。逆推回算，浪速此時應該是二十四歲吧。而他迎接滿族出身的肅親王第十四格格的歷史必然性，也自此萌芽。

明治二十七年（一八九四），中日甲午戰爭爆發，日本陸軍採用許多熟習支那語的日本人作為通譯，浪速於明治二十八年（一八九五）成為第三旅團的隨團通譯。當年秋天，乃木希典[73]中將率領的第二師團開始調動，出發前往征討臺灣[74]。

浪速傳記中刊載了一張明治四十五年（一九一二）一月，由乃木希典寫給他的賀年卡照片，前述川島浪速過世地的黑姬山莊保存會事務局長中島英雄住宅裡，還保管著記有「淇奧聲／希典」的乃木希典掛畫與愛用的茶碗，大概就是乃木希典贈送給川島的。

浪速並無軍籍，但當乃木希典征討臺灣之際，仍聘他擔任鴉片令施行巡查官的監督官。

肅親王與川島浪速的相遇

肅親王與川島浪速的相遇，可以追溯到義和團之亂時。甲午一役之後，俄國、法國與德國都以租界名義，對清廷施行實質侵略；與此同時，傳教士們也大肆展開傳教活動。

明治三十三年（一九〇〇），北京、天津、山東一帶大旱，農民遭遇危機，最終開始流傳這是因為基督教作祟的緣故。山東省自古就是白蓮教發祥地，有一名為義和團的宗教組織，他們主張可以靠著咒語和拳法，練得刀槍不入，而信仰這種義和拳的人們，開始暗地攻擊基督教會。此時清廷認為可以利用這種宗教對立，結合作為抵抗外國入侵的策略，這便是「義和團之亂」，日本稱為「北清事變」。義和團之亂時，支那文學權威服部宇之吉[75]博士剛好身為文部省留學生，居住在北京城內，之後他便以此經驗撰寫了一本《北清事變回顧錄》。綜合此書與川島自傳《川島浪速翁》對此事件的回顧，可以將過程大致整理如下：

民眾高揭「扶清滅洋」大旗，開始攻擊北京的各外國租借地與大使館。日本公使館的武官柴五郎中校，領兵在肅親王府所在地的東交民巷準備應戰。之後接戰不利，王府外牆遭擊碎，宮殿失火。服部描述當時的模樣，「為了在東阿斯門上堆沙包防範，盡開王府庫房，從中取出親王、王妃及以下人等的衣服，任兵士以此包裹土堆做成沙包，堆於門簷上。沙包所用布疋材料，都是一襲價值數百金的錦繡，堆成後燦爛奪目，吾輩稱之為錦繡台」。拿錦包土做成沙包

73〔譯注〕乃木希典（1849-1912）：日本長府藩士、軍人、教育家。參與過中日甲午戰爭、接收臺灣的乙未戰爭，並擔任過臺灣總督，一九〇四年指揮戰勝日俄戰爭，官拜陸軍上將，封伯爵，亦曾任第十任學習院院長，明治天皇駕崩時以身殉死。

74〔譯注〕指清廷於甲午戰爭戰敗，《馬關條約》簽訂後，日軍前往接收臺灣。

75〔譯注〕服部宇之吉（1867-1939）：日本的中國哲學家。歷任東京帝國大學教授、哈佛大學教授、東方文化學院院長等，為日本帝國學士院會員。

堆放，生動描繪出王府應戰的姿態，但開戰不久，慈禧太后旋即偕光緒帝自德勝門出逃，僱用駱駝前往宣化。肅親王也隨行前往。因為擔心戰局情況，日本派出山口素臣[76]中將率領的第五師團，而福島安正少將則率先遣部隊前往北京。

福島安正生於嘉永五年（一八五二）的長野縣松本。對浪速來說，福島是幫助自己雄飛大陸的關鍵人物，也是照顧自己的同鄉前輩。往後福島還曾以單騎縱貫西伯利亞而受人矚目。他歷任清國公使館駐館武官、德國公使館駐館武官等職，卸任後歸途中經過外蒙古阿爾泰山脈之際，在大岩石上刻下「大日本帝國陸軍少佐福島安正通過之地」，並留下「阿爾泰山呀，現在我比汝更高上數尺」的壯語。由此看來，福島在個性上或許與浪速多少有著共通之處。

福島少將指名川島擔任通譯，而八國聯軍迅速鎮壓北京，紫禁城的一部分屬於日軍占領管轄。當時聯軍認為不攻陷紫禁城就無法管制北京，而日軍不忍讓美麗宮殿暴露在砲火之下，於是採取包圍等待對方投降的方針。此時，浪速隻身前往神武門，以擅長的支那語力說堅守城池的壞處，最終竟說服了宮廷禁兵。不久，東華門終於打開，城內士兵在浪速的指揮下出城，浪速旋即巡視紫禁城內部，保護城內器物與建築，並逐項開始進行盤點。紫禁城外的萬壽山離宮等處，都遭各國聯軍掠奪，燒為灰燼，相對之下以穩妥方式處置占領結果的浪速，在浪速傳記中記載著「宮中的人們尊敬川島宛若慈父一般」。

肅親王不久後從西安回來視察北京的狀況，並從北京市民口中得知日軍公正的態度以及川島浪速的名聲，因此肅親王前去造訪川島浪速所在的三條胡同日軍宿舍，對他表達敬意。隔天，作為回禮，川島也前往拜訪肅親王，當時肅親王對川島說：

我國受到這次打擊，實為自作自受。然而此次打擊，也是促成吾等覺醒的最佳警鐘。為了邦國，毋寧應該慶賀。又，對我個人而言，因為此次變亂讓我在日本人之間獲得許多良友。他日日本應與我國一致協力，共同支持東亞大局。能夠獲得與日人結交良機，即便損失一座宅邸，也仍有所得。（《肅親王》）

鎮壓義和團之後，各國都將主要兵力撤回本國，只有俄國反而增兵進入滿洲，而且還提出兩點要求：一、必須把日本排除在滿洲利益範圍之外；二、韓國領土中，北緯三十九度以北，應作為中立區域。明治三十五年（一九〇二）一月，日本和英國簽訂英日同盟，用以對抗與牽制俄國；明治三十七年（一九〇四）二月一日，日俄戰爭正式開戰。

回到主題。聯軍占領北京後，切割各自的管轄區域，日本分配到東西四牌樓以北部分，並

76〔譯注〕山口素臣（1846-1904）：日本軍人、華族，官拜陸軍上將，封子爵。從軍後歷經日本國內的西南戰爭、對清的甲午戰爭、威海衛海戰等，庚子拳亂時亦出兵平亂有功授勛，一九〇四年升任上將並被任命為軍事參議官，同年過世，追封子爵。

在順天府衙門內設立了軍事警務衙門。浪速以司令部通譯的身分繼續於軍事警務衙門服勤。不久，浪速提議應創立警察培訓機關，將日本陸軍管理的軍事警務衙門交還給支那自治管理，此案獲得山口素臣中將與福島安正少將的同意。因此於明治三十四年（一九〇一）創立北京警務學堂，由浪速擔任總監督。同年七月，各國為了義和團之亂進駐北京的軍隊撤退，日本也遵照處理。但為了降低日本抽手後可能帶來的困擾，八大世襲親王之一的慶親王依照清朝重臣李鴻章的建議，前往拜會山口司令官並提出：「希望借用川島長才，協助我國徹底運用日軍創設的制度，懇請同意此一請求。」

清廷提出的條件，是給予浪速「二品銜客卿」的待遇，並約定「賞罰、經費等一切全權委任之，可指揮監督清國官吏，委託治安維持」。根據憲立的說法，二品銜客卿乃正二位，以日本人的身分能獲得此種地位者，大概除了川島浪速之外別無他者。

但軍隊中旋即出現反對此種警察制度的聲浪。懼怕警察權強大之後會相對減低軍部力量的人，開始干涉此事。最終的結果，便是合併土木業務與警察業務，成立了工巡局，表面上說這是從土木建設與警察業務兩方面來保護民眾生活，而肅親王則被任命為管理事務大臣。此時肅親王也首次成為川島浪速的上司。

同一時期，一向看不起清朝的俄羅斯正企圖經由滿洲進入中國大陸的中心。肅親王當時思考，可否依賴浪速與清國駐劄特命全權公使內田康哉[77]等人的親密關係來接近日本。另一方面浪速也認為此時不可對俄羅斯掉以輕心，因為俄國在甲午戰爭之後透過三國干涉，迫使日本歸還占領的旅順、大連等地，並進而占為俄國租界，接著又將西伯利亞鐵路延長至大連。眼下浪速正思慮該如何才能在蒙古植入親日思想，因此看上肅親王妹妹正好是喀喇沁王的王妃這點，於明治三十六年（一九〇三）成功邀請喀喇沁王到大阪參加了日本的內國勸業博覽會。

喀喇沁王趁機提出，蒙古的教育機關需要日本女性協助，於是浪速立刻聯絡同鄉松本藩士家族中的儒家學者河原忠的女兒，河原操子[78]，並將操子送至蒙古，逐步為雙邊關係打下堅實基礎。就這樣，肅親王與川島浪速雖各自懷抱野心，卻也促成彼此更加親近的關係。

川島浪速在內國勸業博覽會的前一年、也就是在明治三十五年六月十四日舉行婚禮，與出身鹿兒島縣的川井田福子結婚。

浪速活躍於中國大陸時便一直在他身旁擔任祕書職務的村井修，於日本敗戰之前的昭和二十年（一九四五）一月便因病而亡，而村井夫人，也就是生於明治三十一年（一八九八）的

77〔譯注〕內田康哉（1865-1936），日本外交官。早年服勤於清朝北京公使館，曾任代理公使，是日本唯一一位在明治、大正、昭和三個時期都擔任過外務大臣的人物，也擔任過滿鐵總裁。

78〔譯注〕河原操子（1875-1945），日本女性教育家，松本藩士河原忠長女。曾任教於日本於清朝開設的大同學校，以及上海務本女學堂、喀喇沁右旗的毓正女學堂等處。就職毓正女學堂時，也照顧過到滿洲進行偵查的日本特務，如橫川省三、沖偵介等人。

八重，至今仍然建在。八重表示：「福子是位脾氣激烈的賢內助，而福子的妹婿，就是簽署《樸資茅斯條約》[79]的小村壽太郎。」

川島浪速夫人與小村壽太郎夫人是姊妹的傳聞雖然一直存在，但其實川島福子的舊姓是川井田，而小村町子的舊姓則是朝比奈。川島福子生於明治十四年（一八八一），結婚時為二十一歲，浪速則為三十七歲，兩人於結婚儀式後便前往北京，此行也兼作他們的蜜月旅行。浪速的傳記中，盛讚夫人福子「身為當時北京社交界的名媛，聲名遠播，說起外交手段，其程度更勝夫君川島，被譽為擁有天才般手腕的夫人」。

在黑姬山莊保存會中保存了許多福子在肅親王家的照片，每一張都浮現著女官長的氛圍，但不知為何，每張照片的臉部都有遭指甲剝毀的痕跡，無法看清表情。其中一個說法是日後夫人因精神疾病而親手毀壞了自己的照片。會逐一將照片上自己的臉部銷毀，確實算得上是一種精神異常。即便如此，這些照片仍充分證明了在那段時期內，福子確實用拼命學來的支那語支援丈夫，以浪速左右手身分活躍的姿態。

前述河原操子前往蒙古任職喀喇沁王族的女學堂教師，是在浪速結婚後一年的事情、也就是明治三十六年十二月的時候。

河原操子生於明治八年，東京御茶水女子高等師範學校畢業後，任職於長野高等女學校，後受到學習院女學部長下田歌子[80]的推薦，前往上海務本女學堂，之後更成為喀喇沁王府的毓正女學堂教師。不過根據浪速的傳記有這麼一節記載，說河原「表面上是王族的教育顧問，事實上卻是非常時期的私設外交官，同時也是非常重要的軍事祕密通信者。而決定使用女性，也可以看到當事者背後的苦心」。就像在證明這個說法一般，過去曾任陸軍上將的本庄繁[81]在其傳記中也有提及，從明治三十七年二月日俄戰爭開始起，同時期特別任務班的橫川省三[82]、沖禎介[83]等人就變裝為蒙古人，前往喀喇沁的河原操子所在處，河原「作為特別任務班的中繼所，從事各種令人眼花撩亂的情資工作」。

79〔譯注〕在美國總統羅斯福的調停下，日、俄兩國於一九〇五年簽署的條約，並因此結束日俄戰爭。日方由外務大臣小村壽太郎簽署，該條約意味著日本與俄國在中國東北與朝鮮的勢力重新畫分。

80〔譯注〕下田歌子（1854-1936）：本名平尾鉐，下田為夫姓，歌子則是明治天皇的皇后美子讚許她善於和歌，而賜名歌子。活躍於明治、大正時期的教育者、和歌詩人，是日本女子教育的先驅，創設並擔任「順心女學校」（今順心廣尾學園）的首任校長。

81〔譯注〕本庄繁（1876-1945）：日本陸軍上將，男爵，原有二戰甲級戰犯之嫌（後未遭起訴），九一八事變的主要策畫者之一。

82〔譯注〕橫川省三（1865-1904）：明治時期新聞記者，任職於《朝日新聞》期間，曾以從軍記者身分擔任千島群島探險隊特派員、甲午戰爭的隨軍記者等。日俄戰爭之際受內田康哉招募，擔任特別任務班第六班班長，與沖禎介共同從事特務工作，後因炸毀俄軍鐵路，變裝成喇嘛僧侶潛伏滿洲，但仍被捕獲並於哈爾濱市郊遭槍決。

83〔譯注〕沖禎介（1874-1904）：明治時期的諜報活動家。東京專門學校中輟後於橫濱從事貿易工作，一九〇一年前往中國擔任本經東文學社教師，一九〇三年設立文明學社。一九〇四年日俄戰爭時與橫川省三炸毀俄軍鐵路，之後一同被捕，於哈爾濱市郊遭槍決。

另一方面，川島浪速就任為清朝王子們設立的華冑學校[84]監督後，更進一步替公主們創辦學校，並迎接肅親王的正妃前來擔任監督，他也在該校安插下田歌子的門生進駐，也就是與福子身為鹿兒島同鄉的木村芳子。

「我個人推測，木村女史[85]應該是受川島指示，為了探查肅親王家的動靜而來。」川島芳子的同母哥哥憲立回想時如此表示。經常配置女性作為情報網的一環，似乎是川島浪速的行動模式，果真如此，那麼往後川島芳子會遭中日兩國都視為具有間諜嫌疑，最大原因恐怕就出在浪速的這種行為模式上。

當川島浪速不用武力便開啟紫禁城門後，肅親王便對他抱持莫大的信任，不斷參考日本的資訊進行改革。但親王的激進手法卻招來日本軍部的反感，不久遭到排黜。對於消沉的肅親王，浪速勸慰說，人在渡海之際如果一味直行，不免會撞上暗礁，偶爾為了避免障礙，總是得迂迴前行，而「透過這樣的方法，我們終究可以達成理想」。根據浪速傳記的說法，肅親王聽了川島的話後，便「從沮喪中恢復，表現出決心繼續努力的喜悅」。

明治三十九年（一九〇六）年末，平時總有約十個隨從共同行動的肅親王，很稀奇的一個人騎馬來川島浪速宅邸拜訪。親王進到浪速寢室後說：「今日降雪，乘興騎馬飛奔而來，有否半日空閒，得以閒談？」

親王直接表明來意，接著當天兩人圍著暖爐長談。最後親王說：「余與卿至今理想完全一致。余以為，國與國相互提攜之前，應由人與人相互提攜為始。先自隗始，卿與余何不義結金蘭？」

親王做出如此提議。在川島的傳記《川島浪速翁》中寫到，川島浪速生於慶應元年十二月，親王生於慶應二年農曆八月，川島較親王略為年長，但川島靈機一動，說自己與親王同年出生，因此反而變成了弟弟，兩人以此結為義兄弟。這個結義之約應當也是日後浪速領養芳子的大前提，但憲立卻直接否定了這個事實：「他說結為義兄弟，但證據在哪？在中國，想要與皇族結為義兄弟，需要相當的儀式與手續。」

過去有個知名的故事，就是張宗昌[86]將軍與伊達順之助結為義兄弟，伊達發誓支援張宗昌，甚至給自己取個中國名字叫張宗援。與皇族結義，是否真的如此困難？只是，現今還留存著一張照片，畫面中川島身著二品銜客卿官袍，與肅親王一同坐在飾有藤花的日本屏風前，不管結義兄弟一事是否為真，川島身為日本人，卻能與肅親王如此親近，這也是不能否認的事實。川

84〔譯注〕可能是「華冑學堂」之誤。
85〔編注〕「女史」原指女官，後借用於敬稱有學識的女性。
86〔譯注〕張宗昌（1881-1932）：中國奉系軍閥。任山東軍務督辦時行事殘忍，並搜刮大量私財存入大連的日系銀行，被民眾稱為「狗肉將軍」。最後在濟南車站被暗殺。

島的宿願是讓滿洲獨立，希望阻止俄國的侵略，而肅親王則期待能與因明治維新而獲得成功的日本攜手合作，增加大清王朝的力量。如前所述，他們不僅利害關係一致，而且可以相信兩人彼此也頗為意氣相投。

清朝滅亡

《樸資茅斯條約》簽訂後，小村壽太郎便以特派全權大使身分前往清國。以該條約為基礎，大清與日本在北京締結協約，清廷當時由慶親王與袁世凱擔任全權大使，與小村展開周旋。

清廷對於將安奉線臨時軍事鐵路修築為正式鐵道一事，雖約定在先，卻一直未正式承認，為此日本方面企圖拔擢從天津總領事時代便與袁世凱頗有深交的伊集院彥吉[87]公使，希冀由伊集院與袁世凱斡旋。但在慈禧太后與光緒帝先後過世，進入宣統帝時代後，清廷便開始排斥袁世凱，因而伊集院突然失去了交涉的對手。川島浪速同情伊集院彥吉的苦境，認為大家畢竟「同為國事憂慮」，所以自己理當出馬解決問題，便祕密與攝政王醇親王聯繫，私下取得安奉線改建的承諾。川島把這個消息傳達給伊集院，並給他出主意，希望伊集院採取更強硬的態度進行交涉。

明治四十二年（一九〇九）八月六日，了解到自己已經處於談判優勢，伊集院便遵照川島指示，對清廷發布了強行鋪設鐵路的最後通牒，說明如果希望和平解決紛端，必須在一周內提出結論。結果便是所有懸案事項都在一周內解決了。川島傳記中記載，論功行賞時，浪速因此獲頒勳四等之功。這一年正好伊藤博文[88]在哈爾濱遭朝鮮志士安重根暗殺。在黑姬山莊保存會中，還保留了明治四十二年九月六日特命全權公使伊集院彥吉的親筆書簡，信中寫道：

……本次懸案問題得以妥善解決，為日清邦交打開新局，端賴足下平素盡力，其中安奉鐵路問題時效迫切之際，卒賴足下仗義，熱心奔走於本使與清廷之間，居中產生宏效，最終得以確實傳達彼我意志，今後兩國親交將益加敦厚，深感同慶之至……

此書信表達了感謝浪速辛勞之意。如此一來，川島浪速與大清帝國的外交關係更為深切，這可以說是他正式開啟各種大陸活動的端緒。

明治四十四年（一九一一）四月，慶親王就任總理大臣，肅親王擔任民政大臣，但僅四個

87〔譯注〕伊集院彥吉（1864-1924）：明治、大正時期日本外交官、外務大臣，封男爵。擔任過天津領事、天津總領事、駐北京特命全權公使等職，與當時北洋大臣直隸總督袁世凱及其部下唐紹儀熟識。

88〔譯注〕伊藤博文（1841-1909）：日本政治家，封公爵。擔任過四次內閣總理大臣、首任樞密院議長、首任貴族元議長、韓國統監等職，一九〇九年於哈爾濱遭朝鮮民族主義運動家安重根暗殺。

月後的宣統三年農曆八月十九日[89]，以孫文、黃興等為代表的革命黨便於武昌燃起革命的狼煙，展開了辛亥革命。為了對付此次革命，清廷答應了原本遭放逐的袁世凱要求，以換取袁帶兵鎮壓，但從結果來看，慶親王內閣依約於十一月一日總辭，原本清廷賴以鎮壓革命的袁世凱，取而代之成為總理大臣，且更進一步籌備要取大清而代之。

石川半山表示，「慶親王內閣，是滿清最初的內閣，同時也是最後的內閣，如果當初是由肅親王組閣，清朝大概不至於在宣統三年便滅亡了」。這段描述表達了石川對肅親王的見識深感信賴，同時也意味著，比起依靠袁世凱，肅親王更可能依賴日本的力量。

此時川島與肅親王、喀喇沁王交換意見，更堅定了守護大清王朝的決心。肅親王身邊出現了一群不惜一死也要保護大清皇室的人們，他們集結成立了「宗社黨」[90]，為了與之呼應，川島之後也在日本招募成立宗社黨，肅親王自然對川島浪速抱持高度期望。之後川島更加快速地向蒙古靠攏。川島傳記中提及，娶了肅親王妹妹的喀喇沁王表示，「蒙古並非支那的一部分。（中略）現今清朝滅亡，蒙古當然與支那無關，理當獨立。但不幸的是蒙古欠缺實力，此時必須仰賴日本援助方可達成蒙古獨立」。隔年的明治四十五年一月二十九日，川島浪速與蒙古喀喇沁王交換了蒙古獨立的相關契約。

明治四十五年一月二十二日，川島也對參謀本部發出了以下的電文第五十三號：

滿蒙王公仰望日本援助，渴望脫離虎口。

接著電文第六十六號中，預告了肅親王將逃離北京：

已決定肅親王化名金晏怡二月二日自北京出發。

第六十七號電文中寫著：

肅親王即將舉事，在此之前預估尚需五萬日圓。

接著二月二十日的第七十號電文則是「二日傍晚七點二十分，肅王已平安出發」。從中可以讀到日方果真斷然執行了肅親王的北京脫身計畫。

89〔原注〕明治四十四年（一九一一）十月十日。

90〔譯注〕宗社黨：即「君主立憲維持會」，一九一二年，清朝宗室為了對抗辛亥革命，由清廷貴族良弼、毓朗、溥偉、載濤、載澤、鐵良等人，以維持宗廟社稷為宗旨，發起宗社黨，宣統帝退位後旋即解散，但一九一四年又於東京重新成立，並於大連設立支部，川島浪速、頭山滿等人皆有加入。

肅親王從北京到秦皇島為止，扮作支那商人模樣，日本接應人士也一樣身穿支那服，由高山公通[91]上校陪同，自山海關搭船抵達旅順。一般認為，肅親王離開北京是對袁世凱的共和政府讓步，並考量未來尚可力圖復辟，因而逃亡，但憲立卻完全否定這點：

我父親完全沒有想逃亡的打算。當初的目的地是奉天，而且與張作霖取得協議，由他打理一切協助復辟。父親在奉天樹立滿清大旗，與張作霖共同討伐袁世凱，進軍北京。可是途經山海關時鐵橋遭炸毀無法前進，不得已之下只好改搭日本軍艦，最後被送到旅順。聽說炸毀鐵橋的，是支持革命黨的日本人，果真如此，父親的復辟，還是日本人妨礙的。

石川半山指出，在袁世凱勢力的壓迫下，清朝王公貴族離開北京四散各地，其中肅親王來到日本租借地旅順，企圖尋求安身立命之所。石川的描述在於強調親王的親日態度，但根據憲立的說法，那根本不是肅親王的本意，肅親王實際是遭日本人軟禁。關於破壞鐵橋，在川島的傳記中也有記載，而且在電文第六十七號中「舉事」一詞，也確實與逃亡不符。肅親王離開北京十天後的二月十二日，宣統皇帝將一切政務全權託付袁世凱的臨時共和政府，至此，清王朝實際上已然滅亡。

不久，肅親王的家人也搭乘日本軍艦鎮遠號[92]，自大沽前往旅順與親王會合，而在這一大家子人之中，也包括了當時五歲的川島芳子。

在旅順的肅親王一家

川島芳子，也就是肅親王家第十四格格顯玗，當時在肅親王的女兒當中排名倒數第二[93]。除了正妃之外，親王還有四名側妃，加上女傭與廚師等，肅親王家是有六十多口人的大家族。懷抱著滿蒙獨立夢想的川島浪速，與希冀藉由日本協助以圖復辟的肅親王，他們在旅順的一隅，究竟面對著什麼樣的境遇？

大約與此同時，根據憲立的說法，肅親王仍未放棄前往奉天，他偷偷派遣胞弟善予作為代理人，前往張作霖處商量。張作霖卻告訴善予，現在宅中其他房裡還有袁世凱的代理人在等，開價三百萬元要收買自己，接著張作霖開價，若清朝願意準備八百萬元，那麼他就願意協助復

91〔譯注〕高山公通（1867-1940），日本軍人，官拜中將，舊名永井源之進。一九一六年任關東總督府參謀長，一九一八年晉升陸軍中將就任獨立守備隊司令官，一九一九年任十八師團長，一九二三年三月編入預備役，之後還任職關東國粹會會長。

92〔原注〕日本於甲午戰爭時自北洋艦隊奪得。

93〔原注〕三十八名兒女當中，最後的三名是搬遷至旅順後才出生的。

辟。善予身為代理人，正在沉思，同行的部下卻不堪主子受辱，喝了一聲「欺人太甚！」便朝張作霖撲了過去，但反遭張作霖部下一槍擊斃。憲立帶著個人情感，如此說明：

叔父當場先退了出來，回來之後，總之談判算以失敗告終，對於此事，我父親晚年曾痛切地說：「如果不透過代理，由我親自去跟張作霖談，一定可以成功。如果日本人沒有軟禁我，我還是自由之身，或許歷史就得改寫了。」

肅親王的家人抵達旅順時，憲立應當是九歲，不過他對當時的情況卻記得一清二楚，當鎮遠號抵達旅順時，日本小學生以對待日本皇族般的最高敬禮歡迎他們。

親王一家落腳於白玉山西邊的山丘上，住在一幢西側有樓梯的舊俄羅斯旅館。該處於日俄戰爭後歸日本所有，據說在關東都督府的好意下，借給親王一家居住。紅褐色的磚造二層建築，穿過圍繞山丘的森林可以東西向地看到旅順市區。對於這幢建築，憲立仍保有鮮明的記憶：

光是庭院，大概就有五千坪吧。宅邸大概有二十八間房，父親當然是住在二樓最寬廣的房間。已經結婚的兄弟們，一人分配一間房，其他同母兄弟姊妹大概兩三個人共用一間房，房中各有兩張日本陸軍的軍床，我記得還有利用彈夾做成的菸灰缸。餐廳並排著七、八張桌子，每張可以坐八個人。

寬廣的前院胡亂長著花草，面對正面有一扇鐵格子大門。家中事務延續北京時的狀態，由川島福子幫著王妃們打理一切。而熱心教育的肅親王，當初還會在食堂集合子女，教導大家漢字、習字，另外也請日本人老師教導日語、數學等科目，為了加強體力，據說還讓大家攀爬雪地裡的二〇三高地[94]。不久，親王的子女們便轉學進入旅順的日本人學校就讀。在黑姬山莊保存會裡，現在還保存著肅親王十四名子女一列並排、全員身穿碎白道花紋布和服與日式褲裙的照片。在旅順的肅親王子女中，以當時二十七歲的大阿哥憲章為首，最小的是三歲的第十五格格顯琦，如前所述，芳子當時年紀為五歲。

現存有一張肅親王上半身穿著西裝，頭髮全部向後梳攏的照片，推測應該也是這個時期的照片。憲立說：「我聽說這是在川島浪速的仲介下，打算為了向明治天皇請求援軍時而穿著的正式服裝。以假髮遮住髮辮，這是父親第一次、也是最後一次穿西裝的珍貴照片。」

然而，明治四十五年（一九一二）七月三十日，明治天皇駕崩。憲立接著說明：「出發前已經全部打點妥當，卻臨時接到明治天皇駕崩的消息，我還記得當時父親一臉茫然的樣子。」

94〔譯注〕位於旅順的一處丘陵，現屬於大連市旅順口區，過去曾為日俄戰爭的激戰地，因高度達海拔二〇三公尺而得名。

不過當時即便透過他人居中協調，川島是否具備這等實力可以安排肅親王謁見明治天皇，仍有存疑。

肅親王哀慟明治天皇駕崩，據說為天皇服了三天喪。此外，於日俄戰爭之後，聽說親王也曾到建於白玉山頂上的忠靈塔奉納二百日圓給天皇的赤子們[95]，不過根據憲立的說法，這與其說是肅親王崇拜明治天皇，倒不如說是對這位斷然施行明治維新的天皇抱有一股敬畏之念。

原田伴彥的母親松島（音譯），晚年以雅號「梅奩」寫了一本名為《回憶記》的小冊子，其中有一段「回憶」，寫到當時她前往大連的滿鐵本公司與丈夫碰面，並於大正六年（一九一七）十二月二十八日帶著包含伴彥在內的兩個兒子前往旅順旭川町（後改名為鎮遠町）拜訪肅親王府：

……下午四時許，三格格以下的四名格格一同來到接待我們的房間，彼此一陣介紹與寒暄。原來大家都在旅順高等女子學校[96]通學。兩位姊姊是五年級，兩位妹妹是四年級。大家都穿著日本服裝，講著日語，極為質樸謙遜，即便在路上相遇，人們大概作夢也想不到這是前清朝皇族中威權顯赫的肅親王家公主殿下們。（中略）因為是住了近百名家人的大家族居所，所以就像寄居宿舍一般，所有事情都透過鐘聲提醒。當時正好是五點，響起了傍晚的鐘聲，用過晚餐後到七點之前是自由活動的時間，之後便開始自習。超過二十位的阿哥與接近二十位的格格，晚餐後運動時間時熱鬧非凡。雖說是阿哥們，但大家穿著久留米白道花紋布窄袖和服，腰間綁著日式腰帶兵兒帶，戴著學生帽喧鬧著射紙飛機。看起來與日本中流家庭的子女幾乎沒什麼差別（後略）。

根據石川的說法，「經過了十多年，肅親王與川島的關係更加緊密，一同工作，相互幫助。就算是真的兄弟，也極少能像他們這般親密」，不過，此處想稍微重新整理一下當時肅親王與川島浪速的理想。首先是關於肅親王，他對川島說：

將來的世界大概會是黃白二人種的競爭場域。我亞細亞泰半既受白種勢力所壓迫，唯一獨立者只剩日支兩國。而如朝鮮暹羅者復不足言。欲挽回如此滔滔大波之頹勢固非易事，日支兩國若非提攜，終究難以達成目的。（中略）支那依靠日本強大而能獲得掩護，日本因支那之富而得以補給，此則東方首次出現富強之亞州，於抵禦白色勢力時將綽綽有餘。（《肅親王》）

95〔原注〕指日本的士兵。
96〔譯注〕以下皆簡稱「高女」。

親王進一步闡釋，如果要做到國與國間真正相互提攜，就必須人與人之間先握手言和，以此為起點，「就從余與卿開始」。日俄戰爭之中，因為考量「此戰若日本戰敗，則支那亦矣」，因此派出特務相助，並幫助說服喀喇沁王，為日本圖了個便宜。

與此相對，川島於大正八年（一九一九）整理的「對支管見」中，雖然反對「俄羅斯式強盜般的侵略政策」，但至少滿洲的一部分與蒙古的東部一帶，「須為我國所有」。他的論述依據要約如下：

一、為保我國生存，必須與俄羅斯保持勢力均衡。

二、帝國[97]如果至少能在滿蒙取得鞏固的立腳之地，便可永遠掌握亞細亞霸權，執其牛耳，占有世界優勝地位。

三、為了適當配置以非常速度增殖之（日本）人口，必須準備人口稀少的領土。

四、占有富含未開發天然資源的廣大土地，可以彌補小島國家的國力。

五、最佳且最便利的方式，便是先占領大陸。

肅親王與川島浪速的角度不同，但在日支提攜占領世界中的領導地位，以及在抵禦俄羅斯侵略等項目上，還算意氣投合。

親王一家在旅順的生活費，據說每個月高達三千日圓，當初這些費用幾乎都依賴川島的才幹來賺取提供。由川島發給參謀本部的電報中，偶爾會出現關於金錢的描述，例如在與喀喇沁王締結蒙古獨立契約的隔日，也就是發於明治四十五年（一九一二）一月三十日的第六十四號電文，有如下說明：

正按部就班推行蒙古舉兵，喀喇沁王決定幾天內離開北京。昨日搬送三萬發彈藥已經受領。喀喇沁王與敝人之間締結的密約，以及借款證書副本已發送日本。約定之借款以卓索圖五旗管轄下全部礦山作為抵押，貸與金額二十萬日圓。（中略）右述以外巴林王及其管轄內全部礦山開採權作為抵押擔保，已締結成立一萬兩借貸契約。（中略）眼下適逢得以掌握蒙古各種權利的契機，除上述金額之外，僅先支付五萬日圓。

不斷擔任仲介角色的川島，不難想像他在肅親王家計上，也是靠著自己的才能籌措經費。另外根據川島的傳記說明，「肅親王離開北京之際，川島只靠祕密發出一封電報給岩崎男[98]，

97〔原注〕指日本。
98〔譯注〕指岩崎久彌男爵（1865-1955）：日本實業家，三菱財閥第三代總帥。

便輕鬆調度到高額的資金」。

暫且不論肅親王與川島是否為結義兄弟，此時期這兩人確實是生死與共。

第十四格格與領養

肅親王將第十四女送給川島浪速，亦即浪速領養芳子，約莫就發生在此時期。

不知為何，在大正五年發行的《肅親王》一書中，作者石川半山並未觸及此事，不過依據川島浪速於日本戰敗之後寫給芳子律師李宜琛的信件，以及昭和八年芳子自己投稿於《婦人公論》的手記來看，芳子是在大正二年抵達日本下關的。但是，根據川島的傳記，領養時間則是在山本權兵衛[99]內閣解散之後，另根據原田伴彥母親松島的小冊子，則是在松島結婚後芳子立刻來到日本，也就是大正三年（一九一四）的事。雖然尚有些不明確的疑點，但參照憲立的說法綜合考量後，大正三年抵達日本的正確度較高。此外，芳子自稱生於丙午年，生肖屬虎，但實際上她生於光緒三十三年，屬羊，來日本時年紀應該是七歲。

迎來芳子的川島，此時卻是他夢想破滅、最感痛苦的時代。明治四十五年一月二十九日，川島剛和喀喇沁王締結蒙古獨立契約，還與高山公通上校、多賀宗之少校、松井清助上尉、木村直人上尉等計畫成立蒙古義勇軍，幫助喀喇沁王逃離北京，這些活動都獲得了一定的成果，接著便是往蒙古運送彈藥，川島看著自己的夢想逐漸實現，但也就在這個時間點上，川島卻收到福島安正中將的命令，要求他立刻返回日本。

原因是當時革命黨具有優勢，各國傾向支持辛亥革命，有鑒於此，日本內閣閣議認為，此時於滿蒙舉事會給國家帶來負面效益，因此決定終止滿蒙獨立計畫。對川島浪速而言，這是他首次遭遇這種挫折。川島接受時提出了幾個條件，包括應永久保障肅親王在旅順的生活，完全不干涉川島當作同志配置於滿蒙各地活躍的人才等，之後便偕同夫人福子自旅順返回東京自家宅邸。從他懷抱鴻鵠之志離開東京後，歷經二十六載才又回到東京生活，而彷彿川島不願切斷和肅親王之間的羈絆一般，他也在自宅收留了當時十六歲、正在日本留學的七阿哥金璧東（本名憲奎）。

回國之後的川島，與田鍋安之助[100]等以地下運動的形式，繼續執行滿蒙獨立計畫。大正二

99〔譯注〕山本權兵衛（1852-1933）：日本軍人、政治家，伯爵。歷任過內閣海軍大臣、內閣總理大臣、外務大臣等。此處所指的山本內閣解散，應為一九一四年的第一次山本內閣，因西門子事件而宣布內閣總辭。

100〔譯注〕田鍋安之助（1863-？）：曾任職東亞同文會常任幹事，一九二五年起曾到中亞、阿富汗等處實地勘查，為日本帶回最初的中亞第一手相關情資。探勘記錄彙整為著作《亞富汗斯坦》。

年七月與「一進會」[101]的內田良平[102]等人合流，成立「對支研究會」（對中研究會），並等待時機在神田青年會館召開同志大會。九月七日在日比谷公園召開對支問題國民大會，群眾決議出兵並蜂擁至外務省。兩天前的九月五日，因為對日本軟弱外交憤恨不平，愛國黨志士岩田愛之助等人策畫並殺害了外務省政務局長阿部守太郎。另一方面，受到西門子事件[103]的影響，隔年大正三年三月山本權兵衛內閣總辭，政權交到對滿蒙抱有強大野心的大隈重信[104]內閣手中。

此時七阿哥金璧東為了向父親報告這一連串日本的動靜而回國見肅親王。肅親王聽取報告後，據說呢喃了一句：「風外也正在忙碌吧。」（《川島浪速翁》）

風外是浪速的雅號，自嘲風格特異之意。金璧東回答，川島浪速確實忙碌，日夜奔走，但夫人福子回到東京後頓失生活重心，頻繁鬧出家庭風波。福子藉由天生的語言天分熟習支那語，在肅親王家擔任女官長的角色，但回到日本後卻有如飛鳥折翼一般。肅親王「低頭陷入沉思」，最後決定將十四格格過繼給結婚十餘年卻未有子嗣的浪速夫婦。

肅親王這位排名第十四、日後被稱為川島芳子的女兒，本名如前所述，叫做顯玗，字東珍。取東珍這個字，也意含著前往日本後成為東洋珍客的願望。一般而言，清朝會公開王子們的字，但公主們的字只限於王室內使用，不對外公開。芳子以特例處理，對外公開了於出國之際所賦予的字，憲立說：「大概父親也為芳子感到可憐吧。」

此外，根據憲立說法，肅親王把芳子過繼給川島，還有以下一段原委。親王為了達成復辟願望，想遣密使前往張作霖處尋求幫助，與日人幾經折衝之後，最終請胞弟代為前往交涉，卻仍破局。之後肅親王繼續等待時機，希望獲得日本援助討伐袁世凱，幸運的是，新任總理大臣大隈重信內心相當反對袁世凱的共和政府，因此大隈命令土井市之進上校，以及後來在上海遭朝鮮人尹奉吉[105]槍殺的白川義則[106]參謀等人，協助復辟大清王朝，並請求清朝方面也選出交涉的代理人。

肅親王毫不遲疑便指定川島浪速作為代理人，委託他全權進行交涉，但日本方面卻認為俗

101〔譯注〕大韓帝國的集會結社之一，具親日傾向，希望實現「韓日合邦」的聯邦體制。

102〔譯注〕內田良平（1879-1937）：日本國家主義者、右派運動家、亞細亞主義者。擔任過黑龍會主要幹部、大日本生產黨總裁等。黑龍會為日本右派國家主義團體，被稱為玄洋社的海外活動中心，也以武力方式支持相關運動。大日本生產黨成立於一九三一年，主要成員與玄洋社、黑龍會有所重疊，是一個主張國粹主義的法西斯政治團體。

103〔譯注〕德國西門子公司為了與英國競爭，爭取製造日本海軍軍艦而賄賂日本海軍高層，此事爆發後在日本政界引起軒然大波，甚至使當時身為海軍元老的內閣總理山本權兵衛不得不提出內閣總辭。

104〔譯注〕大隈重信（1838-1922）：日本政治家、教育家，封侯爵。歷任大藏卿、外務大臣、農商務大臣、內閣總理大臣、貴族院議員等，也是早稻田大學的創設者，並擔任第一代總長。

105〔譯注〕尹奉吉（1908-1932）：朝鮮獨立運動家。一九三一年前往上海加入金九組織的抗日武裝團體「韓人愛國黨」，於四月二十九日天長節（天皇生日）開車闖入正在舉行祝賀儀式的日本人租界虹口公園，對人群投擲手榴彈，導致多人死傷。

106〔譯注〕白川義則（1869-1932）：日本軍人，官拜陸軍上將。擔任過關東軍司令官、陸軍大臣等職。一九三二年四月二十九日在擔任上海派遣軍司令官時，於「上海天長節炸彈事件」中身負重傷，於翌月過世。

稱「支那浪人」的川島沒有一官半職，並不適合擔當此重任。為此，肅親王本想將親生兒子憲立過繼給川島，藉此證明彼此間具有無可動搖的關係，希望川島因此能具備清朝代理人資格。不過，雖然最初肅親王屬意憲立，但因大清皇室典範規定，王子不得過繼他家，因此才改以女兒過繼。雖然憲立如此說明，但在川島的傳記之中，卻沒有任何敘述證明此事，只有記載伴隨著肅親王寫著「進呈玩物予君，敬請憐愛」的信件，送來了第十四格格。領養的真正目的，現在已經無法考證，不過在當年當上滿洲國皇帝的愛新覺羅溥儀傳記，也就是在他成為中華人民共和國的人民之後撰寫的《我的前半生》中，有提到這麼一段：

關東軍早叫我寫下了字據：若有皇子出生，五歲時就必須送到日本，由關東軍派人教養。

如果此事屬實，那麼拿超過五歲的子女作為養子、養女，藉以加強雙方關係的想法，顯然日本方面也有思考過。憲立當年十一歲，還記得芳子渡海離開前的樣子：

到二樓父親房間道別的芳子，頭上綁著白蝴蝶結，身穿支那服，哭著說：「我不想去日本。」母親則頻頻哄她：「乖孩子，別哭別哭。」

沒多久，透過旅順大和旅館喚來迎接的馬車抵達，家人一起目送芳子，憲立說他至今仍無法忘卻當天母親寂寞的樣子。

在本書前載的「子女一覽表」中已然說明過，芳子的同母兄弟姊妹共有十人，憲立是七個男孩中的長男，芳子是三個女孩中的長女。他們的母親是第四側妃，也是側妃中最年輕的一位，能夠讀書寫字，據說特別受肅親王寵愛，具有豐腴之美。她十八歲生下憲立，反推計算，芳子離開時側妃年紀應是二十九歲左右。依據憲立的說明，清朝親王看上的女性，若受族人承認，便以王妃身分記錄於宗人府，憲立親生母親的出身與家累等一概不問，但他也大膽推測，「即便如此，我母親的身世之謎仍舊太多。我強烈懷疑母親具有日本人的血統」。

要說證據，除了在北京時為了教育女兒們招聘木村芳子作為學校教師之外，芳子的母親也與由川島選定的日本女性，也就是負責打理、服侍工作的女官們特別親密，而且似乎多少也能理解一些日語。加上憲立後來長大成人後成為肅親王家族中唯一一位娶了日本女性的人，當時他也曾聽到其他王妃們說：「果然鬥不過血統」的流言。

「而且……」，憲立接著說明，雖然當初先選擇了憲立，最後改送出憲立的妹妹，但送往日本的人選為何都選擇第四側妃的子女？在這點上確實令人感到不可思議。即便不送這位七歲的女兒，在芳子之上還有十三名格格，與她年齡相近的格格也各有兩個大她二歲與四歲的姊姊。而川島浪速自己經常說，會從眾多格格中選擇芳子，理由是自己過往格外疼愛芳子的緣故。

無論如何，不管芳子的母親究竟是不是日本女性，現在都已經無法查證。而川島芳子的命名理由也不明。日後川島浪速也領養了王子們到松本來生活，其中十八阿哥憲開取名良雄，二十一阿哥取名良治。因此有一種說法是芳子當初要取名良子，但這也缺乏確切的證據。

此處稍微說明一下第四側妃的子女，也就是芳子同母兄弟姊妹們後來的情況。

首先，長男是十四阿哥憲立。次男是十六阿哥憲方。十七阿哥憲基畢業於日本陸軍士官學校，現仍健在，居住於北京。十八阿哥憲開從陸軍士官學校畢業後曾暫時回到滿洲國，昭和四年（一九二九）卻在日本別府意外死亡。據說，當時張作霖倚為股肱之臣的張宗昌，正在別府接受愛人（情婦）伺候休養當中，而那位愛人又另外與某男子有親密關係，很巧合的，憲開不幸與該男子長相相似，結果被認錯而遭受槍擊，據說子彈打中下腹部，最終因流血過多而身亡。十九阿哥憲容畢業於東大，往後死於獄中。

二十一阿哥憲東為陸軍士官學校第四十六期生，畢業後返回滿洲國，昭和五十八年事隔約五十年後，受當時同學邀請再度造訪日本。憲東已改掉王子的名字，現在名為艾克。憲東在肅親王過世後由川島浪速領養，在松本度過幼年與少年時期，之後進入陸軍士官學校，一直在日本成長，直到滿洲國建國後返回成為近衛兵。日本戰敗之後，透過留日時期於築地小劇場認識的同胞幫忙，找到門道加入了八路軍，之後在金屬礦山工作，現在則在遼寧省領年金過生活。他的夫人擅長俄語和英語，但因患風濕長年臥床，多少有點難相處，但憲東卻是少見性格沉穩的人，當陸軍士官學校的人們想要邀請他重溫舊日情誼時，他也願意點頭參加。

與日本關係深厚的阿哥們，日本人習慣依照他們的出生順序，通稱大阿哥為太郎，以下則為二郎、三郎，而至今在日本仍有人稱呼十四阿哥憲立為十四郎。順帶一提，日後成為芳子丈夫的甘珠爾扎布，其日本名字則是寬壽郎。

公主的部分，除了長野縣松本高女中肄業的十四格格顯玗、也就是川島芳子之外，還有十六格格顯瑠（浪子）與十七格格顯琦（速子）。顯瑠畢業於東京女子醫專，現已過世。顯琦便是筆者於北京面談過、畢業於學習院的默玉。

豐島師範附屬小學時代

位於東京赤羽的川島宅邸，現在仍留有照片。據說那是一幢擁有花崗岩門柱與種植兩百棵櫻花的廣大宅邸。川島浪速祕書村井修的太太八重描述說：「從門柱到玄關，得走好長一段路，應該稱得上是豪宅吧。」

目前留有當時川島浪速寫給芳子的明信片，上面說：

爸爸今天去拜神，送回名產點心

地址寫著東京府下赤羽字稻付八一七，應該是在現今的十條附近。

村井修，生於明治十七年（一八八四），在早稻田大學攻讀經濟學時，辦理休學前往大陸巡行，因獲得川島浪速的知遇之恩，回國後便成為浪速的祕書，幾乎大半輩子都在為浪速服務。二十九歲大學畢業後正式專心投身祕書業務，這時大概正是辛亥革命後肅親王逃至旅順的時期。不久肅親王組織編成清朝復辟義勇軍，村井反覆往來於浪速與肅親王之間，鮮少有時間可以在家中休息。

村井夫婦新婚時期在川島宅邸一隅住過一段時間，夫人八重是一位剛毅的女性，一面守候著出門在外的丈夫，一邊學習編織的技巧，在關東大地震之後，還在池袋開設編織物研究所。她一面在《婦女界》雜誌投稿，一面養育三個孩子。村井夫人出生於明治三十一年（一八九八），記憶力好到讓人不敢相信，她說過這麼一段故事：

芳子是一位穿著上面繫著蝴蝶結的紫色褲裙、風格特殊的大小姐。我問她，妳從哪一國來的？她以帶著童心的智慧，既不說日本，也不說支那，回答說：「我是從娘胎來的」，讓我見識到她的聰慧，留下了深刻的印象。

為了負擔肅親王家族的生活，村井協助川島浪速成立了在大連俗稱小盜兒市場的露天市場，並且也取得經營權。詳細狀況後文將會說明，此市場於昭和十七年（一九四二）結算賣出，村井身為支援親王家族的有功者，也收到三萬日圓的分紅。

村井收到大筆金錢，也就只有這麼一次。除此之外還領到一些滿鐵的股票，村井曾對我說，領到這些股票，多少可以補償至今為止的辛勞吧，可是三年後的八月十五日，這些股票全都變成了廢紙。

八重繼續說明。大正七年（一九一八）擔任大連市議會副議長的若月太郎雖與村井八重有著姻親關係，但當小盜兒市場整理結算時，若月卻擔任肅親王繼承者，也就是當時的大阿哥憲章的代理人。順帶一提，已經邁入高齡的川島浪速，其代理人則是笹川良一[107]。

我與村井結婚時，正值川島先生的全盛時期。有段時間川島事務所還設在大木遠吉[108]伯爵

107〔譯注〕笹川良一（1899-1995）：日本政治運動家。擔任過國粹大眾黨總裁、眾議院議員、日本船舶振興會（今公益財團法人日本財團）會長等職。一方面是左右政界與經濟界的右派幕後黑手，自稱世上最富有的法西斯者，另一方面晚年從事不少慈善事業，導致兩極化評價。戰後曾以甲級戰犯被起訴，因採反對東條英機政策與堅持反共立場的辯護策略，最終獲釋。

108〔譯注〕大木遠吉（1871-1926）：明治到大正時期的日本政治家，原貴族院議員。擔任過司法大臣、鐵道大臣等，封伯爵。

的外屋裡。大木伯爵是伊達順之助的親戚。我永遠忘不了伊達先生騎著馬來訪時的姿態。而伊達先生的夫人，則是我的小學同學。

村井八重把這些事情講得就好像發生在昨天一樣，而在黑姬山莊保存會中，還留有川島與伊達並列的照片。

之後，川島浪速很快地指名與自己同鄉的赤羽松江作為芳子的家庭教師。明治二十二年（一八八九）生的赤羽，畢業自長野縣立松本高女，之後進入和洋女子專門學校就讀，畢業後歷任松本女子職業學校、新潟縣立長岡高女、崎玉縣立久喜高女等處。

大正五年（一九一六）她擔任家庭教師時，年紀應該是二十七歲。三十二歲時嫁給了名古屋市林高寺的住持本多惠孝[109]，但婚宴後一個月立即前往哥倫比亞大學留學，過著分居生活，三年後才回日本。在當時看來，她的結婚是很戲劇性的。中日戰爭時期，她照顧來自亞洲各地的留學生，昭和十三年受司法保護司委囑，以此為契機於昭和三十五年（一九六〇）、七十一歲之際成為名古屋拘留所的教誨師，晚年被讚為「死囚之母」。在芳子遭槍決後的第十二年開始擔任教誨師一職，或許赤羽內心還糾結著過往與芳子的因緣關係吧。赤羽歿於昭和四十四年（一九六九）。

在日支兩國各懷鬼胎的背景下，年僅七歲的女孩，必須承擔父親與養父的約定——也就是復辟大清王朝的夢想。而與隻身渡海的芳子沒有利害關係，卻能以愛心呵護她的，只有非常少數的幾個人，其中之一就是赤羽。芳子在獄中的書簡之一中寫道：

聽到我的死訊，會悲傷流淚、內心感嘆的，大概只有赤羽媽媽了吧。

本多松江（舊姓赤羽）於昭和八年以大日本聯合女子青年團滿洲視察團團員身分，渡海前往滿洲時，芳子還寫了一封信向赤羽撒嬌（《松風之跡》）：

想到不久之後可以見到許久未見的媽媽，開心得都要跳了起來。媽媽出發的時候，記得到東京榮泉堂多買些「最中」[110]和「甘納豆」來喔。

應該算本多松江姪女輩的百瀨美澄（音譯），現在於松本市崖之湯與丈夫共同經營一家創業已一百一十多年的山上旅館，她說：

109〔編注〕赤羽松江因嫁給本多惠孝，故改姓本多，而稱本多松江。
110〔譯注〕豆餡糯米餅點心。

芳子可以說是個特異的人，但聽叔母說，她其實是個很貼心的大小姐，與叔母碰面後沒多久，似乎就記得叔母的喜好，吃飯時如果自己的餐盤中有叔母喜歡的菜色，就完全不動這道菜，並且會對叔母說：「我，討厭這道菜，給赤羽媽媽享用。」以這種婉轉的方式來表示自己對叔母的關懷。

話說回頭。如前所述，芳子抵達日本後，便進入豐島師範附屬小學就讀。根據大河內一雄的《遙遠的大陸》一書，大正七年芳子轉學進入東京府立豐島師範附屬小學五年級，不過依據川島浪速的傳記，赴日當時，芳子先進入比她年齡低許多的班級，因為成績優秀得以跳級，之後轉入與她程度相當的班級，所以應該不是轉學，而是跳級進入大河內的班級。

在豐島師範附屬小學中比芳子低一年級的劇作家田中澄江回憶道：「……我們都稱實習教師們為『老師』，芳子卻直接叫他們『喂，你』。芳子身旁也總跟著一位來自赤羽線十條川島宅邸、身穿藏青地碎白花和服與小倉織褲裙的書僮，芳子也都直呼其名。（中略）在被稱為滿洲浪人大將的川島宅邸，擁有大型樹木環繞的廣闊庭園家中，我記得無論是到玄關出迎的侍女，還是送茶水點心到房間來的女傭，芳子果不其然全都以『喂』來稱呼及使喚他們。」（《歷史與人物》昭和五十八年六月號）。

《男裝的麗人》從昭和七年開始在《婦人公論》上連載，不過似乎從小學時期便可看出芳子的秉性。依據田中澄江的說法，豐島師範附屬小學的就讀者，大部分都是所謂的富家子弟，例如知名社會福利事業家的創始人留岡幸助，他的女兒們也都就讀此校。一般兒童都穿著棉布和服與斜紋嗶嘰褲裙，芳子穿的卻是紋綸子[111]的和服與紫緞子（紫色緞布）的褲裙。大家跳繩的時候會看到當時很稀罕的白色內褲。熱衷著傳球的男生們如果球偏掉了，芳子就會「刷地一聲拾起往別的方向」丟去，怎麼想都與她特異的性格相符合。

昭和八年，芳子在九月號《婦人公論》雜誌上發表了自己兒時的回憶，說道：「我最喜歡蝴蝶結，當時收集了很多，是一個喜歡小布包與彈珠的溫柔公主。」此外，她還提到除了得學習日本舞踊、彈琴、茶道、盆景，尚須跟法國人學油畫等等。開始學騎馬也大概是在這個時期。大正九年，芳子從豐島師範附屬小學畢業，進入跡見花蹊[112]創設的跡見高女就讀。

當時足以稱為滿蒙獨立統帥的川島浪速，表面上看起來是受挫回國了，但實際上他仍靠著自己的政治實力與實際業績，穩健地鞏固自己的陣營。如果把能夠想到的當時進出赤羽宅邸的人羅列一下，至少就有他闖蕩大陸時期的盟友松本菊熊、若月太郎、伊達順之助；大正五年企

111〔譯注〕綾布質地。

112〔譯注〕跡見花蹊（1840-1926）：日本教育家、畫家、書法家，跡見學園的創設者。從幕府末年到明治維新的新舊時代交界之際，跡見體認女性教育的重要性，在其學園內除了重視舊有的文化風俗，也導入漢學、書法、茶道、體操等科目，採用不侷限於知識學科的多元教育方針。

圖以自己當人肉炸彈在奉天暗殺張作霖卻只炸死自己的三村豐[113]；之後加入蒙古義勇軍的入江種矩[114]；秋枝勘二[115]（一手包辦照顧晚年川島浪速生活的人物，目前居住於長野縣），順帶一提勘二的弟弟就是那位在太平洋戰爭中，駕駛特殊潛水艇參加攻擊馬達加斯加島，被尊崇為軍神的秋枝三郎[116]中校；以及忠實的祕書村井修、乾弟弟相蘇清五郎與佐佐木照山[117]等親戚，可說是人才濟濟。大正二年他們找來頭山滿，在赤羽宅邸中共同拍攝紀念照。另外，希望清朝復辟而被推為袁世凱討伐軍盟主的升允[118]，在滯留日本的三年期間，也曾被招待前往川島的赤羽宅邸並留下紀念照片。

第二次滿蒙獨立計畫

清王朝在全權委託袁世凱組織共和政府的名義下，宣統皇帝宣布退位，但袁世凱表面上雖遵照清朝意思推行共和制，實際上卻計畫侵吞清朝。他先立下條件，繼續尊稱大清皇帝只限於溥儀一代，之後更把皇帝住居從紫禁城移至頤和園萬壽山。

如前所述，清朝舊臣組織了宗社黨，企圖滿清復辟，為與此呼應，日本方面也組成了宗社黨，由川島擔任復辟運動總帥。大正四年（一九一五）一月，日本提出《對支二十一條要求》[119]，日本蠻橫的態度引發了支那的反日批判，袁世凱一方面接受《二十一條》，一方面又利用反日風潮鞏固自身地位。有另一個說法指出，袁以接受《二十一條》作為條件交換，脅迫日本政府必須承認其稱帝的構想。

之後在大正四年十二月，袁皇帝出現了，年號改為洪憲。但是，包括雲南都督唐繼堯[120]在

113〔譯注〕三村豐（？-1916）：日本陸軍預備少尉，為了支援宗社黨，身上背負炸彈自殺式攻擊張作霖馬車，但自己身死，張作霖卻未受傷。

114〔譯注〕入江種矩（生卒年不詳）：日本政論團體政教社的重要幹部之一，該團體發行過《日本人》、《亞細亞》、《日本及日本人》等雜誌，主張不盲從西歐、不急遽歐化，必須吸收之後斟酌取用，屬於國粹主義之一。

115〔譯注〕秋枝勘二（生卒年不詳）：早年師事川島浪速，後入贅松澤家成為松澤勘二。他是川島浪速小舅子佐佐木照山的學生，十八歲時獲得川島賞識，受其薰陶後前往大陸闖蕩，一九四七年返回日本。川島浪速晚年的生活幾乎都由勘二夫婦加以照料。

116〔譯注〕秋枝三郎（1916-1942）：日本海軍軍人。馬達加斯加作戰時搭乘特殊潛水艇「甲標的」參戰並戰死。死後軍階提昇兩級成為海軍中校。

117〔譯注〕佐佐木安五郎（1872-1934）：號照山。明治到昭和前期的大陸浪人、政治家。曾為《臺灣民報》主筆，批判臺灣總督府，遭當局視為危險人物。後來前往蒙古探險，獲得「蒙古王」的外號。當選過四屆的眾議院議員。

118〔譯注〕升允（1858-1931）：姓多羅特氏，八旗蒙古鑲黃旗人。擔任過山西按察使、布政使，陝西布政使、巡撫，江西巡撫，察哈爾都統，陝甘總督等要職。宣統元年，升允曾因上疏反對立憲被革職。溥儀退位後往來天津、大連、青島等處，結納宗社黨人，圖謀復辟。一九三一年病逝天津租界，遜帝溥儀贈諡文忠。

119〔譯注〕即《對華二十一條要求》，簡稱《二十一條》。第一次世界大戰中日本政府對中華民國政府提出的外交交涉，其中包括日本取代德國在山東權益的善後處理問題、滿蒙等地的日本權益問題，以及在華日人法律權益保障問題等等。

120〔譯注〕唐繼堯（1883-1927）：清末民初軍人，雲南軍、滇系創始人。中華民國時期擔任過貴州都督、雲南都督等職。

內，日本、英國、俄國、法國與義大利等國都相繼反對洪憲帝制，一年後袁世凱只得宣告取消帝制。這段過程剛好成了川島浪速起死回生的契機。

正當此時，也就是大正四年六月，塔薩、拔多兩位蒙古士兵伴隨住在海拉爾的日本人宮里好麿一同祕密來到日本。他們是蒙古英豪巴布扎布[121]將軍的部下，來日本的目的則是請求援助必要的彈藥武器，用來幫助滿清復辟與建立滿蒙王國（《川島浪速翁》）。巴布扎布是日俄戰爭時代日本軍召集特務班時，加盟橋口勇馬少校麾下挺身而戰的勇士。根據川島的傳記，他的功績原本值得頒予勳章，但因為缺乏正規軍籍，最終只給他若干津貼便解除任務了。從其現存的照片來看，是一位給人豪爽陽光感的人物。

川島也注意到這兩位蒙古士兵，他與松平康國[122]、押川方義[123]、大竹貫一[124]、柴四朗[125]、五百木良三[126]等滿蒙獨立運動的同志討論後，一方面也是為了報答日俄戰爭時巴布扎布的功勞，一方面也是為了一償滿蒙獨立的宿願，他們決議施加援助。在袁世凱引來諸方反感，而巴布扎布反抗欲望高漲的這段時期，川島必然也感受到這股氣氛。日後巴布扎布的次男甘珠爾扎布將與川島芳子結婚，不過這是後話，因為大正四年這個時間點上芳子不過才八歲。

川島的構想是先以遼陽東方為據點，燃起討袁狼煙，接著作為呼應，由巴布扎布領兵越過興安嶺進入滿洲，藉此氣勢一舉攻進北京，建立一個包含內外蒙古、滿洲三省（奉天、吉林、黑龍江省）以及部分北支那的大王國。

至於宣統皇帝揭示的東亞和平與增進亞洲民族福祉，則是他們的最終目的。明治四十五年，川島夫婦從旅順撤退回日本，四年之後，川島再度跨海，對川島而言這是第二次滿蒙獨立計畫。原本肅親王是八大世襲罔替中資產最多的皇族，在滿洲擁有三萬町步[127]的旱田，在熱河

121〔譯注〕巴布扎布（1875-1916）：滿蒙獨立運動的領袖之一。企圖利用日俄勢力達成獨立。日本勢力方面，透過川島浪速等人居中協助，獲得日軍援助，曾舉兵討伐袁世凱，協助清朝復辟，但袁過世後日本即停止援助。最終巴布扎布於林西縣與北洋政府直系毅軍交戰，遭北洋政府軍以大砲擊斃。另有傳說被部下所殺。本書作者則認為他是在戰敗撤退途中遭馬賊所殺。

122〔譯注〕松平康國（1863-1945）：長崎出身的漢學學者，為早稻田名譽教授、東洋文化學會理事、東洋文化研究所教頭。一九〇六年受湖廣總督張之洞所聘，擔任直隸省編譯所主事與張之洞政治顧問，約兩年期間。

123〔譯注〕押川方義（1852-1928）：日本基督教宗教家、教育家；為了培養傳道士而創立東北學院（舊稱「仙台神學校」），又為了普及女性教育成立了宮城學院（舊稱「宮城女學校」），並當選過兩次眾議員。

124〔譯注〕大竹貫一（1860-1944）：明治到昭和前期的政治家，當選過十六次眾議院議員。主張國權主義，日俄戰爭時期提倡對俄採取強硬態度，並於東京日比谷公園舉辦「國民大會」反對對俄講和。大正時期則投身普選運動，一九四四年過世。

125〔譯注〕柴四朗（1853-1922）：明治、大正時期的政治家、小說家，筆名「東海散士」。曾至美國留學，一八八五年歸國，同年以「國權伸長論」為基調寫了民族主義小說《佳人之奇遇》，之後又出版了《東洋之佳人》、《埃及近世史》等書。政治上當選過十次眾議員，且歷任農商務次官、外務參政官等職。

126〔譯注〕五百木良三（1871-1937）：日本國粹主義者，十九歲取得醫術開業證書，曾隨日本陸軍第五師團參加甲午戰爭，言論上屬對外強硬派，日俄戰爭後講和議定書簽訂之際，也在日比谷公園發起「國民大會」，呼籲日本政府不要簽訂和約。對中國態度主張「支那保全」，一九二九年進入政教社，主導《日本及日本人》雜誌。

127〔譯注〕日本的面積單位，一町步約等於一公頃。

還有大片森林土地與金礦，在張家口有大牧場，在北京周圍還擁有煤炭礦場山。石川半山說，這可以算入世界級富豪當中。川島以這些資產為擔保，奔走調度運動資金，大正五年三月從大倉喜八郎[128]處借款百萬日圓，權充宗社黨軍資。

此時，日軍的參謀本部派遣前述的土井市之進上校與小磯國昭少校援助宗社黨，策畫協助滿蒙獨立。對於這部分的事務，憲立表示：

當時應該是答應要在間島[129]建立一個有如東洋瑞士的中立獨立國，並讓大倉擔任國王，以這樣的條件借到運動資金。如果沒有遭到戰火燒毀，那張證明文書恐怕還在大倉家中。

這時憲立至多不過十三歲。輸送給巴布扎布的彈藥，疊在味噌桶與醃白蘿蔔桶內，外部塞入包著馬蹄鐵的炸彈，以三井物產貨物的名義透過火車運送。不久日本方面的志士，以及可以算是宗社黨的預備役軍人們抵達了巴布扎布身邊，這一行人當中，還包含了當時二十歲的七阿哥金璧東，而巴布扎布則把長男濃乃扎布與次男甘珠爾扎布送到旅順的肅親王府。依據川島的傳記，巴布扎布是為了回禮而把兒子送來肅親王府，但根據憲立的說法，那是為了表示團結奮鬥之意，送兒子來當交換人質。

稍微岔題。巴布扎布的兩個兒子在東京川島宅邸內，拍攝過一張與家庭教師赤羽松江、金璧東、村井修等同居家族的共同照片。甘珠爾扎布的一旁坐著還是小學生的芳子，右手如猜拳般擺出剪刀的姿勢。住在松本的川島廉子看了一眼這張照片就說：

啊！我曾經從芳子姑媽那裡聽到關於這張照片的故事。據說按下快門之前，芳子悄悄跟甘珠爾扎布說，拍照時你出石頭我出剪刀。甘珠爾扎布性格內向靦腆，所以不搞這套惡作劇的把戲，至於芳子，就像照片中的那副德性。據說他們兩個人的結合是政治婚姻，不過當我想起這段故事，總喃喃自語告訴自己說，應該不至於吧。

圍繞著肅親王與川島的日支兩邊的宗社黨，加上巴布扎布將軍領導的蒙古兵，互相幫忙準備之下，整個態勢已經相當完備，隨時整裝待發。然而，此際事態不變。袁世凱突然死亡，時間是在大正五年六月。

對外發表的死因是病死，但根據憲立的說法，這段期間川島浪速等民間反袁運動氣勢高漲，大隈重信也從各方面著手布局，袁世凱得知後太過震驚，因此引發腦溢血而亡。這個說法

128〔譯注〕大倉喜八郎（1837-1928）：大倉財閥的創立者。
129〔譯注〕中國朝鮮界河圖們江以北、海蘭江以南的中國延邊朝鮮族聚居地區。

可信度相當高，雖然外界也傳出了暗殺的說法。不管如何，此時扶清討袁的目標頓時失去意義，抱持反袁立場的大隈內閣，自此方針一改，成為站在反對滿蒙獨立計畫的一方。

關東都督府與領事館都出手抑制川島一派滿蒙獨立人馬，為了呼應巴布扎布將軍而組織的義勇軍因而中途受挫，肅親王、川島一派，加上巴布扎布將軍等人，都處於震驚的狀態。

憲立說明，川島因此向關東軍要求賠償，因為肅親王已傾全部家產，賭在此次舉兵，軍方應當支付七十萬日圓。返國途中川島代替肅親王出席了蒙古兵的閱兵儀式，目送蒙古軍撤退，而在撤退途中巴布扎布將軍在林西城外被馬賊流彈所傷，就此戰死。

第二次滿蒙獨立計畫的夢想也宣告破滅。川島回到日本後，一段時間都專心在自己的事業上。因為發現最上川上游與跨越山形、秋田區域的油礦，而傾力進行開採，另外在長野縣黑姬山山麓發現了含有碳酸的泉水，開始販售「少女西打」汽水。依據憲立的說法，這些創業費用都來自方才說明的賠償金。只不過這些事業全都以失敗告終，當消息傳達到肅親王時，他寫了一封長文書簡給川島，其中有這麼一段（《川島浪速翁》）：

油礦雖是占問天命所採的最後手段，然絕不應以此小失敗來決定天命。吾黨即便遭受千挫萬折，只要一息尚存，絕不放棄此志。如果風外打算拋棄畢生宿志，余也只能早早放棄此世志業，投身旅順之海一死而矣。

有一件大概是在這時發生的事。憲立說，有天川島從日本帶著芳子來旅順拜訪肅親王。當時還是小學生的芳子，已經完全融入日本人的生活，以身穿和服的姿態前往肅親王的房間請安。「此去故國數百里……」，這首叫做《戰友》的歌曲，芳子可以正確唱到最後第十四闋。不知是否受到川島的薰陶，據說從這時開始，她口中就會說哪天一定要力圖滿清復辟。

不過，根據憲立的說法，到了晚上芳子穿著無袖寬鬆連身內衣，便這麼跨在川島身上，開始幫他按摩，芳子本人一副天真無邪的模樣，川島也只是苦笑著說：「技術很高超。」但看了這等模樣，肅親王不禁皺緊眉頭。芳子的親生母親第四側妃，知道這事後向親王泣訴，說想把芳子要回來，但親王卻一口斷定，「她已經為復辟犧牲了」，聽不進芳子母親的請求。兩次舉事之前都突然遭受失敗的川島，不知此時是否失去了掌握分寸的能力。

大正六年七月，安徽都督軍張勳[130]突然宣布宣統皇帝復辟。雖然只歷經十二天便失敗，但

130〔譯注〕張勳（1854-1923）：北洋軍閥之一。清末任雲南、甘肅、江南提督；辛亥革命後曾任江蘇督軍，長江巡閱使。一九一七年七月一日，張勳擁溥儀登極，恢復清末官制，自封議政大臣，孫文旋即於上海發布討逆宣言，段祺瑞組「討逆軍」進軍北京，張勳軍隊一戰即潰，同月十二日張勳倉皇逃入荷蘭大使館，至此張勳復辟結束。

對川島而言，這股突如其來、橫刀切入的復辟勢力，肯定也搞得他心神不寧。

不久川島接來了巴布扎布將軍遺孤的三個兒子，並讓他們都進入日本陸軍士官學校就讀。

此處整理巴布扎布將軍遺孤的消息，供讀者參考。長女少眉嫁給了肅親王的九阿哥憲貴。長男濃乃扎布於陸軍士官學校畢業後，依照頭山滿的指示，進入外蒙古擔任文教部的要職，但旋即失去音訊，謠傳他在九一八事變後便遭人暗殺。次男甘珠爾扎布如前所述，陸軍士官學校畢業後回國與芳子結婚，不滿三年便離婚，於滿洲國時期擔任警察廳長。三男正珠爾扎布於陸軍士官學校畢業後回國，擔任滿洲國蒙政部的事務官，之後進入滿鐵任職。

么女惠榮先就讀大連的彌生高女，之後轉入東京的三輪田高女，據說新婚時期都在日本度過，現在住在海拉爾，她告訴我們：「停戰之後兩個哥哥被帶往蘇聯，一九五一年與溥傑一同回國了，但甘珠爾扎布在一九七一年、正珠爾扎布在一九六八年[131]便過世了。」

嫁給肅親王九阿哥的長女少眉如今已經過世，遺孤廉錕、廉鋙、廉鎮三姊妹都住在北京，她們都還記得嬸嬸芳子的結婚與離婚。

松本高女時代的芳子

話說回頭。歷經兩度滿蒙獨立運動失敗的川島，最後在大正十年（一九二一）

離開東京，於松本的淺間溫泉「蔦之湯」附近，購入了一戶獨棟住宅，從首都搬到了鄉下。但他與志士們和日本軍部的關係並未完全切斷，現今仍留有荒木貞夫到松本拜訪川島時的照片。豐島師範附屬小學畢業後就讀跡見高女的芳子，也轉學到松本高女。

同為第二十二屆畢業生，現在仍居住於松本的同班同學們，在學校七十周年史《古稀》中提及對芳子的回憶，包括她騎馬上學、心血來潮時會來上課，但上課途中又會離開教室跑去工友室等等，描繪了她自由奔放的舉止。該校現已改名為蟻之崎高校，該校的學籍簿或其他資料中都沒有留下芳子的在學記錄，這說明芳子當時只是個旁聽生。

這個時期的故事中有一件必須傳達給讀者的，就是川島芳子的裸照事件。大正八年創立的舊制松本高校，於昭和五十三年（一九七八）六十周年校慶時出版了一本名為《我們的青春曾在此地》的紀念專輯，其中第一屆學生藤田清太郎寫了一篇〈川島芳子大小姐的裸體〉。

那時候，芳子與她的好友小里文子兩人來到藤田住宿處。小里文子的父親從明治四十年擔任首任市長以來，便連續三十年都擔任市長。幾天之後，芳子單獨一人來訪。

「想拜託你幫我拍照……」，芳子自己提出要求。同寢室還有一位同班同學百瀨次重，兩個人還因為驚訝而目瞪口呆時，芳子已經裸露上半身，如男生一般雙手抱胸擺好姿勢。

131〔譯注〕應為一九六七年。

「似乎還是處女，隆起的柔軟胸部，左右並列如花蕾般可愛的兩只乳房。」藤田如此寫道。百瀨已經過世，當時照片的原版因為火災已被燒毀，世上已無證據，不過住在松本的藤田說：

我雙親早亡，當時正為了籌措學費而苦惱至極。那件事情的真相，是芳子看不下去我的苦境，說「聽說橫濱有商店願意高價購買裸體照片，請拿我的照片去賣，籌措你的學費」，也就是為了我挺身而出。利用了她的好意，我感到十分愧疚，不應該還寫成文章，但時至今日，我只想把她的俠義心腸傳達給世人知道。

芳子這個時期應該是十五歲左右。

提及裸體照片，昭和五十六年（一九八一）三月二十六日號的《週刊文春》刊載了一張由「原駐紮北京的軍方關係者」祕藏的照片，對於照片中的女性是否真的是芳子，有過一番爭議。照片中一位個頭嬌小的女性，豎起雙膝側向而坐。女性看來不像是十幾歲的模樣，如果是芳子的話，應該是十五年戰爭時期所拍攝的。目前住在北京的芳子親妹妹默玉，早就已經知道這則報導：

很可惜，我想那張照片中的女性正是姊姊芳子沒錯。身姿像她，背景與芳子北京家中的浴室幾乎一致，蓮蓬頭的位置也差不多，當時大概沒有其他家的西式浴室中會鋪有排水板。

話說回頭。

大正十一年（一九二二）二月十七日，肅親王於旅順過世，享年五十六，據說是因為糖尿病。過往也曾為滿清復辟投入心力的大隈重信比肅親王早走一步，一月時已然過世，享壽八十五。肅親王這個時期的心境，大概與復辟夢想破碎而隱遁到松本去的川島相同。他的遺體從旅順被送回北京，舉行了盛大葬禮，當然川島芳子也趕去參加了。宣統廢帝給肅親王的諡號為「忠」，之後通稱肅忠親王。「忠」是諡號中的最高品位，而祭祀費根據川島傳記，也是破格裁可了二千日圓。

芳子的母親肅親王第四側妃則比肅親王還早一個月過世，享年三十七。根據二十一阿哥憲東的說法，當時她正懷著第十一胎孩子，為了專心看護肅親王的病情而吃了墮胎藥，這恐怕正是其死因。

根據前述芳子在《婦人公論》上發表的手記，「清朝皇族的遺族，有披白衣守墓兩個月的習慣，加上川島養父從事政治相關運動，我也得擔任祕書職務，因此大概一個半學期後便休學了」。結果，她最終是從松本高女退學。在她長期缺席的時候，學校換了校長，也就是由往後成為日本知名和歌詩人的土屋文明上任，聽說土屋相當排斥芳子。

土屋規定學生禁用傳統油紙傘，只能使用白質地洋傘，到二年級為止頭髮必須綁成一條三股辮子，三年級以上則於頭後方整理整齊，這種強調質實剛健的作風，大概從本質上就與芳子不合。當時一般的女學生服裝都是窄袖藏青褲裙，而看松本高女時代的芳子穿著，卻是水手服的造型。髮型上也有綁著兩條辮子的造型，但穿水手服時則是內卷式髮型。聽芳子同學們描述，當時芳子跟同學說話，都使用「君」、「僕」等男性日語，明顯不符合土屋文明的治校方針。或許校方以委婉的方式命令芳子退學，但無論是在川島的傳記還是芳子的手記中，對此事都沒有明確記載。

原田松島小冊子中的一節，似乎傳達了部分真相。松島的胞弟岩崎三貫以自己當擔保人的方式，請求讓芳子復學，校方卻以芳子行為「擾亂秩序」為由，沒有許可復學。

綜合川島的傳記與芳子的手記，可以看出松本時期的芳子，一方面帶著少女特有的感傷，一方面又懷抱著養父夢寐以求的滿清復辟夢想，心情上多少呈現著割裂的狀態。

同班同學們雖然看到芳子特立獨行的態度，但也看到芳子休息時間在窗畔以寂寞的口吻唱著支那的歌曲。在手記中芳子自己也坦白，「寂寞的時候看著天上閃爍的星辰，曾經想過要當個天文學者。一個人孤單生活感到寂寥時，也會寫詩，並將詩記錄在筆記本中」，文中她也發表了一首自己寫的詩：

如果修長的睫毛是森林
溫潤的眼瞳就是泉水
如果從泉水中咕溜
滾落的水滴是眼淚
那麼淚水的主人又是誰

根據川島浪速的傳記，芳子每天的課程都是建立在「重視紀律與忍受艱苦的風格」上，而滿蒙獨立、日支提攜等觀念，也都在芳子的心中昂揚著「對祖國熱烈的懷思」。此外芳子也在自己的手記中寫著，「如果清朝復辟終究無望，我將嫁給日本跛子或瞎子」，表示她想撫慰這些人們。實際上，她也微微暗示確實有幾次類似提親的事情。

總之，七歲離開了親生父母，由奶媽一手帶大的少女，夾在政治上不見天日而過世的親生父親，與抓著雲朵般的夢想實際上卻進退兩難的養父之間，度過了自己的青春期。她的心情也在投身復辟或如果無法成事便獻身給平民百姓之間動搖，這樣的心情不是無法理解，從而也讓人為她備感哀憐。

根據川島浪速傳記，肅親王過世後，依據遺言，川島浪速形同被委任為肅親王家的代理家長，關於此點憲立是直接否認的，並說明肅親王正妃才是取得委任書，成為監護人的那位。但實際上川島仍可以說是遺孤們的監護人，他安排了肅親王的孩子們到日本留學或進入滿鐵經營的學校接受教育。

例如現在居住於松本的川島廉子，她父親是大阿哥憲章，當時三十七歲，因為生病體弱而在大連療養。川島讓憲章的長子連組進入日本陸軍士官學校就讀，之後成為滿洲國宮內府侍從武官，後因軍隊醜聞被追究責任而死於獄中。附帶一提，連組的太太是李鴻章的孫女。

二阿哥憲德也被帶到日本；七阿哥金璧東在肅親王還在世時便已經到日本，滿洲國建國後就任首任的新京特別市長；八阿哥憲真在旅順工科大畢業後進入滿鐵工作；十阿哥憲邦在日本留學期間病逝；十一阿哥憲原也是在肅親王還在世時便到早稻田大學就學，滿洲國建國後進入陸軍大學校留學；十二阿哥憲均歷經奉天醫科大學與日本陸軍軍醫學校後，就職於滿洲國軍政部；十三阿哥憲云自國學院大學畢業後於新京文政部任職；十四阿哥憲立就學於東亞同文書院，滿洲建國時成為齊齊哈爾市長；十五阿哥憲久從奉天醫科大學畢業後成為滿洲國陸軍軍醫；十六阿哥憲方自陸軍士官學校畢業後任職於新京市公所；十七阿哥憲基從陸軍士官學校畢業後任職滿洲國宮內府侍從武官；十八阿哥憲開自陸軍士官學校畢業後，客死於異鄉別府；十九阿哥憲容是東大畢業；二十一阿哥憲東是陸軍士官學校畢業，滿洲國建國後立即返回新京。

諸位格格之中，三格格顯珊畢業自東京女子高等師範學校，後於旅順任教；七格格顯琪在松本高女就學期間嫁給了過去以反袁復辟為目標的允升家三男;十六格格顯瑠與十七格格顯琦(默玉),各自畢業於女子醫專與學習院,這已在前文講述過。

斷髮與自殺未遂事件

大正十三年暑假,原田松島與兒子伴彥一同造訪川島浪速家,當時也見到了十七歲的芳子,在原田的小冊子中提到對芳子的印象是,「說是這個家庭的主婦也不為過,非常乖巧」。此時川島浪速居住在淺間溫泉,當時的住居現今則成了笠原乙三宅邸,幾乎保存著原樣。占地一百四十二坪,建坪四十二坪的木造房屋,玄關仍舊設有過往的土炕,玄關一旁的四疊半房間外觀也保持原貌。只是原本設計在女傭房間內的祕密通道,現今已經完全不見痕跡。裡側增建的房間,是當時憲開(良雄)、憲東(良治)等阿哥們讀書的房間,支那式的風格與珍存下來的書架,仍留有當年餘韻。

根據現今宅邸所有者笠原家主人的說明,川島自大正十一年起,曾經在此居住了大約八年時間,因此芳子把頭髮剪短、改穿男裝等等,都發生在居住於此的時期。亦即,根據芳子手記寫著,「大正十三年十月六日的夜晚九點四十五分」,「永遠清算自己身為女性的部分」。她寫到,「不想寫得太過直率」,當天早上芳子梳理好了日本髮型,穿著裙子模樣的照片,打算拍攝一張作為與自己女身決別的紀念照片，之後她便在盛開的波斯菊花叢中拍攝了最後的女裝照片。當天下午跑進郊外的一家理髮店，剪了個五分頭。十月三十一日原田松島帶著三男康彥來川島家拜訪時，是芳子捨棄「女身」後的第二十五天。松島把當天的回憶也寫在前述的小冊子中：

> 我自己嚇了一跳，孩子也非常驚訝，目不轉睛地直盯著她頭髮瞧。那時芳子就對著小孩宣布，「從今天起，你得改叫我哥哥」。

回家時芳子大聲交待原田松島，拜託她保密斷髮一事，不要告訴岩崎。岩崎就是前文所述原田松島的胞弟，當芳子被令退學時，他自己挺身出來當保證人，請求取消此一處分。可是當天傍晚，芳子卻自己頂著顆大平頭，穿著藏青窄袖服裝，蹬著男性專用被稱為朴齒的厚底木屐，跑到岩崎家去造訪，原田松島心想，「今早還大聲拜託我保密，究竟是怎麼回事？」對於芳子的善變感到相當詫異。關於芳子理髮一事，原田松島從來沒與川島浪速交換過意見，她只在小冊子記下，「想來，作為父親的人應該相當不開心吧」。

究竟芳子為何想要剪斷頭髮呢？十月六日晚上九點四十五分發生了什麼事？首先從身邊最平易之處推測，大概是川島浪速當晚奪去了芳子的純潔。關於此點芳子胞兄憲立說：

芳子確實是個特立獨行的人，但一個年華正盛的女孩，怎麼突然把頭髮全剪了，一定是發生了什麼不得了的事。

這似乎只是冰山一角。憲立說，過去芳子曾經向他泣訴過川島如何執拗地追求自己。除此之外，憲立還說過這麼一段過去：在肅親王過世之後，川島浪速為管理財產及其他事宜，帶著芳子數度往返旅順與松本，那個時期川島在旅順的肅親王府對憲立說：

肅親王是位仁者，我則是個勇者。如將仁者與勇者的血結合，生下的孩子必然仁勇兼備。

以這段暗示般的話語，徵求憲立認同浪速與芳子之間的肉體關係。大正十三年十月六日，這個時間點上芳子芳齡十七，而浪速已經五十九歲，如果上述情狀屬實，只能說明川島根本不把兩人之間四十二歲的年齡差距當回事。

關於此點，村松梢風在小說中如此描述：

說是不幸，世間應該沒幾個人命運如此坎坷吧。說是傳奇，也沒有其他人的生涯會如此充滿傳奇性吧。不幸啊……這是令人何等痛心的身世啊！

被謳歌為一代麗人的身軀，卻穿著荒謬的男裝，使世人對她投以懷疑的眼光，彷彿曝身在所有誤解、誹謗、中傷的笞剳中，她的動機——

村松梢風的描述只有如上述節錄的段落，至於事實真相則完全沒有提及。稍後女主角「流涕嗚咽」說畢，「到死為止再也不提起這件事。（中略）雖然下定決心說了出來，但現在的我，已經不打算責備任何人。只是說也有這樣子的人生」。接著恢復暢快的表情，故事便轉換至下一個場景。

前文提及二十一阿哥憲東隔了五十年再度來到日本一事，我當時趁機問了憲東此事，他則告訴我，當年他與芳子一同居住在松本的川島家宅邸時，還發生過一次芳子自殺未遂的事件。

當時芳子與川島共用寢室，偶爾會目擊芳子大喊大叫地衝出臥室，跑到女傭房間去。某天突然傳出巨大響聲，大家都衝進那房間，家中一片騷動。雖然當時還是小孩，但懵懂當中仍能理解那是芳子自殺未遂。而當時憲東頂多只有十歲。

然而，憲立卻否認這件事。

那一樁是芳子與岩田愛之助之間的感情糾紛。

岩田愛之助，是那位過去與刺殺外務省政務局長阿部守太郎有所關聯，因而下獄的愛國黨志士。岩田向芳子求婚時，芳子暗示夾在他與川島浪速之間讓她想死，岩田就說那妳要死嗎？邊說邊遞過去一把手槍，芳子接過來就往自己左胸開了一槍。

「沒想到她真的扣下板機。」憲立還記得岩田這麼說。

另一方面，否認川島浪速與芳子之間有曖昧情愫的人有兩位。一位是原田伴彥，他認為「就算再怎麼沒有血緣關係，這都等於是亂倫，這種見解太過反常了。（中略）她哥哥憲立會做出這種暗示，可能別有他圖」。川島身為肅親王家族的財產管理者，圍繞著川島的數十位家族關係者間，肯定對其隱含某種程度的不滿。

此外，他還進一步指出，會傳出這種流言，應該是認為浪速「不過是個來大陸闖蕩的日本人，相較之下擁有愛新覺羅王朝高貴血統的人，因為自傲的優越感而產生對浪速的輕蔑感」（《人物史夜話》）。

另一位是住在長野縣的松澤勘二，如前所述他是軍神秋枝中校的胞兄，因為入贅松澤家而改姓。年輕時師事川島，之後幫助照料川島晚年生活的松澤，則很爽快地說：「那是剪髮剪壞了。」就一語帶過。他主張他曾聽芳子自己親口說過「想剪短頭髮可是剪壞了」，所以才變成平頭。

雖然已經無法得知真相，不過似乎還有留下一張當時的照片。那應該是川島浪速與住在一起的阿哥們，一起前往鹿兒島拜訪福子途中所拍的照片。照片中芳子穿著黑色學生服，頭戴遮日照的學生帽，臉上掛著太陽眼鏡，看起來根本就是個男學生。因為回國之後浪速與福子的婚姻生活不甚美滿，福子暫時返回娘家，不知川島是否是想要改變福子的心意，因而帶著眾人大舉出動。

無論如何，川島把志士們當作休息聚會處的東京赤羽宅邸售出，實際上等於處於隱居狀態，接著又失去了肅親王這個唯一依靠。此外，過往聽力就不佳的川島，到了大正晚期不採用筆談幾乎無法溝通，肯定精神上也處於較不安定的狀態。

與川島浪速的窘況相對，過往對清朝復辟抱持關心的張作霖，在肅親王過世後稱霸了東三省（奉天、吉林、黑龍江省），實際上統治著滿洲各主要都市，日本方面也確定，只要張作霖不涉足中央政府，便採取援助他的方針。

或許芳子以她自己獨特的感性，察覺了養父浪速進退維谷的實情。無論真相如何，此時期理了個大平頭的芳子，其舉止未必能以一句「古怪」便可解釋清楚。不知從何時開始，芳子口中就喜歡吟誦以下這首詩，有時也會揮毫寫下：

有家不得歸
有淚無處垂
有法不公正
有冤訴向誰

芳子經常在自己身著戎裝的照片上簽名。

第二章・東洋的瑪塔・哈莉傳說

暗殺張作霖——皇姑屯事件

「頂著一顆平頭的芳子，突然到上海來找我時，我只能震驚到說不出話來」，胞兄憲立如此回憶。當然，芳子那時是身著男裝，頭髮不僅剪短，而且還是極短的五分頭。接著彷彿緊追在後一般，養父川島浪速寄來一封信，意思大概是說浪速已經「斷絕難斷之情，歸還芳子」。

即便說斬斷情感歸還，但七歲時作為養女被送到日本，在日本歷經了十年歲月的芳子，已經連支那語也無法流暢使用，行為舉止完全都像是日本人了。憲立看到芳子的平頭，對於今後不知道該如何安置芳子一事，感到進退維谷。

芳子理了個平頭這年，川島浪速領養了算是芳子姪女輩的廉子到松本。廉子在原田松島的介紹下，昭和四年進入了松本高女就讀。

有鑒於過往芳子以旁聽生身分通學，行為有違校風而遭退學的經驗，廉子則是經過考試後，正式獲得入學許可。

此時川島在松本市天白町租了一戶房子，夫人福子也為了指導廉子，而從鹿兒島娘家返回大家。廉子的母親，也就是肅親王大阿哥憲章的第一側妃，也在昭和六年（一九三一）來日本看廉子。在松本高女就學的廉子，沒多久又轉學回大連的彌生高女，昭和八年三月十四日畢業後，才又再度來到松本。這年十二月，正式入籍川島家。

根據憲立的說法，「芳子的叛逆，應該給了川島相當大的震撼。過去川島藉由芳子保持與肅親王家族的關係，現在這種形象破滅之後，就必須另找其他的關係彌補。因此才重新領養了廉子。肅親王家對川島而言，究竟還是一大金主，是生財的門道」。這裡說的生財門道，指的是可以稱之為肅親王家族經濟來源的大連市小盜兒市場。

明治四十一年（一九〇八）十二月二十八日，為了朝鮮、滿洲等地的殖民計畫，日本的「國策會社」創設了「東洋拓殖株式會社」，簡稱「東拓」。該公司的主要業務是斡旋來自日本的農業移民，以及擴大當地的土地徵用。肅親王家的生活費用，除前述川島浪速由軍方及岩崎男爵等處徵收籌措而來之外，不久他也看上了大連市小崗子的露天市場。此地有電影院、餐飲店，還聚集了攤販商，除此之外，市場一隅還有販賣贓貨、竊盜品的攤商，因此當地人才傳出小盜兒市場這個渾名。

雖然根據《樸資茅斯條約》，大連市的租借權已由俄國轉移給了日本，但至大正四年才根據《對支二十一條要求》，正式承認了日本有九十九年期間的租借權，原本這處露天市場也在此契機下成為大連市的市有地。川島租用此處，成為露天市場的管理者，向租用攤販收取店租等相關費用，充作肅親王家族的生活費。川島能打著肅親王家的名義，輕易地租借到這塊市有地，據說軍方的中介是相當重要的因素。

從阿哥們的角度來看，肅親王家是川島的金主，但我們也不能漏看了川島依靠自己的才能，在危機中支持肅親王家族的一面。無論如何，過往的小盜兒市場，在原本大連市小崗子站南側的位子上，掛上了「大同街農貿市場」的拱形招牌，現在成為了自由市場。人們拿著親手種植的蔬菜或手工製作的日常用品來此交易，其中還可以看到只擺兩盆盆栽悠閒販賣，試圖賺取一天生活費的老人身影，完全就是和平的平民生活風景。

此外，芳子剪斷頭髮的大正十三年，也是宣統廢帝離開北京的那一年。宣統廢帝與和他同齡的滿洲正白旗郭布羅氏榮源家族的女兒婉容結婚後第三年，即大正十三年十一月五日，因為軍閥馮玉祥率軍包圍了紫禁城，於下午四點與妃子一同搭汽車出逃至北京西北的煤山[132]，至此廢帝已經名符其實成了一介平民。而宣統廢帝不須多作解釋，正是之後的滿洲國皇帝溥儀。

看到事態發展後，張作霖認為應當保護宣統廢帝，於是率軍對抗馮玉祥，溥儀趁此機會趕到日本公使館。當時的日本公使芳澤謙吉[133]基本上仍向北京的國民軍報告事情經緯，然後將溥儀納入保護。不過三個月後，馮玉祥便要求交出溥儀。接著在大正十四年（一九二五）二月十三日晚間七點，溥儀問候完因滑雪扭傷腳部而閉門休養中的芳澤公使後，突然便逃向天津。

根據川島的傳記，當天夜裡，北京罕見的清朗無風，能夠看見美麗的星空。總領事吉田茂[134]在天津車站附近等候。抵達大和旅館後溥儀吃了些壽喜燒填肚子，此時已是十四日凌晨三點，隨後婉容妃也抵達，夫婦立即在天津的日本租借地中謀尋住所，之後先住在張彪持有的房子，住居命名為清皇室駐津辦事處，依據川島浪速的傳記那是一處「簡陋淒涼的建築」。溥儀之後也在《我的前半生》中提到，因為住居太差，因此搬出「張園」，換至陸宗輿[135]的「靜園」。溥儀在靜園居住了六年多，一面向鄭孝胥[136]學習歷史，一面等待時機。

另一方面，袁世凱死後，巧妙地利用日俄勢力均衡態勢，宣布東三省獨立而自命為奉天將軍的張作霖，開始抱著進入北京的野心。此時將本部設於南京的中國國民黨以蔣介石為總

132〔譯注〕作者所指不明。煤山當時應稱景山，位於紫禁城中軸正北方，為現今的景山公園，事發當日由國民軍把守該處，宣統帝不太可能出逃至此。據溥儀《我的前半生》所記，當日是搭汽車移居醇親王府，而醇親王府位於紫禁城西北方向，作者敘述上或許略有錯誤。

133〔譯注〕芳澤謙吉（1874-1965）：日本外交官，受封從二位勳一等旭日桐花大綬章。其夫人是內閣總理大臣犬養毅的長女，芳澤在犬養內閣中擔任外務大臣一職。一九二三年被認命為駐中華民國特命全權公使。

134〔譯注〕吉田茂（1878-1967）：日本政治家。歷任外務大臣、貴族院議員、內閣總理大臣、農林水產大臣、眾議院議員、皇學館大學總長、學校法人二松學舍舍長等職。吉田進入外務省的大部分時間都在中國度過，任奉天總領事時參加了東方會議。他也是「滿蒙分離」論的支持者，不過他與日本親德派不同，重視對英美的關係，二戰之後擔任內閣總理大臣，帶領日本復興。

135〔譯注〕陸宗輿（1876-1941）：清末民初官員。一九一三年至一九一六年任駐日公使。五四運動中，他與曹汝霖、章宗祥一起被稱為「賣國賊」，於一九一九年六月十日被解職。後寓居天津日租界經商。一九二五年一度出任臨時參政院參政。一九四〇年被汪兆銘的國民政府聘為行政院顧問。一九四一年病死於北京。

136〔譯注〕鄭孝胥（1860-1938）：字蘇龕，號海藏。清朝改革派政治家，滿洲國建國的參與者之一，後出任滿洲國國務總理。

司令，開始計畫北伐。日本方面，田中義一[137]首相利用張作霖，形成了鞏固滿洲與華北勢力範圍，阻止北伐的態勢。此時田中義一兼任外交大臣，昭和二年（一九二七）六月二十七日找來政務次官森恪等人召開東方會議，駐支公使芳澤謙吉、奉天總領事吉田茂、關東廳長官兒玉秀雄[138]、關東軍司令官武藤信義[139]等反覆共同商議的結果，發表了「對支政策綱領」，打出將滿蒙自中國領土分離的政策，此綱領中尚披露一個主旨，亦即如果遭遇「（日本）帝國權益、利害以及在住國人的生命財產，有受到不法侵害之虞」時，為了自衛將不惜行使武力。

昭和三年四月，蔣介石對張作霖展開北伐，日軍在濟南附近集結，企圖與蔣介石對峙，北伐軍則繞過濟南直接進逼張作霖控制下的北京。此時，情勢如果惡化，張作霖當然會逃回滿洲，而北伐軍如果執意繼續追擊，便會危及日本在滿洲的權益。為此，田中內閣於昭和三年五月通知蔣、張二人，如果戰亂波及滿洲，日本為了維持治安將採取相應的適當措置。針對此通告，蔣介石解釋，他的目標只在於把萬里長城以南的權益收歸手中，並無打算追擊張作霖。張作霖雖然不滿，也只能撤回奉天。

關東軍方面，則一邊注意事態的發展，一邊等待戰火波及北京時，可以獲得警戒出兵的奉勅命令。不過，命令卻一直未下達，因此關東軍開始計畫炸死歸途中的張作霖，希望以此為導火線獲得奉勅命令，之後便能一舉壓制全滿洲。

昭和三年六月四日清晨五點三十分，張作霖搭乘特別列車自北京返回東北途中，在抵達奉天之前的皇姑屯附近，鐵路的鐵橋發生巨響，張所乘列車遭到炸彈攻擊。同行的吳俊陞[140]當場遭炸死，而張作霖則身負重傷，被扛回奉天城內的自家宅邸，四個鐘頭後也過世了。岔題一談，張作霖的宅邸，之後據說由關東軍高級參謀板垣征四郎[141]上校居住，現在成為遼寧省圖書館，應該與五十年前的樣貌相去無幾，是一棟帶有前庭的三層樓紅磚造建築，格調相當雅緻。

然而，炸死張作霖後，奉勅命令依然沒有下達，關東軍想要壓制全滿洲的企圖宣告失敗。關於此次事件，日本取名為「滿洲某重大事件」，大概有一年時間，都不敢公開陰謀的真相，

137〔譯注〕田中義一（1864-1929）：日本陸軍軍人、政治家，官拜陸軍上將，封男爵。歷任陸軍大臣、貴族院議員、內閣總理大臣、外務大臣、內務大臣、拓務大臣等職。

138〔譯注〕兒玉秀雄（1876-1947）：日本政治家、貴族院議員，封伯爵。歷任遼東守備軍司令部付、滿洲軍總司令部付、朝鮮總督府總務部會計課長、朝鮮總督府總督官房會計局長、總務局長、內閣書記長官、關東廳長官、朝鮮總督府政務總監、遞信大臣、內務大臣、國務大臣、文部大臣等政職，後也擔任過成城學校第十任校長。

139〔譯注〕武藤信義（1868-1933）：日本陸軍元帥，官拜上將，封男爵。歷任關東軍司令官兼駐滿大使兼關東長官、教育總監、軍事參議官、東京警備司令官等職。他在滿洲國任內因治安維持與平定熱河等功績，一九一三年獲賜「元帥」，並於同年八月過世。

140〔譯注〕吳俊陞（1863-1928）：清末民初的奉系軍閥，出身於販馬的貧窮農家，加入清軍討伐匪賊立功，升任巡防營統領，駐鄭家屯時結識張作霖。

141〔譯注〕板垣征四郎（1885-1948）：日本陸軍軍人，官拜上將。歷任滿洲國軍政部最高顧問、關東軍參謀長、陸軍大臣等。第二次世界大戰結束時擔任第七方面軍司令官，戰後於東京軍事審判中遭判死刑。

至昭和四年七月一日才公布。此事責任應由關東軍高級參謀河本大作負責，於是下令河本停職。事件發生地的皇姑屯，也就是滿鐵與京奉鐵道交會點附近，今日則是一副冷清閑靜的模樣。

即便日本政府如此處置，但炸死張作霖一事，肯定讓日本國內外都感到意外與震驚。

其實從大正晚年到此時期，眾議院議員町野武馬[142]與陸軍上校本庄繁等，都曾擔任過張作霖的軍事顧問[143]。首相田中義一與陸軍大臣白川義則也採取擁護張作霖來解決滿蒙問題的方針。擔任過天津與奉天總領事的吉田茂，想法中帶有類似排斥張作霖的主張，但不至於想要殺害張作霖。打算炸死張作霖的，大概就只有關東軍了。

關東軍收買了三個鴉片中毒的支那人進行偽裝粉飾工作，事件發生之後於現場殺害其中兩人。陸軍省發表了事件的真相調查結果，說明當時發現有可疑支那人鬼祟爬上滿鐵的鐵道土堤，驅前盤查時，「對方欲投擲炸彈，我軍當場刺殺二名嫌犯，另一名趁隙逃走」。

那位逃走的支那人，好不容易逃到張作霖的長子，也就是張學良處，說明了一部分的事實狀況，這也讓張學良往後抱持堅決抗日的態度。眾所周知，張學良一面保持在奉天的勢力，一面與蔣介石聯手，侵占日本在南滿的權益。

蔣介石的國民政府、張氏父子的奉天軍、為了復辟清朝的宗社黨，加上直系軍閥吳佩孚[144]等勢力，在大陸上掀起連綿戰火，此際想藉清朝復辟達成滿蒙獨立的計畫，已經成為無法實現的夢想。當時川島浪速迎來芳子姪女廉子，並接濟肅親王的諸阿哥們，有些人會認為這是他依然難捨清朝復辟的野心，不過根據當時的情勢，這個野心應該早已褪色了。

與甘珠爾扎布的婚姻

話說回頭。前文已經說明川島芳子離開養父川島浪速，頂著顆平頭來見胞兄憲立，等到她的頭髮長回原來長度時，她又再度翩然造訪憲立，並突然說她想要結婚。憲立對此如此回憶道：

聽到芳子說，「甘珠爾扎布不斷寫信過來，我其實也不討厭他，不如就跟他結婚吧」，心想如果她是認真的，我自然會許可這樁婚事。那應該是在張作霖事件的前一年吧，父親過世後，由身為長男的我負責認可婚事。他與芳子小時候曾經一起在赤羽的川島宅邸居住生活過，從客

142〔譯注〕町野武馬（1875-1948）：日本軍人，政治家，官拜陸軍上校。曾任張作霖的顧問，也當選過眾議院議員。

143〔原注〕町野任期是大正十四年（一九二五）到昭和四年（一九二九）；本庄則是大正十年（一九二一）到大正十三年（一九二四）。

144〔譯注〕吳佩孚（1874-1939）：字子玉，山東省蓬萊縣人。晚清秀才，北洋軍閥中曾經為實力最雄厚的軍閥之一，並擔任直系軍閥的首領，官至直魯豫巡閱使。

觀角度來看，也是一對佳偶。

根據憲立的說法，有一段時間傳出要讓芳子當張學良的側妃，但此事並未有進一步的發展，憲立有點模糊曖昧地解釋，「身為長兄，當然希望妹妹能當正妃」。不過如果此事屬實，也可以推測這是日本方面對張學良的懷柔政策。只是事態發展已經超過了採取姑息懷柔方式的階段，這樣的見解恐怕更加合理。日本方面在東方會議的結論中，公布採取確保滿蒙權益的方針，在此基礎上，已經不需要「芳子風情」的美人計協助。恐怕芳子自身也知道，此事已告一段落，所以才決定要尋求自己的婚姻吧。

甘珠爾扎布是蒙古將軍巴布扎布的次男。巴布扎布在日俄戰爭時期協助日本一方，以勇武馳名。之後他以滿蒙獨立為目標成立蒙古義勇軍，卻在林西城外中了馬賊流彈身亡。如前所述，他的次男甘珠爾扎布也畢業於日本陸軍士官學校。

昭和二年，在旅順的大和旅館舉辦了盛大的結婚儀式。介紹人為關東軍參謀長齋藤恒，憲立說關東軍高級參謀河本大作也列席在位。肅親王一族則由大阿哥憲章代替已故的父親出席。川島浪速並未出席這次婚宴，而對這場婚宴，他的傳記中也隻字未提。當年芳子二十歲，甘珠爾扎布二十四歲。

芳子的姪女廉子認為，他們兩人從小青梅竹馬，應該是戀愛結婚無誤。胞兄憲立說芳子親

昭和二年（一九二七）於旅順與甘珠爾扎布的婚禮。

口跟他說想要結婚，但根據芳子的手記，卻有如下內容：

……突然發生了要我和蒙古王族的兒子韓氏[145]結婚的事件。我在旅順養病時，被移到大連的大和旅館，而且竟傳達我隔日就要舉行婚宴。因為驚訝與不滿，婚宴中途曾一度離席。此外，當時新郎手拿戒指要過來幫我戴上時，我甩了對方的手，結果戒指掉落。不可思議的是至今那只戒指仍下落不明。

光看這段敘述，可以讀出芳子對這段婚事並不積極，不過卻也找不到線索可以判斷，這究竟是椿政治婚姻還是自由戀愛結婚。當時留下了一張結婚照，甘珠爾扎布穿著立領的蒙古禮服，看來上下半身都是綢緞材質，面對相機緊握著拳頭，一旁則坐著川島芳子，穿著立領連身長裙，一樣是絲綢材質，頭上戴著薄紗的面紗。芳子的表情看不出驚訝或不滿，戴著幾乎垂至肩膀的耳環，毋寧說帶著一絲天真。照片中可以看到，左手的無名指上確實戴著結婚戒指。但是，這椿婚姻只維持了不到三年時間。憲立說：「正確來說應該不是離婚，而是離家出走。當時並沒有進行法律上的正式結婚手續。」

雖然如此，關於離家出走的理由，有種說法是因為芳子與兄嫂不睦。巴布扎布的遺孀與芳子之間並未傳出齟齬，芳子身為媳婦也努力侍奉婆婆，然而甘珠爾扎布的親姊姊，也就是嫁給肅親王家九阿哥憲貴的少眉，卻與芳子合不來，身為兄嫂的少眉經常為難芳子。憲立說：

甘珠爾扎布前往蒙古圖什業圖王府任職時，芳子也離開都會陪同前往一陣子，但實在無法忍受草原生活，不久又回到大連，不過仍與巴布扎布遺孀及其女兒、孫子們一同居住。甘珠爾扎布的弟弟正珠爾扎布當時因為大川周明[146]的引薦，進入滿鐵工作，芳子的處境就顯得更無立身之地了。

九阿哥憲貴與其太太少眉（也就是甘珠爾扎布的親姊姊）雙雙早亡，他們留下的三個女兒廉錕、廉錇、廉鎮，三人都還健在，也都記得當年的芳子。芳子為了隱藏自己身材嬌小的事實，會在鞋跟裡塞入橡膠墊，再穿上合適貼身的開衩滿服，不過她們對芳子任性的性格還是多有責備。

芳子確實對婆婆相當盡心，婆婆也因此相當疼愛她，但只要婆婆不在場，芳子的態度就會丕變，對小姑們擺出傲慢自大、惹人厭的雙重性格。二樓住著芳子夫婦和婆婆，一樓則住著諸位小姑們，或許在這個不太寬闊的房宅中，曾經展開一場讓人喘不過氣來的女人戰爭也不一

145〔原注〕指甘珠爾扎布，亦稱韓二或寬壽郎。
146〔譯注〕大川周明（1886-1957）：日本極端民族主義者，大亞細亞主義作家，日本法西斯主義在思想界的代表人物，被稱為「日本法西斯主義之父」。

定。最終的結果，就是忍耐力較弱的人，會自己先行逃開。

第二側妃的女兒，也就是芳子的異母姊十三格格顯珴，今天依然建在，目前高齡七十九，居住於北京。她對於芳子的離家出走，提出了另一套見解：

我聽說新婚的第二天早上，芳子無法展示她的落紅巾，因此惹怒了丈夫的姊姊，之後三年時間都無法解開這個心結。不過這也只是聽到的流言而已。

中國古時候會替出嫁新娘準備一張五十公分見方的手織純白布巾。其中有些人家還會下一番功夫，在白底布上加上白色刺繡裝飾，新婚初夜丈夫會將此布鋪在新娘底下。無須多言，這就是新娘純潔的證明，第二天早上這個證據還得讓婆婆檢查過。這裡說的，就是芳子無法向人展示這塊落紅的布巾。

無論如何，性格不尋常的芳子，被迫與沈默寡言的丈夫的血親們共同生活，卻無論如何都無法融入後，似乎便以自己的意志強勢結束這段婚姻。某天芳子離開家門後，便沒再回夫家。對此，十二格格顯珴說：「他們夫婦倆的感情絕對不算壞，甘珠爾扎布為了讓芳子隨時都可以回家，一直把家中整理乾淨，等待著芳子。那樣子已經到了讓人心痛的程度。」

可是，過了幾年之後，甘珠爾扎布便與蒙古楊王年僅十七歲的美麗孫女再婚了。但令人意外的，芳子在婚禮當天也搭乘特別列車，趕到當時甘珠爾扎布任職的鄭家屯婚禮會場去，並獻上了祝辭。

憲立對此說：

那其實並不意外。說來幫甘珠爾扎布找到再婚對象的人，正是芳子本人。我看過當天的照片，穿著日式和服的甘珠爾扎布夫婦，和戴著貝蕾帽的芳子並列。芳子只是按照自身身分，也就是自己是甘珠爾扎布的「正妃」，幫自己的丈夫找個「第一側妃」，大概是這樣的想法吧。

往後甘珠爾扎布夫人生產時，據說芳子還帶了小狗絨毛玩具去祝賀。他們夫婦共育有六子，每次產子芳子都會造訪祝福，也就是說，甘珠爾扎布再婚後十幾年期間雙方都還有來往。如果只以芳子是「怪人」解釋這行為，或許也確實如此，但從另一角度來看，閱歷過眾多男性的芳子，卻從未生育子女，對甘珠爾扎布的再婚對象多少有些羨慕，因此打從心底祝福對方的心情，可能也是成立的吧。至於甘珠爾扎布的姪子輩，則說再婚後的甘珠爾扎布，從未在人前開口提過芳子。那麼芳子究竟為何遲遲未有生育呢？胞兄憲立為她辯解說：

啊！那是因為她結婚前做了輸卵管的手術。雖然我對女性身體結構不太理解，總之芳子在現今位於八重洲口附近的醫院做了手術，之後身體就不能懷孕了。這是她本人告訴我的。

芳子夫婦一起度過兩年多婚姻生活的家，就在大連距離過去小盜兒市場不遠的聖德街。肅親王過世之後，家人幾乎都離開旅順，住到大連市聖德街，靠著小盜兒市場的租金過生活。

從一丁目到五丁目，聖德街的區畫整然，現在街道名稱已經改成東北路等，但街區仍保持著當年的樣貌，大阿哥憲章的住家、芳子們的住家等，雖然已經顯得老舊，但幾乎都保持原樣。從聖德街往星之浦海岸方向的黑礁屯內，有過往七阿哥金璧東居住過的豪宅，仍保持著當年的豪華風貌，只不過現在已經變成旅館，對於關心清朝末期的人而言，看到這些風景就有如「舊夢殘痕」一般，令人感慨萬千。

目前留有一封可以一窺芳子婚姻生活片段的書簡。那是芳子離開甘珠爾扎布兩年後，也就是大同[147]元年（一九三二）十一月三日寫給當時六十九歲的預備役中將筑紫熊七[148]的信件。筑紫於昭和九年擔任滿洲國參議府副議長，芳子對他抱持著如面對祖父般的安穩情感。以「親愛的祖父」開頭的這封信，內容隨處可見芳子當年的心境，因此全文引用如下：

本想回家等候，不過還是先到滿洲屋[149]一趟。傍晚如果早點回來，打個電話，我立刻過來。切了個頭[150]，與妹妹們碰面，因為有許多事情要辦。既沒雙親也無親人可以依靠，個性又如此任性的我，還能獲得您的愛憐。這二十幾年來，過著血淚般的人生。雖然過往曾打算一死，不過回頭看看今日的我，其實過著堅強又正確的人生。即便從未輸給任何人，淘氣如我，偶爾也會因想起這些事情而感到寂寞。被趕出祖國，雙親離世，又與養父母分別，為何上蒼只如此捉弄我一人？您大概有聽說過，我曾經當了兩年半的媳婦，那段期間成了全大連人無所不知的乖巧、放棄一切尊貴、忍辱抱屈的太太，把廚房事務全都包攬了。我具有某種與生俱來的天分，但因為如此痛苦的一生才造就了我這個怪物。而您卻依然如此疼愛這個怪物，我一輩子都不會忘記。為了國家，我打算捨棄生命，拼命工作。不知何時將死，但到芳子忌日來到之前，今後還是請您好好疼惜我。那我先回去了。事業可不可成，是機運。但為了國家，面對各位愛憐我的人們，我絕對不會做卑鄙的事情。「我是受日本養育成長的人」，就這一句，是我堂堂面對人生最後時刻，仍會不斷堅持的想法。

敬啟　芳子拜

147〔譯注〕滿洲國年號。
148〔譯注〕筑紫熊七（1863-1944）：日本軍人。最終軍階為陸軍中將。曾任滿洲國參議府參議、副議長。
149〔原注〕新京的客寓，讀作「Ma-suya」，滿洲國建國當時成為軍政部的基地。
150〔原注〕意指去理髮廳理髮。

「敬啟／芳子拜」一詞多少有些幽默意味[151]，不過此信確實可以看出芳子少見的寂寞心情與撒嬌的文體。

如今，巴布扎布五位遺孤當中，僅么女孟惠榮還健在，她比甘珠爾扎布小十三歲。現年六十九歲的惠榮，於大連就讀彌生高女時代的同學們，都習慣稱她顯子。她的先生色額金泰曾就讀京大，是蒙古的旗人，兩人間育有七名子女，皆已長大成人，現在老夫老妻在哈爾濱過著安靜的老年生活。如第一章所述，根據惠榮告知的消息，甘珠爾扎布在二戰之後被抓到蘇聯拘留，之後與溥傑一同歸國，十三年前（一九七一）去世。

山家亨與田中隆吉

話說，芳子還是甘珠爾扎布夫人的時代，因為夫妻吵架，偶然跑到當時憲立位於東京池袋的居所。不久，芳子認識了一位支那的留學生夫人，當這位夫人要回國時芳子前去送行，之後憲立竟收到一封芳子自上海寫來的信，說當天「聊得太熱衷，不知不覺間船就啟航了」。憲立回憶道，大概芳子有感覺到甘珠爾扎布要來東京接她回家，因此又以她最擅長的特技，偷天換日跑掉了，而且芳子此去一別，還從憲立家偷走了二千日圓。之後，森田久子以〈清朝公主與二千圓〉為題，寫了一篇文章發表在《婦人沙龍》（昭和七年四月號）雜誌上。這篇文章的內容，從結論來說，就是在昭和五年（一九三〇）初秋之際，芳子確實非常需要這二千日圓。當時的二千日圓大概約等於現在的二百萬日圓吧。

作者森田當時前往拜訪了「某小說家」，在該處遇到了一位年約二十三歲的小個頭、穿著黃色支那服的短髮女性，對方也同樣來造訪該小說家。該女性遞過一張「山駕蓮子」的名片，不過接待的侍女卻告訴森田，「那位女性是清朝肅親王遺孤川島芳子的妹妹」。自稱山駕蓮子的女性向「某小說家」自我介紹：

我是川島芳子的妹妹，希望您能把我姊姊不為人知的奇異半生寫成小說。

造訪的女性如此開頭，而在現場一旁的森田，在小說家的請託下，留下來一同聆聽這位女性的說明，而內容重點大致如下：

——姊姊川島芳子，現在嫁給蒙古人，居住於大連，但與過往住在長野縣時認識，任職於松本第五十一步兵連隊的青年士官山駕某人墜入情網。當時雖然以悲戀告終，不過現在山駕某

151〔譯注〕日語原文為「敬具／芳子拝」，此結尾用法不太符合日文書信應用文格式。

人正在大連任職，因苦於命運的捉弄而整天與藝妓往來，欠下了二千日圓的債務。此事如果爆發，除了山駕將被拔除軍籍，甚至可能發展到追究至姊姊芳子婆家的狀態，因此希望能將她奇異的半生寫成小說，並融資稿費二千日圓——

造訪女性如此說明。

筆者森田聽過她的說明後，「不知為何，好像看完電影後走在街上的感覺，茫然地走在電車道上」回家。最後結論是，那位女性並非芳子的妹妹，而是芳子本人。

故事內容有不少符合事實的部分。確實自稱山駕蓮子的女性很容易聯想到川島芳子，因為芳子住在松本的時代，對連隊旗手山家亨寄予過一段情愫，這已經是周知的通說。

山家日後擔任北支派遣軍的宣撫，渡海前往大陸，在滿洲映畫協會[152]理事長，即原憲兵上尉甘粕正彥[153]之下，支配著大陸的演藝界。提句閒話，第一任滿映理事長就是肅親王的七阿哥金璧東。而甘粕之前因為虐殺大杉榮[154]、伊藤野枝[155]等人而遭下獄，服刑結束後渡海前往滿洲。

依據昭和五十八年秋天抵達日本的二十一阿哥憲東說明，「居住在松本的時候，山家先生住在淺間溫泉附近。當時看過芳子姊姊站在她房屋窗邊與山家說話的模樣，當時即便還只是個小孩，也感到他們之間有著情感聯繫」。

山家亨中校在二戰之後，被發現陳屍於山梨縣南巨摩郡西山村的一處煤炭製作小屋，而且屍體的頭部不見蹤影。根據昭和二十五年二月二日《讀賣新聞》的報導，他留下遺書給現任參議院議員山口淑子[156]，託她代為照料自己的小孩。大戰之後開始創業的山家，因為開出二百萬日圓的跳票支票，因此遭到警方緝捕，走投無路之下選擇自殺。一部分的報導指出，屍體的頭部並非消失，而是遭狗胡亂啃食之故。

言歸正傳。如果《婦人沙龍》這件事情發生於昭和五年初秋，那正好與芳子毫無目的離開甘珠爾扎布，之後來到憲立家中並偷走二千日圓的事實相符。奔走著把自己的故事當小說題材賣出，想索取稿費二千日圓，這段故事讓人感受到微妙地帶有一絲真實性。在《婦人沙龍》中只寫了「某小說家」，因此無法得知是否為村松梢風，而且根據村松日後的說法，他是受到田

152〔譯注〕中文為滿洲電影協會，因為專有名詞，此處依然使用日文原名，其簡稱為「滿映」。

153〔譯注〕甘粕正彥（1891-1945）：日本軍人，因殘殺日本無政府主義者大杉榮的事件而聞名。後進入滿洲擔任特務工作，協助成立滿洲國，並擔任過「滿洲映畫協會」（滿洲電影協會）理事長，日本敗戰之後服毒自殺。

154〔譯注〕大杉榮（1885-1923）：日本無政府主義者，思想家、作家、社會運動家。

155〔譯注〕伊藤野枝（1895-1923）：日本無政府主義者、婦女解放運動家、評論家與作家，大杉榮之妻。一九二三年關東大地震後的混亂期中，與丈夫大杉榮及年僅六歲的外甥橘宗一，被甘粕正彥帶領的憲兵隊逮捕並殺害，遺體遭棄置於古井中。

156〔譯注〕山口淑子（19202014）：即李香蘭，演員、歌手。一九四五年日本戰敗，李香蘭以漢奸罪名被逮捕，後因本身是日本人之故，被無罪釋放。曾任日本參議院議員。

中隆吉的介紹，才獲得線索，開始以芳子為主人公撰寫小說。如果《婦人沙龍》所言經過屬實，復辟夢想破碎，逃避婚姻，因為對結婚不滿而失去自身立場的芳子，兩年之後開始依照自己的意志推展志業，作為《男裝的麗人》的主角，抓住人生的一線生機，從這個角度來看，也不得不說她果然是一位人才。

村松在芳子遭槍決後七年，於《All讀物》雜誌（昭和三十年〔一九五五〕二月號）上發表了一篇〈男裝的麗人依然健在〉的散文，說他為了寫《男裝的麗人》曾花了兩個月居住在芳子的房子內研究她，但什麼做過間諜、支使過上海便衣[157]、與青幫有所關係等細節，「純屬捏造」。他說明「有部分是我的創作，有部分則是川島自己說謊」，並寫下「不那麼寫，當時的川島芳子根本賣不出去」這句話。換句話說，松村於撰寫時同時意識到芳子處於低潮期，而身為作者的自己又想要銷售量這兩件事。當時這種雙方互相精打細算下產生的結果，便是《男裝的麗人》這部小說，可是，這部小說在往後也成為導致芳子死亡的致命關鍵。

話說回頭。昭和五年十月，陸軍少校田中隆吉到上海赴任公使館附屬武官輔佐官。職務主要負責情報活動，當時的田中三十七歲。到任之後不久，他接受三井物產的招待，在宴席上透過三井物產職員介紹，認識了當時二十三歲的川島芳子。根據田中的傳記記載，當時芳子已經精通中文，也穿著中國服裝，但仍以日語和田中打招呼。此時應該就是芳子離開甘珠爾扎布，到憲立處拿走二千日圓的時期。在此之前的十多年前，田中曾經遇見過芳子一次。當時川島浪速為了祭拜巴布扎布將軍及與其一同戰死的日本士兵們，於大正六年一月在音羽護國寺[158]辦了一場慰靈法會，當時還是少女的芳子與川島浪速並列於席間。當時的小女孩今日長大成人，恐怕也讓田中看得目瞪口呆吧。

隔天，芳子毫無預兆便來到武官室拜訪田中。田中思量「她原本說來仍是舊清朝的公主，對待上不可怠慢」，於是殷勤地接待了芳子。而芳子此行目的，簡單來說，就是請求金錢上的資助。

芳子告訴田中，某位日本政治家來到上海，作為亞洲復興運動的一環，要賣飛機引擎給國民政府，但資金周轉上卻出了問題，現在連旅館錢都支付不出，因此希望獲得一些援助。田中的傳記中並沒有提及這位「日本政治家」的姓名。田中給了芳子「支那元」一千元，隔天那位國會議員特別來造訪田中致謝，並告訴田中「（芳子）把錢交給我之後便迅速離開」，因此還向田中詢問芳子身在何處。過了一周之後，國會議員再度出現於田中面前，再度索求五百元作為返回日本的交通費，田中到這時才發現，芳子肯定是在利用自己要與這位國會議員分手。這段經過在田中的著作集中，被詳盡地記載了下來。

157〔原注〕穿著便衣潛入敵方的部隊。
158〔譯注〕位於今東京都文京區大塚五丁目。

國會議員返國之後三天，芳子打電話到武官室，說她目前在四川路的醫院住院當中，懇請田中前來一趟。根據田中的著作集，他對於芳子「為何選擇自己並採取那些行為，實在完全讀不出她的意圖。但是自己（田中）的想法中，仍強烈地意識到她是舊清朝公主」。在由萬世一系天皇統治日本陸軍的那個時代，田中對於應該如何慎重對待清王朝直系公主的苦心，大概遠遠超過現代人所能想像的地步。

把田中叫到醫院來的芳子，說自己眼下沒有去處，想拜託田中代為找尋住處，而且以「既是拜託也是命令的語氣」請求，田中很快地把她安置在朋友的中國人宅邸中照料。當時芳子的房間模樣，於村松梢風小說的後記中有如下描述：

該住處有品味極佳的家具、大量的人偶、日本美人畫等，裝飾極度華美，誰都會注意到即將搬入的房間主人，肯定是位年輕的女性。許多穿著白色長衣的僕人們忙進忙出地整理著。

翌年昭和六年元旦，田中隆吉一個人正在武官室安靜度過時，川島芳子突然祕密造訪，並脅迫「強要性交」。田中當時直言開導，要她理解自己身為舊清朝公主的身分後，芳子便回去了。但約半個月之後，田中到四川路的舞廳參加各國武官宴會時，又在會場遇到芳子，當夜，田中「終於開城投降，在華清旅館與她共度春宵」，「以該夜為契機」，田中也展開了與芳子的情史。

不久田中「為她購置了一戶房宅，作為兩人的愛巢」，之後無論於公於私，對田中而言芳子都成為「不可或缺」的存在，在田中人生的這段時期，她成為具有重要意義、讓人「無可忘懷」的女性。上述這些說明，都堂堂寫在田中的著作集中，目錄上有一獨立條目為「波濤洶湧的上海時代與川島芳子女史」。

皇后婉容逃離天津

不久後的昭和六年九月十八日，以柳條湖附近鐵路遭爆破為契機，爆發了九一八事變。當時的爆破現場附近，日本人建立的水泥紀念碑今日被推倒橫躺在一旁，旁邊還有一塊說明牌，以中文講解如下內容：

一九三一年九月十八日夜十時二十分，日本關東軍將其所侵占的「南滿鐵路」柳條湖附近一段路軌自行炸毀，反誣中國軍隊所為，隨即以此為藉口，向北大營駐軍和瀋陽城發動突然襲擊。中國駐軍在蔣介石的「不抵抗」命令下，撤至關內。

至一九三二年三月間，遼、吉、黑、熱四省全境淪陷，成為日本帝國主義血腥統治的殖民地，直至一九四五年八月日本敗戰投降，東北地區淪陷了十四年。當年，日本帝國主義為了炫耀他們的所謂「赫赫戰功」，建立了這個炸彈型水泥紀念碑。如今，它已成了日本帝國主義發動侵華戰爭的歷史罪證。此碑最初建於距此北方二百米處，後移至今日處。

一九八二年八月　瀋陽市文物管理事務所

九一八事變的經過大致如下。首先，張學良在昭和五年打出排日排鮮政策，制定了「盜賣國土懲罰令」，將土地租借或出售給日本人與朝鮮人的人，以國土盜賣罪論處。之後的昭和六年六月，有朝鮮農民二百餘人，不滿當局為了水田開發必須中止水道工程進行的命令，於長春北方六里處的萬寶山發生紛爭。日本領事館緊急出動武裝警察向支那方面嚴重抗議，此時滿洲青年聯盟長春支部長小澤開作等人展開強烈的抗議運動，輿論洶洶倒向應該救助朝鮮農民一方。說段題外話，小澤開作正是指揮家小澤征爾的父親，聽說開作從板垣征四郎與石原莞爾參謀的名字中各取一字，作為兒子征爾的名字。

接著又發生了中村震太郎上尉事件。這是為了調查興安嶺附近的軍要地誌，前往執行勤務的中村上尉突然行蹤不明，直到六月底才知道已遭支那兵殺害的事件。

九月，隨著九一八事變的事態進展，事變之後的十月初旬，芳子奉田中隆吉的命令前往奉天，進入板垣關東軍高級參謀麾下。田中不僅看中芳子可以操用日支兩國言語，而且還「盡全力要將芳子培養成能獨當一面的間諜」。根據田中的說法，她多少也能說點英語，加上公主身分的光環，在這個混亂時期肯定具有一定的便利性。本人也作如是想的芳子，此時曾寫了一封現今仍被保留的信件給浪速，說「忙到連坐下來的時間都沒有。良輔」。芳子有一段自稱為良輔的時期。

另一方面，過往懷抱馳騁滿蒙夢想的川島浪速，在九一八事變爆發前後日軍的各種行動之中，也沒有閒著。昭和六年六月，一直蟄伏於松本住家，也就是在聖山的無聖庵以及信濃尻村黑姬山莊[160]之間往來的浪速，突然前進大連。但川島浪速因一時微恙而暫時返國，在信州療養期間知悉九一八事變爆發後，川島不想繼續等候，旋即長驅移居大連，昭和六年十一月，他對各方面發出如下問候書信：

敬啟者，敬賀諸公安好，小生因諸般緣故今起移居本地，因而徹廢松本市寓居，聖山草庵

159〔譯注〕石原莞爾（1889-1949）：日本軍人，最終軍階為陸軍中將，作為軍事思想家發表了「世界最終戰論」。在任關東軍作戰主任參謀時和板垣征四郎一起策動了九一八事變，因為和東條英機對立而被編入預備役。他認為日本應該滿足於滿洲國的勢力範圍，不應全面侵略中國，以免與英美為敵，讓蘇聯漁翁得利。在二戰結束後未被當成戰犯起訴。

160〔原注〕為擬仿黑姬地名，亦稱玄牡庵。

現亦空虛，爾後通信請寄至此處，特此通知此事　頓首

但，黑姬山莊仍有人留守

大連市聖德街四丁目十三番地　川島浪速

大約與川島移居同時間的昭和六年十一月十三日，駐紮天津的桑島總領事發了如下電文給幣原喜重郎[161]外相：

十三日早晨，本官外出時關東軍司令部人員來館造訪，說明十日夜間以汽車接送宣統帝自宅邸祕密離開，十一日乘自塘沽發船之淡路丸號送至營口，此次運送責任雖由軍方承擔，但已與宣統帝議定，萬一事發，宣統帝須表明上述行為皆為自發為之，特此回報。

亦即，一直蟄居在天津的宣統廢帝溥儀此際已經逃出天津。根據當時身為關東軍參謀片倉衷的《回想的滿洲國》記述：

溥儀由鄭孝胥父子、祁繼忠、吉田忠太郎、上角利一、工藤忠、大谷猛等人陪同，頭戴淺

頂軟呢帽臉掛黑眼鏡，乘暗夜脫逃，於白河河岸搭乘小蒸氣船[162]，十一日黎明發船，經塘沽改搭大連汽船淡路丸號前往營口。

關東軍則由甘粕正彥於營口守候。甘粕化名內藤維一迎接溥儀，以裝甲火車接送溥儀一行人至湯崗子溫泉。關東軍將溥儀送至旅順大和旅館，只由板垣參謀與片倉參謀負責聯繫，至於溥儀身邊雜物，一切皆由甘粕打理。透過如此安排，得以阻止溥儀會見支那重要人士，溥儀等於處在軟禁狀態。接著同一天奉天的林總領事向幣原外相發出電文：

> 軍司令部告知本官，宣統帝於十三日上午十時抵達營口（中略）現阻斷其與外部之聯繫，亦即欲置對方於軟禁狀態，現下正與關東廳交涉中。

接著宣統帝之後，也得把皇后婉容從天津送出，此次便由川島芳子挑起大樑，婉容出走成

161〔譯注〕幣原喜重郎（1872-1951）：日本政治家、外交家，第四十四任內閣總理大臣，歷任日本駐荷蘭大使、外務次官、外務大臣、眾議院議長等職。
162〔原注〕比治山丸號。

為她大顯身手的舞台。而奉天特務機關長土肥原賢二[163]少將、關東軍高級參謀板垣征四郎上校、駐上海參謀本部田中隆吉少校等也都有參與計畫。

根據憲立的記憶，「板垣參謀那時只說了一句話，『希望讓芳子到天津去迎接您』」。

宣統帝離開天津半個月後的十一月二十六日，北平矢野參事官發給外相電報：

> 從宣統皇后近侍處打聽到，最近川島芳子受板垣關東軍參謀委託，身著男裝祕密來津將皇后帶往滿洲。皇后方面對此有所遲疑，向土肥原詢問情況，為了給予肯定答覆，應讓皇后近日便搭船渡滿。

依據板垣指示潛入天津的芳子，很快就騙過嚴密的監視，完美地帶著婉容離開天津。據說芳子善用了她在上海時代學到的高明駕駛技術，從清皇室駐津辦事處以汽車將皇后載出，但詳細方法至今不明。

如果依據《男裝的麗人》一書，書中被視為是芳子的女主角，「花了幾天時間住在皇后家，一邊伺機找尋逃離機會」，某天夜裡她打定主意帶著皇后離開住所。連同皇后那長得和人一般大的愛犬，「打開掀背式汽車的行李箱，將皇后與愛犬如行李般塞入，再關上行李箱蓋」，不開車頭大燈，只以埠頭高處電燈柱上閃爍的弧光燈為目標，驅車前行。

市內街燈全數關閉，街上沒有任何行人，只能聽到槍砲聲如晝破耳際般傳來，不過芳子仍順利將皇后帶至預定前往大連的粗糙貨船上。皇后除了身上所穿的衣服之外沒有其他行李，在帶著一條狗共同上船後，對於「此次驚人的冒險以及冒險成功」感到歡欣，因此把翡翠耳飾送給了滿里子。當然，這些充其量都只不過是引用「小說」而已。

不過，婉容妃並不那麼希望前往溥儀處，已經是歷史通說。憲立也說，「溥儀是同性戀，這已經是公開的祕密。所以不太可能看到皇后歡歡喜喜奔赴丈夫居所的場面吧」。

根據片倉衷的回想，當時「根據甘粕的報告，如此煞費苦心把皇后帶出來，但往後幾天卻發現床單一點都沒有髒汙，連呼不可思議」，但終究只能苦笑而已。

昭和六年末，溥儀與婉容從旅順的大和旅館移居到肅親王府。當時的肅親王府只剩下三個格格居住，三格格顯珊的年紀已經可以當芳子兩個妹妹的媽媽，因此由三格格養育著十六格格顯瑠與十七格格顯琦（默玉）。為了溥儀與婉容，她們將肅親王府奉上，而肅親王家的三位格格則轉至旅順市內的民宅居住。溥儀移居原肅親王府後不久，便是肅親王過世十周年忌，為了

163〔譯注〕土肥原賢二（1883-1948）：日本陸軍上將。從一九一三年起在中國從事策畫侵略活動，有「帝國陸軍頭號中國通」之稱，參與策畫了九一八事變，扶植溥儀在中國東北地區成立滿洲國，在日軍入侵中國華北地區中發揮核心作用。被遠東國際軍事法庭列為甲級戰犯，東京審判被判處死刑。

舉辦法事，長期放在王府接待室的親王胸像被移到了庭園。以小平總治為主舉行法事，現在居住北京的默玉，還記得當時自己雖然只是個十三歲的少女，卻被委以揭幕儀式的重任。之後溥儀便一直居住於此，直到滿洲國建國為止。

上海一二八事變中扮演的角色

過了年來到了昭和七年一月十日，有一封以關東軍板垣參謀名義寄給田中隆吉的長篇電報，說明已經匯款二萬日圓進入上海橫濱正金銀行。電文內容提及，九一八事變進展有如預期，但考量世界各國政府反對，日本政府以及陸軍主要人士不贊成滿洲國獨立，因此需要在上海引發一些問題轉移焦點，吸引世界各國的注目，再趁此機會實現滿洲獨立（《田中隆吉著作集》）。

利用這二萬日圓的謀略資金，日軍引發了上海一二八事變，最終讓戰火擴大至中日戰爭。在此先略為說明當時情況。

昭和七年一月八日，天皇發布勅語，稱讚九一八事變時關東軍的活躍，「果斷神速，以寡克眾，討伐迅速。（中略）勇戰力鬥，以拔其禍根，宣揚皇軍威武於中外」。

而就在當天，朝鮮人李奉昌[164]以天皇的鹵簿儀仗隊為目標，於東京櫻田門警視廳前投擲炸彈攻擊。因為瞄準目標錯誤，天皇並未受害，而上海的中國國民黨黨報《國民日報》，第二天迅速報導此事，但報導中出現「不幸僅炸毀副車」一句，字裡行間彷彿希望此次攻擊可以成功一般。

此番報導自然引起上海日本居民群情激憤，但在支那方面道歉謝罪後，事情似乎告一段落，但之後不過十天，也就是到了一月十八日，就發生了支那人攻擊日本人的「日蓮宗僧侶襲擊事件」。

從客觀角度來看，在《國民日報》的報導之後，原本就燜燒中的抗日風氣，看來隨時有爆發的可能，田中隆吉準確掌握到當時大環境的氣氛，策動此一計謀，終於引發了上海一二八事變。這其中川島芳子也幫了大忙。首先，當時身為「上海公使館付武官輔佐官」的田中上校，將前述二萬日圓中的一萬日圓交給川島芳子。當時上海的抗日運動據點中，有一處屬於共產黨派系，即名為三友實業社股分有限公司的毛巾工廠。田中透過川島芳子，命令該公司的工人襲擊日本山妙法寺的僧侶與信眾五人。一月十八日下午四點，依照川島芳子的指示，三友實業社

164〔譯注〕李奉昌（1900-1932）：二十世紀初朝鮮的獨立運動家和勞動運動家，被韓國稱為反日義士，日本名木下昌藏。一九三二年，李奉昌被反日組織韓人愛國團派到東京，負責以手榴彈暗殺正在閱兵的昭和天皇，但最後只誤傷一名近衛兵，隨後在同年九月被判死刑。

公司前數十位工人開始行動，結果造成三名日本僧侶身負重傷，其中水上秀雄一人於二十四日死亡。

在此之後，田中又透過芳子，把資金交給居住上海的日本人所組成的支那義勇軍團——亦即由重藤千春上尉所指揮的上海在華青年同志會三十名會員。獲得資金後他們旋即針對當時襲擊日本僧侶的群眾背後集團，亦即三友實業社公司展開襲擊。從旁觀者角度來看，這應該是一起與軍方無關的民間報復行為，但當時三友實業社公司的從業員工達千人，日方攻擊者縱火造成火災，雙方都出現了死者與傷者。過往日支間的不滿對立，達到一觸即發的狀態，世界各國的注意力都由滿洲轉移到上海。根據田中的著作集，由板垣參謀指示、田中執行的這個計謀，「持續獲得相當的效果」。關於此一事件，昭和四十年（一九六五）一月六日的東京十二頻道「我的昭和史」中，田中自己也有說明過。此外，芳子之後也曾介紹三友實業社公司的工人給憲立認識。諸般跡象顯示，在這場陰謀中芳子曾扮演重要角色一事，大概沒有任何辯駁的餘地。

「日蓮宗僧侶襲擊事件」之後，村井倉松上海總領事對上海市長吳鐵城提出下列四項要求：一、道歉。二、處罰加害。三、支付受害者的醫療費、慰問費。四、即刻解散抗日團體，取締排日行為。一直到臨近回覆截止期限的一月二十八日下午三點，吳市長終於答應了這四項要求。

即便如此，第一外遣艦隊司令官塩沢幸一少將，仍於當夜下令陸戰隊出動，闖入日本警備區域以外的閘北。閘北有廣東派抗日風氣鼎盛的第十九路軍所架設的路障，最終於此爆發了上海一二八事變[165]。

於《男裝的麗人》中，在上海俱樂部中夜夜笙歌的舞女主角，恐怕就是依照此時期芳子的實際生活寫成。實際上，村松曾說過，芳子是華爾茲男舞的名人，還得過舞蹈競賽的一等獎。

村松接觸芳子進行調查、取材的兩個月期間，每晚都跟她睡在同一房間，「以日本式的說法，就是每天晚上都在塌塌米上並排而睡」，根據昭和三十年《All 讀物》雜誌上的文章，當時芳子的實際生活，就是每天晚上到處玩耍到超過半夜，早上「必定睡過中午十二點才起床」。芳子醒來時，丫鬟會悄悄到房間內播放貝多芬的月光奏鳴曲唱片，之後再換成熱鬧的爵士樂等唱盤。等村松洗好臉在一旁抽菸時，身穿睡衣的芳子才「帶著有如花瓣般好氣色的臉龐起床」，幾乎每天都過著這樣的日子。在村松的小說中還插入一個場面，即當主角首次成為舞女時，小說中村松的分身「高村」，還對清朝公主成為舞女一事感到相當意外，甚至帶有警戒之心。當時主角以下述發言作為抗辯：

……說什麼清朝皇族，那得有朝廷才有皇族啊！現在的皇族就像我們這樣，受到社會冷

165〔譯注〕日本稱為「第一次上海事變」。

落，比普通人民更受權勢者的欺凌，對我們這些被逼得必須不斷迴避與逃亡的人，如果還得背負皇族的自尊，那不是很悲慘的事嗎？現在對我來說那種尊嚴反而顯得滑稽。我雖然是個不足取的女人，但為了復辟運動，隨時都願意出份力。成為梶原[166]的養女，也是為了這個緣故。嫁入蒙古也是為了這個目標，（中略）像你，還有世上的人們，大概都單純把我當成不良少女，我雖然甘心當個不良少女，不過我可下了決心，到死為止都要跟國民黨戰鬥（後略）。

雖然只是小說，但從六歲開始便接受川島浪速鼓吹的滿蒙獨立運動及復辟思想薰陶，芳子的處境與想法，恐怕與小說的這段描述相當接近吧。與國民黨戰鬥的執著，終究存在於芳子的血液之中，而成為舞女四處玩樂跳舞，換個角度來看，或許可以說這與忠臣藏中的大石良雄[167]在一力茶屋中的身姿有所相仿吧[168]。

另一方面，《田中隆吉著作集》中，詳細羅列了當時芳子如何忠實遵照田中的指示，以及因此達成了多少成果。

首先，一二八事變時她隻身潛入吳淞砲台，調查砲台數量並回報給田中的上司，亦即臨時上海派遣軍參謀長田代皖一郎少將。此資料對日本的作戰計畫大有幫助。此外她也透過舞廳的跳舞交際而與孫文的長男——當時的行政院長孫科——有所接觸，藉此早早掌握蔣介石即將下野的消息。

蔣介石下野的大致經過如下。九一八事變爆發時，張學良向蔣介石求援，但蔣卻不伸手幫忙，從結果來看等於擺明了把滿洲地區送給日本人。上海一二八事變時蔣介石全都丟給十九路軍抵抗，自己的直屬部隊卻全然不動，為此，孫科等重要人士怕滿洲情況有重演之虞，因此批判了蔣介石。蔣介石認為如果你們不滿，那就請自行解決，便宣布下野了。田中說，上海的日系報紙旋即報導了這則消息，但關東軍在事前早已從芳子那裡獲知情資，因此更加深了對芳子的信賴。此外，第九師團長植田謙吉中將命令芳子調查支那方面的動向時，芳子密赴第十九路軍長蔡廷鍇處對談，探知蔡擁有堅決抗日的決心，芳子將此事回報師團長。芳子的判斷果然正確，師團長因此對芳子蒐集情資的正確度抱以高度認同。

不過，在中國最大貿易港上海發生戰火，終究引來各國的不滿。二月二日，英國、美國、法國的駐日大使齊集，要求日本方面停止戰鬥。

關東軍方面至此也開始急著想結束戰火，根據田中的著作集，這其中也有芳子活躍之處。

166〔原注〕應是指川島浪速。

167〔譯注〕大石良雄（1659-1703）：日本江戶時代早期武士，因以忠誠為其藩主淺野長矩復仇，殺死幕府的旗本吉良義央而聞名於世。元祿赤穗事件中赤穗浪士四十七武士的頭目。播磨國赤穗藩的筆頭家老。事件之後被改編成戲劇忠臣藏。

168〔譯注〕大石良雄裝成胸無大志的模樣，整天在茶屋尋歡作樂，藉此放鬆敵人戒備。

首先，芳子趁日本陸軍第十四師團還在廣島的宇品港等候時，前去見第十九路軍長蔡挺鍇，告知日軍出發後將從上海溯揚子江而上，說服蔡盡速結束眼下戰火；另一方面她又告訴日本方面，支那軍隊因為已經失去戰鬥意志，開始掠奪民家，藉此實際上把整個事態誘導向停戰的方向。

此外，在一二八事變《松滬停戰協定》締結上，芳子也扮演了重要角色。此處根據田中的著作集羅列如下。芳子透過田中隆吉的介紹，認識了國民黨政府中央政治會議祕書長唐有壬，問出了上海國民政府系統的銀行已經處於破產前夕，確認唐有壬傾向停戰的意願後回報給田中。田中再將此情資轉田代參謀長發電報回日本，使日本可站在有利位置運籌停戰事宜。之後唐有壬因為洩漏支那方面的情資而有生命之危，前來向芳子求助，芳子又依田中指示，要唐在自家藏匿兩周。

孫文的長男孫科也相同，因為向日方洩漏情資，在一二八事變後遭蔣介石糾舉而轉向田中求助。田中此時再度命令芳子保護孫科。芳子安排孫科躲入停在上海的日本籍歐洲航線客船，成功幫助孫科逃回廣東。除此之外，為了探知英國對滿洲國獨立的想法，田中命令芳子進行調查，她也毫無困難地從英國新聞記者處，彙整出預估國際聯盟將對滿洲國獨立採取否決態度的情報。當時芳子活躍的情狀不勝枚舉。

不僅繼承了清朝的血統，且除了日支兩國言語外，多少也能理解英語，天資聰穎的芳子，作為各種陰謀的仲介者，確實是不可多得的人才。不過松村梢風小說中的主角曾這麼說：

我不只是個間諜，（中略）我不是日本人，如你所見，我是滿洲人（中略）。因為（為了打倒蔣政權）而與你們的意見、利益一致，所以稍微幫些忙。我為日本工作的時候，是與日本利益一致的時候，如果以為滿里子永遠都是日本間諜，那我可不接受。

我也不是什麼都願意幫日本。你說笑是吧，（中略）我呢，如果是在其他情況下，也會站在反日的最前鋒給你看。

往後她被當作漢奸槍決，主要罪狀都出在一二八事變時期「活躍」的部分上。被稱為瑪塔·哈莉，指的也是這個時期的行為。一二八事變雖然不至於是開啟一整個新時代的事件，但吸引各國目光集中至上海，日本方面得以趁機鞏固滿洲地盤，從各種努力終於帶來昭和七年九月十五日簽署的《日滿議定書》[169]來看，仍具有重大意義。芳子所扮演的角色，不管她本人是否有所自覺，從結果來看，還是得披上漢奸的汙名。

不過，具體來說，當初日本特務機關給她的命令，是委託中國工人去殺害日本人。奉日本

169〔譯注〕《日滿議定書》的主要內容為日本承認滿洲國、滿洲國領土由日本和滿洲共同防衛。

人之命去殺日本人，看來或許沒什麼好遲疑的，在這件事情上其實不該被視為叛國罪行。話雖如此，為了讓日方有藉口採取報復行動，而暗中引導中國人殺害日本人，結果成為導火線的一端引燃了戰火，她無法看清整體局勢的變化，任人擺弄隨之起舞，讓自己陷入無可卸責的境地，要說是她的愚昧，也未嘗不可。

然而，如果要更進一步追究責任，那麼真正該被責難的，應該是把這些龐大陰謀編織到這位女性身上的一方。

根據《田中隆吉著作集》的說法，田中會把芳子當間諜利用，其中一個理由是「她一時之間仍無法忘懷身為舊清朝皇族的自尊（中略），在她心中一直堅信要靠日本的力量復辟清朝，為此她甚至說即便犧牲一己，內心亦無遺憾」。之後書中補充了第三方的見解，該見解認為田中內心盤算，如果能夠枚舉芳子達成的實際成果，或許日本陸軍中心人物會考慮協助她的復辟願望，文中僅以注釋方式插入：「這或許是他獨自的推測。」不過，這個注釋實在太過牽強。田中操控芳子，已經是在九一八事變之後，田中既然能爬到這個地位，不可能不知道當時已經不是談論復辟的年代，復辟僅是過往歲月的泡沫幻影而已。公平來說，關東軍的首腦人物們反過來利用弱小的異國女性，將她編織入龐大的陰謀當中，應該被責備的，是抓著孩童之手的那方，這是不言而喻的。

上海一二八事變之後關於芳子所扮演的角色，其實有一個人如慈父般關注著她，那就是前文提及的筑紫熊七中將。現今仍存有一封芳子寫給筑紫，內容有「致爺爺／孫拜上」字樣的書簡，在書寫欄框外還留著被認為是筑紫筆跡的注釋，此處記錄如下：

這封書簡，對於九一八事變以來，芳子大小姐在上海方面為我日本做出的諸多貢獻，不僅未能系統性地說明，甚至給人一種湮沒其功績的感嘆，昭和七年十一月二十四日，我邀請芳子大小姐至我新京私室，向她請教當時事情經緯，她並未回答便離開了。不久之後她遣特使送來此信。

整理芳子來信的重點如下：

爺爺對我各種過度的厚愛之意，反而讓人感到遺憾。把您對我的親切說成遺憾，似乎是很矛盾的說法，可卻是我的真實心情。請無須對我放下身段，無須給我恩情，如此作法我並不特別感激。但，芳子也絕對不會如爺爺想像的那般有逾矩的行動。（中略）

一、為日本工作是理所當然之事。這麼做才能對得起自己良心，我樂此不疲。

二、為了滿洲國、為了我國的事業，我非常樂意，也拼命地工作，與我非親非故的爺爺說我功績如何，只會徒增我的感傷。

三、撇開日、滿兩國，我也是為了自己的兄弟姊妹們工作，這也是彼此互惠的事情。

（後略）

光是看這些文字，給人芳子本身並不具備任何行動目的之感。原田伴彥等人在她過世後，以「芳子既無理念亦無信念」這麼一句話總結了她的行動，大概指的便是這種狀況吧。

確實這段時期芳子似乎與筑紫中將有密切的往來。當時在哈爾濱以俄國人為服務對象，自行創業的律師湯馬士·安倍（音譯），在芳子的勸誘下一同造訪了筑紫中將，日後他把此事發表於雜誌上，說明會面時芳子向筑紫將軍說：「實際上這次想跟他一起去法國或德國，所以特來向爺爺請假」，筑紫將軍則溫和地回答：「這想法不錯，一直為軍方當馬前卒確實也相當無趣呀。」（《人物往來》昭和三十年十二月號）

當事者安倍在注釋中說明，他猜不出芳子要去歐洲的真正用意。或許筑紫將軍也察覺到，這又是她荒唐無稽的一貫作風，將軍只能心痛地看著毫無定性的她一人獨走，那種心情，在這篇文章中多少可以看得出來。

滿洲國執政的女官長

昭和七年三月一日，滿洲國發布了《建國宣言》。但宣統廢帝溥儀的頭銜，僅只是「執政」。往後溥儀在《我的前半生》回憶錄中也提到，為了達成執政就任，日軍採取了下述步驟。首先在關東軍第四課的導演之下，於「全滿洲會議」取得決議，之後會議代表向溥儀提出請託，要求溥儀擔任「新國家執政」。溥儀首先拒絕，代表再次請託，然後溥儀才接受。而在最後還得說一段預先套好的話：

……暫任執政一年；一年之後，如多隕越，敬避賢路。

走完這些「過場」之後才接受請託。就任儀式在三月九日於新京的執政府大廳舉行，日本方面的出席者有滿鐵總裁內田康哉、關東軍司令官本庄繁中將、關東軍參謀長三宅光治[170]少將、

170〔編注〕三宅光治（1884-1945）：一九二八年八月任關東軍參謀長。一九三二年四月晉升中將。極力鼓吹武力征服中國，為日本少壯軍人代表之一，參與九一八事變。日本戰敗後，三宅光治被押拘蘇聯，一九四五年十月死於莫斯科的監獄。

關東軍高級參謀板垣征四郎上校等，滿洲國方面則有鄭孝胥、羅振玉[171]、張景惠[172]、張海鵬[173]等，此外蒙古的王公也並列在席。

當日午後，鄭孝胥拿著組織一覽表來見溥儀，其中可見內務省特使上寫著肅親王七阿哥金璧東的名字，只是溥儀所坐的位置，是與清朝復辟重登皇位相去甚遠的「執政」一職。隔天長年擔任溥儀教育顧問的羅振玉來說：「皇上屈就執政，按說君辱就該臣死，臣萬不能就參議一職」，硬是辭了這個分配來的參議官職（《我的前半生》）。

川島浪速對這種情況，肯定相當不滿。浪速確實有想要結合滿洲的富饒與日本的強盛，為日本創出一片新天地的構想，但從今天的角度看來，這只不過是一種侵略思想，難免受到批判。可是日後在東京軍事法庭上，出現了一篇不知是真是偽，由田中義一首相上奏給天皇的上奏文，也就是所謂的《田中奏摺》。文中有一節如下字句：

可以用滿蒙作為基地，假藉貿易來征服中國四百餘州，即利用滿蒙的權利作為司令塔來攫取整個中國富源，再利用中國的富源，征服印度及南洋群島，並進而征服中小亞細亞以及歐洲。我大和民族為了向亞洲大陸發展，第一個重大關鍵就在於掌握滿蒙利權。

現在的通說，咸認為《田中奏摺》是偽造的，但即便如此，依舊不可否認該文象徵著一個時代的趨勢，不是只有川島浪速才抱持這種侵略思想。毋寧說，我們更應該注目浪速的主張之中，有所謂滿洲國皇帝的自主尊嚴不容侵犯這點。以王政為主軸，保證最低限度的民族獨立，川島的這種想法與軍部的方針，終究還是有所區別。

為了慶祝滿洲國建國的大同元年，松本市小里賴永市長於三月一日，為「滿洲帝政施行的背後推手——出生於松本的東亞偉人川島浪速翁——辦了一場慰勞晚宴」。場地就在松本當地的四柱神社內，各界來賓說完賀辭後，尚有「穿著滿洲國服裝的川島廉子大小姐致詞」，當祝賀會、慰勞會結束後，傍晚六點起在公會堂還舉行了官民合辦的夜間大會（《川島浪速翁》）。

當天回到松本的川島，頂著「前清二品銜客卿」的頭銜，寫下了祝賀滿洲國皇帝的賀表。但川島的真心卻不在「祝賀」上，這點從刊載於其傳記卷末，於昭和八年起草的「對支卑見」，以及昭和七年〈呈・齋藤總理大臣意見書〉的內容中，便可清楚理解。

在前者中提及，「先前已極力說明滿洲國必須採取君主國體制的理由。但不幸的，此建

171〔譯注〕羅振玉（1867-1940）：字叔蘊，號雪堂，江蘇省淮安府人，金石學家。
172〔譯注〕張景惠（1871-1959）：字敘五。滿洲國第二任國務總理大臣。
173〔譯注〕張海鵬（1867-1949）：字仙濤，別號連溪，綽號「張大麻子」。盛京將軍轄區奉天府蓋平縣人，中華民國及滿洲國軍事將領。

議不為當權者所採納，最終在共和國的名義下誕生了滿洲國」，川島表達了對遠離王道政治的滿洲國充滿不滿。在後者中提到，「……應當緩和我方前線軍部對滿洲國施行的極端壟斷性干涉……此舉將毀損他們國家的體面，蹂躪個人的面子，引起誤解與厭惡」，力陳應當廢止軍隊的行為。

彷彿要證明川島的論述一般，昭和七年天皇誕生日，朝鮮人尹奉吉在上海的祝賀會場投擲炸彈，造成上海派遣軍司令官白川義則上將、駐支公使重光葵負傷事件[174]。養女川島芳子遵從軍部指示為了復辟耗損身心，養父對無法復辟感到扼腕切齒，但無論是父親還是女兒，都已經快被時代主流所淘汰。無須贅述，如大家所知的一般，之後關東軍便如潰堤的河水般，洶湧展開了各式侵略行動。

根據《田中隆吉著作集》，滿洲國建國時，芳子「已經沉溺在成功的名聲當中，與田中隆吉的關係也逐漸轉淡」。田中考量她累積至今的功績，給予勸告，但她卻聽不進耳，最後演變成漫罵田中，甚至向與她交情甚篤的海軍植松練磨少將告狀，說田中經常鎮日數落海軍既懶散又缺乏紀律。到了昭和七年二月二十二日，芳子更進一步到處散布說，過去在廟行鎮以身軀帶著炸彈直驅敵陣而亡，後來被日本崇奉為軍神，號稱「爆彈三勇士」的北川丞、江下武次、作江伊之助，其實沒那麼英勇，他們把原本應該設定成一公尺長的引火線，誤設成五十公分，所以根本只是死於一場意外，而田中為了讓陸軍顯得比海軍更優秀，故意修改這個故事，讓它變成一則美談。植松得知後，甚至下令要殺了田中，據說田中真的遭受海軍成員三上卓的襲擊，而這位三上，就是參加了「五一五事件」[175]的那位海軍中尉。田中當時一筆寫下「向事變發生以來的海軍行動表示敬意」，才得以逃過一劫。這段經過是在方才提過的東京十二頻道「我的昭和史」節目中，由田中自己說明的。此外，根據田中的說法，實際上將「爆彈三勇士」事故身亡加工改為美談的人，是當時的陸軍大臣荒木貞夫中將，將三人命名為「爆彈三勇士」的，也是荒木。

田中判斷，如此繼續把芳子放在上海恐怕會出問題，因此拜託關東軍板垣參謀，讓她去擔任剛建國的滿洲國執政的女官長。對此，雖然皇后婉容爽快地答應了，但溥儀卻加以反對，因此最終芳子並未就任，不到一個月她又翩然回到上海。

不過，根據憲立的說明，事情似乎有點出入。首先，過往抱持堅決反日態度的馬占山[176]，在滿洲國建國後姿態逐漸軟化，之後擔任滿洲國軍政部的要職，在新京穩定下來。

174〔原注〕白川上將於該年五月死亡。

175〔譯注〕一九三二年五月十五日以大日本帝國海軍少壯派軍人為首，闖入總理大臣官邸，刺殺了護憲運動領導者犬養毅首相的暴亂事件。

176〔譯注〕馬占山（1885-1950）：東北軍將領，曾率部抗日，指揮了名震中外的江橋抗戰。與日軍多次交戰，其間曾詐降於日軍並參與創建滿洲國，獲得休養後，再次率兵對抗日軍。

憲立當時受溥儀委託，於執政就任儀式後回到哈爾濱擔任馬占山的機要祕書。可是，據說當時預備役海軍中將八角八郎想與馬占山會面，祕書憲立正打算轉達時，馬占山又擺出了抗日的態度，而且就這麼逃亡了。身為祕書的憲立處在如此困擾的處境時，收到了板垣上校寫來的親筆書信，叫憲立到奉天來。憲立便把馬占山問題擱在一旁，趕緊趕到奉天見板垣。當時板垣告訴憲立，芳子蠻橫的作風已經給軍方帶來困擾，拜託他處置此事，於是憲立依照板垣的交待把芳子從上海接回家族居住的大連，但田中彷彿要追上來一般發了一封暗號電報過來，告訴芳子「沒妳我活不下去」。

馬占山的逃亡時間，是在昭和七年四月二日半夜，田中據說是在四月上旬發的電報。憲立向板垣報告此事，板垣大為憤慨，反過來譴責了田中。憲立最後總結：「就我所知，對芳子一直保持紳士風度的，大概只有板垣征四郎與石原莞爾而已。」昭和七年八月，成為大阪野砲第四連隊大隊長的田中準備返回日本，根據田中著作集，途中他在大連與芳子重逢，並與芳子一同前往奉天拜訪多田駿上校，且「委託多田將來好好照顧她」。

安國軍司令與熱河作戰

進入多田上校麾下的芳子，正如眾人所熟知的，於昭和八年二月，身穿量身訂製軍裝，以安國軍[177]司令的身分參與熱河作戰[178]。昭和八年二月二十二日的《朝日新聞》有一條「小林多喜二[179]於築地署突然過世」的報導，這則報導上方用掉大約兩倍的空間，刊載了「男裝的麗人川島芳子大小姐／被推舉為熱河自警團總司令／昂揚立於討伐兵匪的陣頭上」這麼一則新聞。即便「有人批評，雖說滿洲國沒人才，但也不至於要派出川島芳子大小姐」，但眾人仍期待她活躍的表現，報紙上還讚揚，某位將軍一直愁於不知「該如何統一複雜的滿洲國軍政」，而芳子便一直在暗中協助將軍。報導的正中央還刊登了穿著馬褲、頭戴軍帽、一副司令模樣的川島芳子全身照，這張照片成為她某個時代的象徵，受到各方面廣為使用。但其實在這身裝扮背後的真相，是她既沒有立下任何戰功，也從未站到第一線上。

她本人在《婦人公論》的手記中寫道：「在熱河省的各處巡迴，宣傳內容把我實際的工作誇張數十倍，實在令人難為情。」

關於川島芳子的書籍，以本書中已經多次引用的村松梢風作品《男裝的麗人》最為著名，

177〔原注〕也稱定國軍。

178〔譯注〕又稱熱河事變。發生於時為中華民國所控制的熱河省，時間為一九三三年二月至三月。因為國內輿論普遍不願承認滿洲國，二月十一日，國民政府行政院長宋子文至北平，與張學良等將領一起發表「保衛」熱河通電。二月二十一日，熱河戰役爆發。裝備不良、士氣低落的東北軍節節敗退，三月四日承德失守，熱河抗戰結束。熱河最後遭日軍占領。

179〔譯注〕小林多喜二（1903-1933）：日本無產階級文學的代表作家、小說家。

除了這本書之外，還有一本書名為《動亂之蔭——我的前半生》的著作，發行於昭和十五年。在芳子處刑後一年，川島浪速的祕書林杢兵衛編的《川島芳子獄中記》也出版了，關於此書稍後再說明，目前先要約整理《動亂之蔭》中，芳子就任安國軍司令的經過。本書封面上雖然寫著「川島芳子著」，但書本一開始卻出現了代筆者伊賀上茂的名字，由於出處不詳，論證時作為引用資料的不確定性相當高。

某一天，過往張作霖軍團長張宗昌底下的參謀方永昌，向芳子提出希望她擔任總司令，組織安國軍參加熱河作戰的提議。張宗昌於昭和七年在濟南站遭到暗殺，此時已經不在人世，如前所述，張宗昌也正是在日本別府誤殺芳子胞兄十八阿哥憲開的人。對方永昌而言，站在希望幫上司張宗昌減少罪孽的意義上，考慮讓芳子成為總司令。芳子最後接受了張宗昌的提議，而從這個時期起，她也開始使用金璧輝這個名字。

「血盟式」[180]於昭和八年二月，在奉天大和旅館舉行，只有張宗昌的部下二十餘名參加。根據《動亂之蔭》記載，當時僅有一名新聞雜誌的媒體來賓出席，那就是文藝春秋特派員平野零兒。他在昭和八年一月號與二月號的《文藝春秋》中發表了〈滿洲特報〉，報導中完全沒有提及芳子就任安國軍司令一事。

不過，在二月號中，平野倒是寫到靠著芳子的斡旋，才得以與執政溥儀見面的過程。芳子對因為申請會見遭到拒絕而深感不滿的平野說，「請稍等一下」，邊說邊拿桌上電話，打給筑紫熊七中將，說了下面這些話：

……他並非普通的新聞記者，您也知道這個人吧。（中略）雖說是執政，但能讓大家知道，讓日本內地抱持善意的人們也能體驗到執政的風采，總是好事吧。在這個場合，透過擁有正確觀念的執筆人，傳達這是一位堂堂正正、沒有任何保留的執政，我認為不是什麼壞事（後略）

依照這樣的思路，被認為「任性不聽話」的芳子，竟也「理路整然」地替平野交涉。翌日，平野便以筑紫隨行人員的身分會見了執政，因此也得以將當時狀況發表於雜誌上。

平野本名嶺夫，是河本大作的小舅子。芳子說的「並非普通的新聞記者」，大概指的就是這個裙帶關係。滿洲國建國之後，養父浪速與芳子皆未擔任重要職務，但類似這種需要人脈背景之處，實際上他們仍然擔負著要角。

無論如何，安國軍司令並非重要到街頭巷尾都會議論紛紛的職位。現在的亞細亞調查會會長田中香苗，當時還是《大阪每日新聞》的記者，曾與芳子頗為熟稔，他也表示說：「不過就是做了一只刻有金璧輝的印鑒，這件事大概只是多田駿耍的把戲吧。」

180〔譯注〕出處不明。應指歃血為盟、宣示團結的誓師儀式。

根據《動亂之蔭》，當天芳子接受了方永昌的鄭重委託。

如此這般，由金壁輝擔任總司令，方永昌擔任副司令的滿洲國安國軍，在熱河作戰中如敢死隊般的風評，開始廣為人知。此書中提及，根據謠傳，救國會與華僑團體提供了捐款，各地也寄贈了駱駝、藥品、軍服等。關東軍也立刻利用了這波風潮，准許芳子參加熱河作戰，利用清朝公主率領義勇軍的故事振奮日軍，企圖藉此挫折反滿抗日軍。

熱河省位於奉天省與華北省[181]的中間位置，若論滿蒙區域，屬於蒙側的地區，政治上則與滿洲國的東三省一樣具有重要地位，也稱為東四省。應注意的是，特產之一的鴉片是該地重要的財政來源。關東軍於昭和八年二月十七日起，為了「要使熱河省名實相符，成為滿洲國的領土……以確立建國的基礎」，因而展開了熱河作戰。迎擊的熱河省一方，由省長湯玉麟聯合張學良抗擊，反滿抗日的立場鮮明。滿人出身的芳子參戰，即便沒有任何具體的戰果，但對關東軍而言仍可坐收絕佳的宣傳效果。換個角度來看，這也是芳子繼一二八事變後，再度受關東軍操弄的結果。憲立說，在這個時期，「這麼說好像在暴露妹妹的醜事，不過當時我還撞見過芳子與方永昌同床共衾的模樣」。

總之，她的活動經常會增幅到超過實際狀態所需，而且這種情形還不勝枚舉。例如「呼倫貝爾事件」也發生了同樣狀況。昭和七年，呼倫貝爾的蘇炳文[182]監禁了數百名日本居留民，十一月在海拉爾宣布獨立，並自稱東北民眾救國軍。根據憲立的說法，事情起因是蘇炳文位於齊齊哈爾市內的宅邸，遭第十四師團長松木直亮中將強制徵收，供作宿舍使用，蘇為了報復才監禁日本人。日本方面自然得做點「和平工作」，想辦法擺平這件事。蘇炳文太太的姊姊，也就是蘇炳文的大姨子是吳俊陞的妻子，而吳俊陞就是張作霖的副長官，在皇姑屯事件中被炸身亡那位。

為此，多田駿少將委託憲立與芳子進行「和平工作」。芳子想出個妙計，打算跳傘降落呼倫貝爾，盡快見到蘇炳文，為此取得關東軍參謀長小磯國昭中將與多田駿少將的許可，並進行訓練工作。如果拿這件事當宣傳材料，說芳子單身跳傘滲透敵方陣地，又可以寫出一番武勇的軍事傳說，但實際上，實際執行前她神經痛的老毛病又犯了，因此錯過時機，而她什麼工作也沒完成。

憲立說，多田為了擺平此次事件，偕同芳子來到齊齊哈爾憲立的下榻處，打算試探蘇炳文的談和條件。憲立老實回報意見，說這次「和平工作」難以執行，多田把這意見打電報傳回給本部，之後叫了一聲：「老芳，睡覺！」便拉著芳子的手，躲進憲立住宅的二樓寢室去了。如

181〔譯注〕可能是「河北省」的誤植。

182〔譯注〕蘇炳文（1892-1975）：國民革命軍中將，抗日將領。保定軍校第一期畢業，一九二五年進入東北軍。九一八事變爆發後堅決抵抗，至一九三二年底撤出至蘇聯，一九三三年回國，抗戰後任上將軍事參議官。中華人民共和國成立後，出任政協委員。

果憲立所言屬實，那麼在親哥哥面前仍陪著多田上床的芳子，可說在這方面缺乏潔癖，毫不檢點。

前文已經數度引用過的昭和八年《婦人公論》芳子手記，標題為「我愛祖國」的文章旁附有一張「一二八事變時的作者」照片，照片旁還有一條編輯部加上的注釋，說明這篇在滿洲國公使館訪問芳子的文章內容，是「獲得允諾獨家取得署名的手記」。內容飄散著一股芳子特有的散漫感，不過也不盡然全無動人之處，以下謄錄部分芳子真情流露的段落：

……為了那些沒人同情、失去家園失去田地的滿洲百姓們，我懇請尊貴的日本女性們對他們投以同情的眼光。可憐的百姓們並無罪過，卻過著悲慘的生活。（中略）親愛的日本知識階級女性諸姊們。（中略）日本人之中，我們往往無法否認那些所謂的「支那浪人」中混雜著許多壞人。（中略）我從小在日本成長，理解日本原本的美處，接受了許多日本的恩惠，對於這些壞人，我往往不願相信他們是日本人。（中略）稱為「日本人」的人們之間，還存在著數不盡的不平等，但因為這是公開的雜誌，在此僅略過不提。

手記中芳子還提及擔任安國軍司令時代，訓示部下時，會告誡他們不可只因為戰爭勝利就感到歡喜。比起戰勝戰敗，更應該「一心掛念百姓幸福，給予他們安居生活的樂土」。雖然芳子帶著協助關東軍，支持滿洲國執政，而且夢想著清朝復辟等分裂無法整合的理想，但至少擁有希冀民眾幸福的理念，這也是無法否認的。

征伐與被征伐者都應當留心
大家同是祖國的人民

在前揭手記中芳子插入了這麼一段話，她在演講時也經常引用。大約在這個時期她也寫過一張方形厚紙箋，現由長野縣農協共濟福祉事業團保養中心黑姬事業所所長酒井千夫保管。芳子以高明的毛筆字寫著：

如果最終日本與支那都得走至此處
為何還要互相征伐
讓和平之光遍灑大陸
同照日本與支那同胞

川島芳子

川島芳子所寫的厚紙箋。

書寫之外還在旁畫上兩個骷髏，大概指涉著「日本」與「支那」吧。恐怕在中華人民共和國，到現在為止都還把川島芳子定位成日本侵略的爪牙。但透過幫助日本藉以抵抗蔣介石國民政府的芳子，真正的意圖卻在滿清的復辟，這個觀點已經重述多次，日本視為敵人的國民政府，對她的族人而言也是敵人。不理解日支關係，到了這個時期仍夢想透過復辟，提供一塊保證農民幸福的樂土，讓人不免要批評她的思想過於天真，但即便如此，在思想上並沒有任何證據可以說明她是背叛民族的叛徒。

當然，或許她描繪的夢想，已經無法與現代中國的社會體制相容，不過她似乎仍抱持著農民優先的思考前提。不管是溥儀還是溥傑，都獲得中華人民共和國的寬大處置。如果他們可以獲得這樣的對待，那麼這位在年僅七歲時，便因為父親與養父間肝膽相照復辟清朝的約定，而不得不被送往日本的女子，最終卻落得父親離開人世，養父被迫只能蟄居，無家可歸只能委身關東軍。從更寬廣的意義上來說，芳子不也應該被定位成日本侵略下的犧牲者嗎？

大概也是在這個時期，芳子有一封日期不明的書信：

新京滿洲屋・多田閣下轉交

筑紫熊七中將閣下

……最近將前往戰場第一線。可以迅速爽快地死去吧。「吾心誰知？」在這個不解的人世上究竟何處才是我的生存之地？讓我死後在天國指揮這個日滿吧。

大約同個時期，芳子的家庭教師本多松江也來到滿洲，時間大約是昭和八年十月。前文曾提到，芳子向本多撒嬌，寫信索求請她多帶些榮星堂的糕餅土產「最中」，或許與政治無甚關係的本多松江，才是芳子內心想要依託之處。芳子的姪女廉子這年從大連的彌生高女畢業，回到了松本，十二月十三日取得日本國籍，而在過了五十個年頭的現在，廉子是一位日本人。

於熱河作戰中成為安國軍司令，並負起宣傳、安撫角色的芳子，從這個時期開始，她的存在逐漸讓軍部覺得礙眼。根據田中隆吉的說法，「作為軍團的司令官，責任似乎過於重大，而她從上海時期建構起來的名聲，也因此一作戰而下跌」，她的身姿最後便從滿洲消失了。之後芳子被送回日本，暫時居住於人還在滿洲的多田駿少將日本宅邸，或許可說她此時處於一種遭軟禁的狀態吧。不久日本發生「二二六事件」[183]，日本陸軍中「統制派」[184]勢力壓倒「皇道派」[185]軍官，軍方對政治的介入加深，終於讓日本走上軍部獨自統領一切的時代。

昭和天一坊[186]——伊東阪二

遭送返日本的芳子，不久便與引起世人騷動、被稱為昭和天一坊的股票投機商伊東阪二相遇。就如田中隆吉所暗示的那般，大陸的將軍們因不知如何處置芳子而把她送回日本，為了與此抗衡，芳子便奔向伊東阪二，這只能說她是一位具有驚人生存本能的女性。

一方面，《男裝的麗人》在當時剛成為暢銷書，也被改編成舞台劇，吸引了眾人的目光。芳子立刻利用這股風潮，以位於麻布櫻田町的滿洲國公使館二樓作為陣地，提供「手記」給《婦人公論》編輯部刊載。可能自覺在大陸已經沒有她可以扮演的角色，但同時又看出在日本的大眾媒體上仍有大展身手的空間，她才採取這些行動。芳子利用公使館的汽車，前往銀座、赤坂、

183〔譯注〕指一九三六年二月二十六日發生於東京的政變事件。日本陸軍的部分「皇道派」青年軍官率領數名士兵對政軍高層中的「統制派」對手與反對者進行刺殺，最終政變遭到撲滅，直接參與者多被處以死刑，間接相關人物亦被調離中央職務，「皇道派」因此在軍中影響力削減，同時增加了日軍主流派領導人對日本政府的政治影響力。

184〔譯注〕「統制派」是日本軍隊中的一個派別，以永田鐵山等為核心，主張在軍部的統治下，不使用武力，而是通過自上而下的合法途徑進行平穩緩進的國家改革，且要求建立總體戰的體制並加強對軍隊的統治。

185〔譯注〕「皇道派」是日本陸軍內的一個政治派系，主要受北一輝的思想影響，認為必須在天皇親政的形式下對日本進行他們稱為「昭和維新」的國家改造，並視蘇聯為國家的敵人。

186〔譯注〕天一坊是江戶時期偽稱將軍私生子的詐欺犯僧人。

人形町等處的舞廳周旋，據說正是因為跳舞，才認識了伊東阪二（《話》昭和九年十二月號）。當時服勤於參謀本部支那課的岡田芳政上尉，某日招待芳子、阪二與參謀本部的幾位同僚，一同前往築地的料亭「錦水」用餐。當天的重點在於「步行舞的發表」，這是照著阪二作詞的一首歌：

目標在新的東洋
讓我們死於北京之城
那紫色的太陽唷，太平洋唷大陸唷

配合著歌曲旋律，僅靠身體直覺，沒有任何舞步限制，自由踏步扭擺即可的新式舞蹈，當場眾人與藝妓們共同歡鬧盡興。這首阪二作詞的歌曲，於昭和九年以《悲傷的敵人》為名，由歌手藤山一郎在勝利唱片公司錄音製成唱片。作曲者寫著增永丈夫，其實就是藤山一郎的本名，這張唱片由伊東阪二自費製作，並沒有在市面上販售。

提段閒話。日本戰敗之後，藤山某次要到大阪進行走唱工作時，憲兵突然造訪，說要傳喚他至軍事法庭。傳喚理由是因為阪二的歌詞中有「新東洋」、「讓我們死於北京之城」等侵略性字眼。在曾根崎警察署聽取調查之後，因為藤山本人並沒有這種意識，因此當然立刻獲釋。

這件事情是藤山自己在昭和五十六年十一月七日的ＮＨＫ「歷史的招待」節目中所說。

岡田說當天夜裡芳子與阪二一同搭著別克汽車離開了「錦水」。提到唱片，昭和八年有一張由川島芳子作詞，杉山長谷夫作曲的「商隊之鈴」（キャラバンの鈴）唱片，由東海林太郎所唱。芳子寫的歌詞如下：

〈商隊之鈴〉

寬廣的沙漠　遙遠荒涼
乘著駱駝的商隊
踩雪踏向他方
給留在村里的戀人
送上別離的信物
鈴鐺在駱駝的頸項上鳴響
雪地的沙丘上　映照月光
憶起離別之夜
駱駝背上　胡琴聲響

磨亮駝鈴
年輕人夢見了
姑娘的手指
在遠方的故鄉

前述村松梢風在芳子遭處刑七年後，發表在《All讀物》的散文中，說明了這張唱片發售的經過，現抄錄如下：

……她去的地方總是人山人海。廣播局委託她來做一場演講。川島做這種事情相當得心應手。（中略）約定要講三十分鐘，但大約在二十五分鐘時便講完了，這時候她突然說：「還剩下一點時間，讓我來唱首蒙古的歌曲給各位聽吧。」

因為時間還綽綽有餘，她一口氣便唱了兩首。沒多久聽到這次廣播的哥倫比亞留聲機公司就跑來委託我，說：「川島小姐唱的那首蒙古歌曲，請務必讓我們收錄成唱片。」

話說回頭。伊東阪二出生於三重縣鈴鹿郡加太村，本名松尾正直。伊東阪二這個稱號，據說包含了伊勢的「伊」[187]、東京的「東」、大阪的「阪」，而他希望能在東京、大阪「二」大都市皆功成名就，所以取了這麼一個凝聚他自身願望的名號[188]。他的父親也是股票操盤手，因為投資稻米期貨失敗而散盡家財。即便如此，阪二仍以父親的職業為目標，隻身前往東京打拼。

筆者參考ＮＨＫ放送整理的《歷史的招待．23》，試圖理解當時三十五歲左右的青年股票操盤手如何能夠累積如此龐大的財富，發現他成功的契機原來始於昭和四年，因為紐約華爾街股票大跌造成的世界經濟大恐慌。昭和五年一月，濱口雄幸[189]首相宣布解除日本的黃金出口禁令，希望藉此擺脫經濟不景氣，結果卻造成反效果，讓所有股票齊聲下跌。而阪二看準逢低買進，趁機收購低價股票。到了同年十一月十四日，濱口首相於東京車站遭佐鄉屋留雄槍擊，身負重傷。黃金出口解禁後，不景氣狀況與日俱增，但抓到時機的阪二卻有如賭博中了大獎一般，很快地便賺到一百五十萬日圓（約略今天的十五億日圓）。說句題外話，憲立曾經指導過前述的佐鄉屋如何使用手槍。

昭和六年九月十八日，隨著九一八事變爆發，股價再次狂跌。當時人們剛從黃金出口解禁的震撼中恢復過來，市場上瀰漫著一股不安的氣氛，九一八事變發生三天後英國也解除黃金出

187〔譯注〕指其出生地，舊屬伊勢國。
188〔譯注〕依據伊東的自述，「二」應該是指他自己「二」度重生之意。
189〔譯注〕濱口雄幸（1870-1931）：日本大正、昭和初期政治家，日本第二十七任內閣總理大臣。

口禁令，再次造成市場的大混亂。阪二立刻入場，再次蒐購大量股票。

昭和六年十二月十一日，繼續保持黃金出口解禁政策的若槻禮次郎[190]內閣總辭，結果股價立刻暴漲。這次聽說阪二共賺進了三百萬日圓。兩次都能猜中大獎，可以歸功於他本身擁有獨特的情報網絡，聽說這個網絡裡包含了若槻內閣的外交大臣安達謙藏[191]、政友會的久原房之助[192]、越後的石油王中野忠太郎[193]等重量級人物，但不知是真是假。不過阪二會與川島芳子這位在關東軍參謀底下參與過一二八事變的女性交往，不難聯想他對於芳子的個人直覺與廣大人脈，應該感到相當心動。事實上，阪二曾經在滿洲持續度過一段放浪之旅，甚至與蔣介石政權的領袖李宗仁[194]見過面。

昭和六年十二月十五日，伊東阪二捐贈了一萬日圓給日本陸軍省，報紙報導了這位三十四歲單身青年的「善行」，引起了眾人的注意。當時的一萬日圓，大約等於現在的一千萬。昭和七年，他由東京的兩國國技館（今日大講堂）開始，請來谷川徹三[195]、廣津和郎[196]、大宅壯一[197]、永井柳太郎[198]等人，展開日本全國性的大型巡迴演講，四處提倡日本國民主義。接著發行《日本國民》雜誌，邀請北原白秋[199]、市川房枝[200]、岸田國士[201]等知名人士執筆，八月號封面打出「紫色太陽號」，伊東阪二簡直處於所向披靡的狀態。接著他收購了德富蘇峰[202]創辦的《國民新聞》，自己坐上社長的位置，此時他的主張已經從「日本國民主義」擴張成「新東洋主義」，思想主軸是將中國大陸納入日本手中，統一亞州，藉此與西方對抗。

190〔譯注〕若槻禮次郎（1866-1949）：日本大正、昭和初期政治家，日本第二十五、二十八任內閣總理大臣。

191〔譯注〕安達謙藏（1864-1948）：明治至昭和時期的日本右翼政治家，在朝鮮辦過報紙，做過戰地記者。曾帶著浪人砍死閔妃，組織過政黨，被稱為選舉之神，當過兩屆內務大臣，是以實際行動和軍部合作的頭一人。

192〔譯注〕久原房之助（1869-1965）：日本實業家，二戰甲級戰犯。田中義一任首相時曾任內閣遞信大臣。七七事變爆發後，提出向中國「進擊」的口號，推動日本進一步建立對華戰爭體制。戰後曾為中日邦交正常化做出貢獻。

193〔譯注〕中野忠太郎（1862-1939）：出身新潟縣，繼承父業開採石油，一九〇六年成立中央石油株式會社（一九一四年改為中野興業株式會社），以採油致富，並致力開墾農林土地。

194〔譯注〕李宗仁（1891-1969）：國民革命軍陸軍一級上將，中國國民黨新桂系首領，曾任中華民國首任副總統、代總統。

195〔譯注〕谷川徹三（1895-1989）：日本哲學家、評論家。

196〔譯注〕廣津和郎（1891-1968）：日本小說家、評論家。

197〔譯注〕大宅壯一（1900-1970）：日本社會評論家。

198〔譯注〕永井柳太郎（1881-1944）：日本政治家。曾任《新日本》雜誌主編，幣原喜重郎的外務次官，以提倡日中提攜論出名，九一八事變後轉向帝國主義。

199〔譯注〕北原白秋（1885-1942）：日本詩人。原名隆吉。曾在早稻田大學學英文。一九〇六年參加明星社，不久退出，一九〇八年創立牧羊會。翌年發表第一部詩集《邪宗門》，因此揚名。

200〔譯注〕市川房枝（1893-1981）：日本婦女運動者、政治家。曾任參議院議員。

201〔譯注〕岸田國士（1890-1954）：日本劇作家、小說家、評論家、翻譯家。

202〔譯注〕德富蘇峰（1863-1957）：日本政治家、報人、歷史學者，曾任大日本言論報國會、文學報國會、大日本國史會會長。二戰後被認定為甲級戰犯，但最後獲得不起訴處分。

昭和七年五月十九日，伊東阪二在東京《朝日新聞》上刊登全版廣告，內容則是他的演講內容「伊東阪二氏談」，不管是內容還是文體皆十分詭異。從他刊登了一張在朝日講堂內以「理應成為全球注目焦點的新日本國民主義」為題的演講照片來看，或許這是為了新雜誌《日本國民》做宣傳，而他寫的文章擷取一段如下：

人類的桂冠，「世界第一」這四個字，朝著日本，如燕子一般飛越太平洋而來。接著千萬隻健康的燕子朝向大陸狂飛亂舞。地球如車輪一般喀啦喀啦地轉動，光亮時時刻刻照耀著日本。（中略）數千年的旭日、山岳、森林、小鳥、藏有無盡美魚之海、日本米、田園、寧靜的雪、傳統的勇武、任俠的血液，日本國民不可忘懷無數的世界第一。每天早上睜眼醒來，內心充滿喜悅，都不知道自己還活著。

作家村松梢風與文藝春秋特派員平野零兒，都評說芳子與阪二的組合是「天生的一對」（《話》昭和九年十二月號），確實這兩位給人一種物以類聚的感覺。但對於阪二與芳子這對組合，聽說川島浪速非常震怒。

一方面，這與阪二這個「後生小輩」所提倡的詭異「新東洋主義」，竟然和川島過往的主張有些似是而非這點可能多少有點關係；另一方面，已經年近七十的川島，大概也對芳子如此心無定性感到不快。彷彿要印證川島的不悅一般，阪二在日本國民社當社長僅五個月就下台了，自辦的《國民新聞》也只運作了三個月便放手，兩邊都處於營運不善的狀態。芳子寫了一封態度恭謹的道歉信給川島，該信川島轉交給本多松江，據聞之後長期由本多家保存，但松江過世後家中遭到祝融，該信化為灰燼。本多家還收藏了芳子親自繪上玫瑰的洋傘，但也都在該場大火中付之一炬。

伊東阪二與芳子的住宅位於東京九段的白百合高等女校附近。依據依然健在、現居於東京日野市的副島昭子——順帶一提，昭子的父親副島八十六當時在日印協會[203]非常活躍——說：

> 九段的住宅我可記得很清楚。芳子的寢室由綠絨緞配著大紅地毯，相當氣派，入口還寫著「司令室」。佛壇的牌位上貼了張紙，以芳子的字跡寫著「御先祖樣」[204]，客廳掛著竹簾，風格異常詭異。開賞月派對時，會找來水谷八重子、栗島澄子等女明星，場面熱鬧非凡。我沒遇到過伊東阪二，說他們住在一起幾乎都是謠傳，她的家人還有千鶴與彼得，偶爾也會見到廉子的身影。

203〔譯注〕日印指「日本—印度」。

204〔譯注〕諸位列祖列宗之意。

千鶴是芳子在上海時期認識的一位女性，之後一直跟在芳子身邊伺候她，在村松的小說中直接以本名登場。根據芳子的手記，熱河作戰她就任安國軍司令時，「親切的千鶴無論如何要陪我一同前往熱河，我罵了她一頓要她留下，還拜託其他人把她帶回她父母身邊。這次來日本她也一同前來，真的讓我感到非常開心」。因為有這段記錄，所以知道千鶴是跟著芳子一同回到日本的。千鶴從昭和六年開始，與芳子同住了約三、四年，之後結了婚過著幸福的生活，目前在千葉市過著安穩的日子。至於彼得，我嘗試詢問住在松本的川島廉子，她說：「當時還是個七、八歲的小男孩。芳子姑媽說彼得是蘇炳文的遺孤，是真是假我就不清楚了」。

總之，遭到關東軍疏遠冷落的芳子，翩然返回日本，利用過往「男裝的麗人」虛名，成功在日本再度成為「話題人物」。

形式上的日滿親善

養父川島浪速與芳子相反，如前所述，昭和六年他再度移居大連並四處發送問候信，告知大家他已重返滿洲，但不過三年，他又返回松本，過起閉塞苦悶的日子。昭和九年三月一日，溥儀由執政改即皇帝位，改年號為康德，至此川島念茲在茲的王國夢想已經完全被截斷。這個時期唯一能讓川島寬心的，只有靠著小盜兒市場的資金收入，照顧日本留學中的肅親王諸阿哥、格格，以及養女廉子等這些事，能夠讓他稍微轉移注意力。昭和十年一月七日，或許是可憐養父的悲愁，又或許是為了挽回自己的不定心性，芳子大力企畫川島浪速的古稀生日宴會，還與廉子一同穿著振袖和服出席。芳子從東京寄送給親朋好友的招待信內容如下：

恭賀新禧。我回到令人懷念的日本了。在這個皇太子殿下誕生的光輝春日[205]，能夠在自己成長的故鄉迎接各位，打從內心感到歡欣。前年返鄉之際，因為行程過於密集，無法得空一一問候諸位，旋即匆匆返回滿洲，內心一直過意不去。本次適逢家父古稀之慶，為了感謝各位平日的照顧，特別騰出時間，不遠千里跨海趕回參加慶祝，承蒙諸位一向照顧任性的家父，內心不勝感激。雖然短短一、二天並無法回報諸位平日照顧之恩，但有幸於一月七日父親生日之際，敬邀諸位前來小柳之湯一聚，希望能陪伴老父圍爐一夜，並接受我發自內心的感謝之情。請務必排除萬難大駕光臨。說這句話有所僭越深感惶恐，但老父的一生，確實都奉獻給了日本與滿洲。

我身為人女為了感謝父親，還帶回了滿洲國民的許多留言，民眾都一致認為，雖然年事已高，但仍希冀家父能在滿洲為大眾服務。承蒙聖恩，康德皇帝陛下也同樣傳此聖意。垂垂老矣

205〔譯注〕祝賀昭和八年皇太子誕生的詞彙。

的父親，不知何時又得遠離諸位的溫馨懷抱，旅赴滿洲曠野，我也為了奉獻己身給日滿支[206]，恐怕一生一世都必須在風雨中勞動，屆時不知何時才能再度與諸位相逢，或許那天將會是我們親子的忌日吧。於此再度誠摯邀請諸位的大駕光臨。

敬啟

會場　淺間溫泉　小柳之湯

時間　昭和十年一月七日午後六時

當時已經分居一段時間的夫人川島福子，以及嫁給相蘇、佐佐木等人的川島親妹妹們等，共有一百十多位來賓到場，分用了小柳之湯的兩間大客房舉辦這次盛會。位於二樓的第一會場採支那式的裝飾，會中先表演了能劇狂言、清元、松本民謠等助興，餘興演出後則是古稀祝賀儀式。儀式結束前，在松本第五十步兵連隊長田畑八十吉少將發聲帶領下三唱大日本帝國萬歲，接著由原滿蒙義勇軍的入江種矩帶頭三唱滿洲國萬歲，才結束祝賀儀式。儀式之後移往第二會場開始餐宴。

根據《信濃每日新聞》報導，芳子於宴會前一天的六日清晨六點二十四分抵達松本車站，帶著二十幾名部下，身穿大小姐樣式的女裝，報導中並指出預定「聚集一百三十餘人於小柳之湯」舉辦宴會。伊東阪二、馬占山的兒子[207]，以及芳子稱為彼得、對外宣稱是蘇炳文遺孤的少年等人，也都列席參加。當日留下一張照片，畫面中短髮的芳子頭戴日式島田假髮，與廉子一同穿著振袖和服，兩人站在浪速的身旁。

一月九日的《信濃每日新聞》刊載了這張照片，並以如下標題報導本次宴會的模樣：

黑髮的島田髮髻　不愧是日本女性的模樣
一場描繪「總司令」頭銜的喜劇
浪速翁的古稀雅宴

在場的人們自然都關注芳子將如何致詞，但意外的她只說了句「心中感觸太多，現在什麼話都說不出來」，接著以「花費八百日圓的精美華服的袖子掩面」下台。不過在她身旁「帶來的二十幾名精悍男子一直對總司令」隨侍在側，「芳子表情看來有點怪異，但看著這些奇妙男子們在她這位豔麗日本女孩的面前，欠身低頭畢恭畢敬的模樣」，可以感受到芳子實際上應該

206〔譯注〕指日本、滿洲國、中國。
207〔原注〕當時馬占山在蘇聯逃亡中。

也相當「愉快」。

芳子親自「配合著松本藝妓的三位線琴聲，唱了一曲長唄鶴龜」，與廉子一同「身穿大紅無袖日式背心，頭戴頭巾，腳蹬日式襪子」，綵衣娛親般給浪速祝壽，宴會一直持續到晚上十二點二十分才結束。浪速「事前完全不知道芳子做了那麼多安排」，似乎對這一切都感到相當驚訝，實際上芳子進行了綿密的企畫與監督，事先給了算是浪速祕書的原田鉄道兩千五百日圓，指示他打理一切，當天來了兩輛卡車，送來印有川島家家紋的布幕、從高島屋特別訂製的整齊工作服，除此之外還從東京請來能劇狂言、清元傳統樂曲的師傅等。新聞報導的結論中引用了一段芳子隨行部下的話：

相信大家也都很注意司令今後的動向。（中略）她已經在天津準備一棟稱為王公館的宅邸，現在正祕密規畫定居事宜當中。

透過這則報導可以察覺，芳子也沒忘記利用此次機會替自己進行宣傳。不過，這個生日宴會的真正幕後功臣——也就是被視為出資者的伊東阪二——卻因為對東京與大阪的投資家們策動了四十七件詐欺案，在同一年也登上新聞版面。昭和十四年，伊東阪二因為同樣罪狀，原本預定於大阪地方法院進行公開審判，最終以羈押時罹患拘禁性精神病為由獲得假釋，但仍屢屢實行詐欺行為，到了芳子被處決的昭和二十三年，他遭到大阪府警的檢舉，之後便消失了蹤影，至今仍無他的消息[208]。

很奇異的，阪二與芳子，大約都在同一時間從世界上消失了。川島浪速與芳子間的關係，似乎也以此次古稀祝壽為界，之後便逐漸疏遠。日後在東京軍事審判上擔任過律師的林逸郎，曾於昭和三十四年八月《日本週報》雜誌的增刊號上提到，昭和十年春天，他受愛國黨的岩田愛之助與天行會的頭山秀三[209]等人邀請，前往國技館看相撲，當天枡席[210]上，芳子穿著淡紅色友禪振袖和服，腰纏紅底縫金銀線的和服腰帶，頭梳日本傳統髮型，手拿牡丹圖繪扇突然出現，對岩田愛之助「盡情撒嬌」，吸引了館內觀眾的注目，讓林逸郎感到非常困窘。岩田愛之助之前已經提過，就是那位拿手槍給芳子，害她自殺的始作俑者。陸軍軍官、股票操盤手、右派軍國主義壯士，圍繞芳子身旁的淨是一些驚人的奇人異士。這時不禁回想起憲立曾經脫口而出：「圍繞她身旁的人，都太過低俗了。」[211]

208〔譯注〕作者對伊東阪二的考證似乎有誤，一九六七年伊東因前述一九三五年案件再度被大阪地方法院傳喚，死於一九六九年，並非如作者所云自此不知去向。

209〔譯注〕頭山秀三（1907-1952）：日本昭和時代的國家主義者。頭山滿三子。

210〔譯注〕在地上以格子隔開的類包廂座席。

211〔譯注〕根據作者第一章的寫法，憲立所說的這句話是「圍繞她身旁的人，又多為庸俗之輩」，此處變成「太過低俗」，略有出入。

昭和十年四月六日，滿洲國皇帝溥儀造訪日本。當天日本天皇親自出迎由橫濱港搭火車來到東京車站的皇帝，市民們手上各自拿著黃底左上角塗有紅、藍、白、黑線條的滿洲國國旗。此五色，意味著漢滿蒙和朝，五族協和之意。滿洲國皇帝此次造訪停留十天，停留一周後的四月十三日，滿洲國侍衛處長工藤忠以滿洲國皇帝特使身分，造訪了芳子位於九段的宅邸。川島浪速與入江種矩等人共同迎接皇帝特使。入江種矩曾在巴布扎布將軍麾下為第二次滿蒙獨立運動奔走。特使帶來皇帝賜予，印有蘭花章[212]的九百五十銀兩，菸草盆一對，點心錢等。在川島的傳記中提到，最初聽說要謁見皇帝時，他還一度辭退過。

對七十歲的川島浪速而言，這或許是他最後一次出場的機會了。迎接特使當天，浪速來到位於九段的芳子住宅，站在客廳的桌子前面，身穿燕尾服頭戴大禮帽。現在還留有一張當時他身旁站著入江種矩和祕書村井修的照片。而這天引導工藤忠從大門走到玄關的，是身穿「軍服」、頭理短髮的芳子，黑姬山莊保存會事務局也保留了這張不知由誰拍攝的照片。《川島浪速翁》傳記發行於昭和十一年三月，也就是迎接特使的隔年。此外，滿洲國皇帝訪日兩年後的昭和十二年四月，嵯峨實勝侯爵的女兒嵯峨浩，嫁給了滿洲國皇帝的弟弟溥傑，成為妃子，而滿洲國皇帝卻一直沒有子嗣。這種形式性、表面性的日滿親善，仍然繼續進行當中。但在這一年的七月七日，爆發了蘆溝橋事變，打開了中日戰爭的封蓋。

從皇帝訪日到中日戰爭為止的兩年期間，大概是芳子人生最混亂迷惘的時期。

復辟的夢想已然絕望，養父蟄居在黑姬山中。與伊東阪二的豪華生活如一陣暴風雨過後便煙消雲散。當時對外宣稱生病療養當中的芳子，偶爾也會來到松本。罹患的病名並不清楚，但這段期間為了止痛，芳子經常從大腿自行注射藥品。也有謠傳說她染有毒癮，對此小方八郎則直接否認說：「那不是毒品，只是市面上販售的 Forskolin 注射藥。是由我去藥局採買的，絕對沒錯。」

可以確認的，只有芳子出現了非得使用止痛劑不可的症狀。關於此點可從以下兩個線索來思考。其一是拿手槍自殺的後遺症。打中背後肩胛骨的彈頭，由北京同仁醫院院長飯島庸德博士取出，手術當時憲立也在一旁陪同。姪女廉子也說：「芳子偶爾會說第二節脊椎痛，也聽說過那是骨潰瘍之類。她也讓我看過左胸上的槍傷。」

其二，是芳子自己在手記中所寫，九一八事變時，在洮南與張海鵬交戰中槍，當時被抬到四平街某日本人家中，是連呼吸與脈搏都停止的重傷。另外奔走於各地戰場的她，身上似乎也有多處負傷。

再度話說回頭。蘆溝橋事變發生之前四個月，也就是昭和十二年三月二十三日，芳子被邀請去參加由松本高女同學會主辦的新入會員歡迎會。雖然沒有人能夠正確記得當天的演講內

212〔原注〕滿洲國皇帝的徽章。

容，但她穿著藍色西裝登台的模樣，至今仍烙印在眾人腦海。芳子在教職員室與校長森下二郎並排而坐的照片，至今仍由同學會所保存。

當天夜裡，芳子換下西裝，改穿上旗袍，又趕到松本市的公會堂進行演講。會場人山人海，幾無立錐之地，無法擠入會場的人從公會堂正面玄關，一路排到附近四柱神社的區域內，二十五日的《信濃每日新聞》甚至以「彷彿搶購三千日圓勸業債券時的悽慘情景？」的新聞標題來形容。當天首先由小里賴永市長致詞，接著由前松本第五十步兵連隊長田畑八十吉少將介紹芳子，之後由祕書攙扶著甫病癒的芳子上台。芳子自己說，「我因為戰爭受傷已經成為廢人了」，不過閱讀新聞報導的演講內容，似乎都集中在對日本人的激烈批判上。

例如開頭時她先說，「今天出席的各位，似乎都對我個人有興趣」，接著是「如果在滿洲的日本人能將各位這份好意的萬分之一，分給我的同胞們」，那我們將會何等的心懷感激，如此直截了當地向聽眾訴求。她接著說明，當今在支那或滿洲的日本人，許多在日本內地都是不被當回事的失業者，因為利益薰心，想要一攫千金而前往大陸，「使支那人恐懼，讓他們害怕……」，話題就此展開，之後她更進一步闡明，日支親善不應該靠特權階級的那套方法，而必須從民眾層級開始握手互助。

發生戰爭時，我挺身而出，為了鎮壓撫慰爭端而奔走。

征伐者與被征伐者都應當留心，
無論征伐或被征伐，都是同胞。
只要我還存有這樣的想法，我就不是一心只為戰爭的司令官，而是為了阻止戰鬥的司令官，為了達到這個目的，我將繼續傾全力奮鬥。

最後，她還指責現在日本對支外交政策，就像拿胃藥去治肺病患者一般，方向完全錯誤。

日本的士兵會被當成護國英雄，祭祀於護國神社，但我的部下卻只能埋在荒野蔓草中，誰也不會看他們一眼。

最後她提出一個訴求，認為應替滿洲護國的英靈們建立護國神社，以慰他們在天之靈。報導標題是「男裝的麗人．悲情訴願，放棄親善二字吧。拿胃藥治肺病的對支政策」。這與前述《婦人公論》上的手記一樣，都在諷刺推出傀儡滿洲國的日本，加上替受侵略的同胞提出抗議。確實，她的言論缺乏一貫性。但筆者反覆想強調的，是其內心深處仍與民眾、農民站在一起，只有此點我們不該看漏。至少想就此判斷她背叛民族，恐怕仍嫌過早。

曾經擔任過片倉製絲松本工廠事務長，現為眾議院議長的福永健司，於昭和五十九年

（一九八四）五月九日在《日本經濟新聞》〈我的履歷書〉專欄中，提到了他與療養中的川島芳子交談的模樣。「昭和十一、二年左右」[213]，當時傳說芳子到日本是因「胸口遭手槍擊中，為了取出子彈之故」。在松本的中華料理餐廳中，芳子慷慨激昂地對福永批評日本的大陸政策：

持續這樣下去，日本的大陸政策必然要失敗。如果推行的政策不能讓中國人與日本人更加相互理解，那麼雙方國民都將陷入困境。像土肥原那般，乘馬車巡視市區時，竟然要中國人全部跪下，這萬不可取。

芳子眼淚盈眶，對著永福說，自己為了拯救這兩個民族，決心前往滿洲。現在居住於松本市的小松蒼一手邊仍保存著一幅有芳子落款的捲軸。捲軸的來歷是，聽說有段時期芳子都騎馬去松本高女上學，當時她身邊有位隨侍的馬倌憲兵，這捲軸便是送給那位憲兵的，後來該憲兵又轉贈給小松的岳父。捲軸上以落落大方的字體，行雲流水般寫下「當日本人之前必須先當亞洲人」等寥寥三行。如果參照前述芳子說的無論征伐或被征伐，都是同胞的想法，應該足以表現出她有多期望日支兩國間能保持和平。福永最後結語說，在那個時代芳子「不畏懼軍部，強硬批判大陸政策的勇氣與熱情，令人景仰」。現存芳子的照片中，有張推估應該是這個時期拍攝的。照片中她穿著日式短外套與褲裙，腳上套著厚底木屐，與川島浪速並列，立於川島家的墓前。或許是我的錯覺吧，神情憮然的芳子，似乎帶有一絲怯弱。

中華料理店東興樓的女主人

昭和十二年六月十一日的《每日新聞》南信版中刊載了一篇名為「男裝的大小姐川島於溫泉養傷」的文章，傳達了芳子在善光寺溫泉的消息。

溫泉也為建設滿洲樂土做最大的努力[214]。為了日滿兩國東奔西走，幾無寧日的男裝麗人川島芳子小姐，因百靈廟事件[215]所受的槍傷至今未癒，今春以來回到養父浪速翁膝下休養，兩、三天前突然偕同浪速翁與二名親信投宿長野市郊外善光寺溫泉。浸泡於映照綠葉的湯泉中，享

213〔原注〕依照原文。
214〔譯注〕根據下文的報導，此句應指溫泉療癒了為滿洲盡力的浪速與芳子，因此等於「溫泉」也在為建設滿洲盡一己之力。
215〔譯注〕應是指一九三六年十一月的百靈廟戰役，又稱綏遠戰役，國民革命軍的綏遠軍和日本資助的蒙古軍於綏遠省東部一帶發生戰鬥。

受附近裾花峽一代寬廣的景緻與清爽的初夏氣息，安然療養。九日前往溫泉旅館拜訪，適逢她拿著小型注射器正往腿部注射葡萄糖。

報導說明，芳子大約一個月後將再度啟程前往滿洲，發給部下們獎金後會立刻回到日本信州。

四個月後，彷彿要證明此事一般，《每夕新聞》刊載了一篇報導，但並非芳子給部下發獎金，而是在天津開了一家名為東興樓的中華料理店。

根據木村特派員於昭和十二年十月二十三日發的報導，位於天津日本租借松島街的東興樓，「建築宏偉，包廂甚多，庭院寬廣。服務生皆為男性，約有四、五十名」。芳子聽到過往指揮的部下們說，現今老家排日風氣正盛，因此無家可歸，為了替這些人安排一個工作場所而開了這家餐廳。所以才全都是「表情精悍不苟言笑」的男服務生。

東興樓為了皇軍官兵，提供從茶果接待到入浴等服務，「讓即將往赴前線的官兵內心獲得激勵，讓甫從前線歸來的將士獲得慰藉」，為此芳子也換下男裝，改穿樸素的絲綢和服，勤快地走動工作。

記者訪問她：「妳突然出現這麼重大的改變，是為了替結婚做準備嗎？」芳子則回答：「唉……像我這樣的人誰願意娶我？」說罷還嫣然一笑。

報導標題是「欲披嫁裳／款待皇軍兵士／捨棄男裝後的婉約身段」。最後芳子自稱「五黃之寅」[216]，在東京已經縫了二十四個「千人針」的結眼[217]。記者說：「這是第一次聽到由本人親自說出口，芳子大小姐生肖五黃之寅，二十四歲。」「她看起來比實際年齡老，但靠近後看到臉上的光澤與眼中的稚氣，果然是年輕的大小姐」，最後記者以「五黃之寅小姐」作為文章總結。但是，昭和十二年並非寅年而是丑年，而且生於明治四十年的芳子，實際年齡應該是三十歲。

芳子雖然經營著東興樓，但仍經常往來日本。接下來她的足跡踏向福岡，與小方八郎熟稔，大概就在這個時期。當時福岡有位知名刑警名為柴田長男，大家習慣稱他「柴長」。昭和五十三年十二月，《西日本新聞》報紙上開始了〈柴長事件簿〉的連載，也就是由他口述、有人幫忙謄錄的個人辦案經歷。其中第十三回及第十四回中，柴長刑警說自己被於昭和十三年前來福岡的川島芳子「耍得團團轉」，連載題名為〈鐘錶竊盜事件〉。內容要約如下。

因為川島芳子是「以進攻大陸為目標的日本軍閥偶像，因此經常被體面地利用於宣傳與安

216〔譯注〕紀年法之一，以九星的「五黃土星」搭配十二支的「寅」，故稱之。

217〔譯注〕「千人針」為一種日式祈福手法，一片縫布上打上一千個結眼，攜於身上可保戰場上平安。由一千名女子，一人一針縫上，而寅年（也就是虎年）出生的女性屬於特例，可以縫與自己歲數相當的結眼數，因此川島芳子說縫了二十四個結眼，等於自稱二十四歲。

撫工作上」，當時她長期旅居於福岡市，赤松小寅知事以「國賓」等級的方式進行接待，特別安排貼身警衛給她，而柴長刑警也在其中。她頭頂短髮，穿著白色雙縫絹織和服，雖說是來休養，卻不斷進出一流大飯店、九州大學醫院，甚至還到市內大名町醫院、東中洲的料亭餐廳等地，四處玩耍。而且她都從傍晚才開始動身，害得身旁負責警衛的警官們都惱於睡眠不足。芳子不知為何相當中意柴長刑警，甚至准許他自由進出自己房間。

沒多久芳子便開始聲稱，飯店經理要求了不當的住房金額、寄放旅館的金錢被挪用、九州大學醫院的藥劑師收取過量的醫藥費、市內某醫院的院長強吻她等。柴長刑警逐一調查之後，發現全都是偽報。某天，芳子報案，說自己鑲滿鑽石的手錶於中洲的旅館遭竊。今天的柴長刑警在九州太宰府過著悠然自得的日子。當我前往拜訪這位生於明治四十年、現在依然矍鑠的柴長老先生時，他告訴我：「東中洲的旅館清流莊，位於那珂河與博多川匯流的三角地帶。我進入她房間後，刑警的直覺告訴我，這種地形不可能有外部來的入侵者。」

柴長刑警在芳子周遭逐一進行縝密調查，最終找到了位於橋口町的牙科診所，芳子曾經來此看診。詢問牙醫後，知道她當時寄放了一個茶色的牛皮紙信封，請求放保險箱中保管。在未經許可的狀況下無法打開牢牢封死的信封，為此柴長刑警還特別拿到九州大學照 X 光，這才確認信封內確實是鑽石手錶。當天從刑事課長以下的搜查人員，為了調查證詞，全員留下來忙到了凌晨一點，這個非普通人活動的時間，卻正好是夜間活動的芳子活躍期，因此她毫無問題地全面配合。當天她按時間依約前來，也是穿著充滿戲劇效果的白色雙縫和服與草鞋，她似乎相當喜愛這身打扮，不過其他不少人也說「去醫院探病時看到對方穿著白色和服躺在床上，不嚇破膽才怪」。

當天當警方出示X光照片時，對於警方的進逼，她眉毛動都沒動地回答，她有兩支同樣的手銬，一支寄放在牙科醫師那裡，另一支被偷了。柴長刑警憤而踢翻椅子離席，結果事件並沒有得出結論，就這麼馬虎帶過了。幾天後，柴長刑警收到一封來自芳子的長信，寄信人寫著金壁輝，內容說自己將離開福岡，至於手銬，最初就只有寄放在牙醫師的那一隻，給眾人帶來困擾，慎重向大家道歉。柴長指著自家牆壁上的書櫃說，「那封信應該就夾在這堆書裡頭，但總是找不到」，一副遺憾的模樣。

類似這樣的事件還有一起，被稱為「五千日圓騷動」。芳子謊稱房間內被偷走五千日圓，但小方八郎從一開始就知道她把錢藏在桌子底下。但芳子嚴重警告小方不可洩漏，而小方身為忠實的祕書，也絕口不提。結果，因為能夠自由進出芳子房間的，只有祕書小方一人，害他還被警察拘留了一晚。

那個人沒有什麼惡意，就是喜歡捉弄大家引起騷動。或許是想排遣寂寞吧，這部分的性格我真的是搞不懂。

我把小方難得透漏給我的這個故事，轉告給柴田長男，他聽罷後略有深意的做了一段發言：

芳子似乎對日本抱有一種反感。包括我在內，日本的官僚們都被她牽著鼻子玩弄，我只覺得她的目的就是要找麻煩而已。

柴田的這段話，《西日本新聞》也有引用，聽完後在我內心留下一股微妙的感受。這段期間芳子往返於福岡．東中洲的旅館清流莊、天津．松島街的東興樓，以及北京．東單牌樓無量大人胡同的寓所。打著芳子自傳名義，前揭的《動亂之蔭》一書中，如此描述當時的情景：

> 事變[218]開始之後，我的餐館東興樓好像就成了軍隊的專用店。餐館的中庭擺著成吉思汗鍋，大家可以站著吃成吉思汗料理，還成了天津的名產之一。對於即將前往前線的官兵，或是剛從內陸回來的人士，都把此處當成無上的休憩場所。來本店的士兵們，都可免費享用茶水與點心，藉此對日本勇士們聊表感謝的心意。為他們服務的，也是過往輾轉滿蒙曠野中參與過熱河討伐戰，與日本軍、滿洲軍共同活躍於戰場的定國軍[219]勇士們，因此他們也能深刻體會日本勇士們的心情。店內充滿了愉快的風情，洋溢著軍國主義的氣氛。

東興樓資金來源為何，又是在什麼樣的經緯下開張經營，目前仍不清楚，通說認為應該是在多田駿的幫助下，由長年擔任馮玉祥軍團長的石友三[220]出資。對於熱河作戰時擔任多田駿少將後盾，扛起宣傳撫慰工作，之後便失去實際利用價值的芳子而言，開設這家餐館，撫慰七七事變後的日本士兵，同時提供工作場所保障照顧失業中的過往部下，應該也算相當合適。日本是她父親肅親王企圖復辟時的仰賴之國，對她而言則是「養育的祖國」。而滿洲對她而言，則是「出生的祖國」。

但是，突然一道陰影籠罩下來。昭和十四年一月，一部分的媒體突然報導她死亡的消息。據說上海的英文報紙《字林西報》，以三分之二的版面刊登她死去的消息（《動亂之蔭》）。

在日本，昭和十四年五月號的《摩登日本》，則以〈妖姬於大陸凋零〉為主題進行了報導，內容說「在紀元節的隔天，失去了生命」。

昭和十四年一月四日的《大阪每日新聞》，有一篇三日發送的天津本社特電：

身為男裝的麗人，在滿洲建國史上留下華麗傳聞的川島芳子小姐，於天津法國租界受到不

218〔原注〕指中日戰爭。
219〔原注〕指前述的安國軍。
220〔譯注〕石友三（1891-1940）：國民革命軍中將。馮玉祥手下「十三太保」之一。

> 法分子襲擊，頭部受到重傷，之後被祕密搬運至日本租界的福島街共立醫院，目前仍臥床不起。
>
> 農曆臘月三十一日，芳子小姐前往法國租界的馬大夫紀念醫院探視住院的王夫人，當夜十一時突然有暴徒闖入，持手斧亂毆，王夫人當場死亡，芳子小姐頭部與顏面負重傷昏倒，暴徒趁隙脫逃。（中略）芳子小姐當前在日本租界松島街經營支那料理店東興樓，利用穿成日本公主的模樣招攬日本顧客。二日午後由馬大夫紀念醫院轉移至共立醫院時，以假名辦理住院手續，絕口不提事件內容，因為頭部受傷嚴重，謝絕一切探望，目前仍在病房內持續昏睡。

從《動亂之蔭》擷取大致的事件經過如下。康德五年（一九三八）十二月三十一日午後二時許，芳子離開北京無量大人胡同的屋子前往北京厚生醫藥塾。該塾成立之目的，在於為前線培養日本人及支那人的醫藥人員，芳子亦在此處幫忙。抵達厚生醫藥塾後，王夫人的兩位女兒趕來告知母親病篤。王夫人即蘇炳文的姊姊，過往芳子居住日本時曾在身邊幫忙。

於丈夫過世後，王太太一個人扶養兩個女兒，女兒一位十七歲，一位十五歲。根據兩位女兒的說法，王夫人受到抗日恐怖組織襲擊後，被送至法租界的馬大夫紀念醫院，但病情突然惡化。芳子據聞立刻趕往醫院探視，王夫人見到芳子時，直呼：「芳子小姐，東珍小姐。」以日支兩國的名字呼喚芳子，臉上露出欣喜的表情。

但當天夜裡十一時，兩位女兒和護士至鄰房小憩，芳子獨自一人陪伴病人時，突有三名支那人持手斧衝入，打碎病人前額。芳子奮力對抗男子們，左手無名指根遭砍，接著後腦部受到一擊。蘇炳文的姊姊與恐怖組織周邊人士有所認識，因為知悉組織內幕，為封口而遭殺害，芳子剛好也在場才被捲入事件。

清晨芳子祕書利用公共電話通知位於日本租界的天津日報社，告知事件發生，該社以電話聯絡日本租界內的警察，日本方面也委託法國租界逮捕人犯與引渡受傷病患。唯事情發展並不順利，暫且無法運送病患，芳子於馬大夫紀念醫院住院至一月三日後，才搬運回日本租界的共立醫院。根據前揭書的說法：

「在醫院度過兩個多月，被說有九成九的機會無法獲救的我，竟然奇蹟般地康復了」，但正好「兩個多月」後，二月十八日的《每日新聞》以「十七日天津發特電」報導，芳子因為遲繳房租，被令退出東興樓。「天津日本租界的知名女性川島芳子，她所經營的支那料理店東興樓，去年春天開始屋主便要求餐廳經理讓渡所有債權並離開該處，引起各方注意。遲繳房租以來歷經數月，芳子已經找不出藉口，近期將強制執行歸還房屋」。

不過，與這些紛爭無涉，日本的官兵們之後依然踴躍來訪東興樓的女主人，其中也有不少傾心芳子的人。他們當時寫給芳子的信件，不知歷經何種曲折，現今仍保留在日本船舶振興會會長笹川良一的手中。

……八月初若到北支[221]，第一件事便是去拜訪芳子小姐。憋了一年半的話題，又得徹夜不眠才說得完。

等待著能向您細細傾訴，累積了一年的思念。

——

……您曾經試著在這個時節遊賞萬壽山嗎？宮殿的黃金色屋瓦，至今依然燦然輝煌吧。大街人行道上的落葉是否已經開始嘎然狂舞作響？武昌、漢口的市鎮上的難民已經大致歸來，大概有七成了吧。不能再次聽到那懷舊的胡琴演奏，比什麼都更令人感到寂寞。這次受到北支那方面軍司令多田閣下的委託，內心感到非常踏實[222]。如果您有空閒，請再告訴我最新的動態或最近的感想。因為這次的部隊整編，我也進入支那派遣軍總司令部。山家先[223]之後有再次來訪嗎？……

多田駿中將就任北支方面軍司令官半年後，田中隆吉中將於昭和十五年三月前往山西省太原赴任第一軍參謀長，當時他也說：「她在天津經營中華料理店，聽說盛況空前，知道她生活終於有所著落，我也感到放心了。」

不過，田中在文章中繼續寫道，「可是結果仍舊是失敗的，（芳子）拜託多田將軍幫她移居北京」，在多田的庇護下生活，芳子不僅誘惑日本軍官盜賣軍方物資，甚至發生了軍官因此遭受停職處分的事情。田中從山西寫了私人信件給她，「忠告她不要做出讓自己晚年會後悔的事情」，但她只有託人捎個口信給田中，說聲多謝關照而已。從田中的文章可以感覺出他仍然對芳子有所眷戀。

軍方的燙手山芋

昭和十五年，日本正值神武天皇建國以來兩千六百年，舉國歡慶之際。汪兆銘在南京成立新中央政府，表明親日立場，而滿洲國皇帝溥儀再次造訪日本，日滿關係更加緊密。前一年的

221〔譯注〕指華北。
222〔原注〕多田駿於昭和十四年九月就任北支方面軍司令官。
223〔原注〕應是指屬於松本聯隊據說仰慕芳子的山家亨。

昭和十四年，日本政府決定將滿洲開拓地國有化，承認「永代耕作權」[224]，並不斷送入滿蒙開拓青少年義勇軍。在日本政府的國策與方針如此明確的情況下，芳子已經無用武之地，不管從哪個角度看來，這時她不過是一位天津餐館的女主人而已。

如前文提及，昭和十五年五月八日，芳子的姪女廉子在大連市監部通泰華樓禮堂與薛錫三完婚。比芳子晚十年到日本的廉子，已經入籍川島家，嫁給了合適的對象，逐步邁向穩定充實的人生。與其相反，芳子的立足點仍然如此不安定。「不，與其說不安定，不如該說她被環境所迫。上海一二八事變時，芳子的確起到了一些作用，但當中日戰爭爆發之後，我認為芳子反而成了軍部的眼中釘。」這是憲立提出的看法。

而就像是要證明憲立的說法一般，笹川良一此時開始計畫要殺害芳子。

昭和十五年六月，身為國粹大眾黨總裁的笹川搭乘政黨專屬飛機「國粹號」前往滿洲與北支進行慰問行程，當他途中住在北京的翠明莊旅館時，舊識由利少尉跑來轉達北支方面軍司令官多田駿中將的命令，說要「收拾掉」芳子，並明白表示會有此舉是因為芳子「讓人頭痛」。

> 過去上海時期時，她在特務機關田中隆吉少校底下作為情報員，確實有些功績，不過，最近軍方開始覺得她是個燙手山芋了……

由利如此轉達，並與笹川商量：

……軍方把人利用完便收拾掉，雖說多少有點過意不去，但要收拾的其實是那些違反道義的行為，關於這點，我可是非常想殺掉她。

山岡莊八[225]所寫的《破天荒——人間笹川良一》一書中也有提及此事[226]。根據該書，笹川如此回答：「真是個殘忍的話題。好吧。接下來我會與芳子見面，妥善處理此事。」

笹川趕往位於北京北池子的芳子居所，在入口站有憲兵把守的房間內，笹川告訴芳子事情大概，芳子淚眼婆娑地告訴笹川，這條性命就交到他手上了。當天之內，笹川便把芳子帶至大連過往川島浪速的住處安頓，稍後笹川返回日本時，芳子也尾隨赴日。根據笹川的說法，芳子選擇在熟悉的福岡住下，並一直仰慕著笹川。

224〔譯注〕永久耕作權之意。

225〔譯注〕山岡莊八（1907-1978）：日本小說家。其作品主要是以歷史小說為主。戰後，以其暢銷長篇歷史連載小說《德川家康》成為著名作家。

226〔原注〕該書中寫著由利少將，但並無此人，依據笹川的記憶應該是少尉。

笹川回想當時說：「每次問她，都說自己二十七歲。不過不知道是誰教養她的，每回都把我換下的褲裙折得整整齊齊，讓我相當訝異。因為在那個時代已經沒幾個女性會折褲裙了。」

對笹川而言，他想要善加利用芳子的名聲，所以也委託過芳子到笹川領導的大眾黨進行支援演講，但她卻發生過演講途中突然下台的情況，造成了極大困擾，以及就在笹川面前拿著注射器往大腿上打針，至於為何要打針，笹川也沒過問。

昭和十六年（一九四一）五月六日，芳子從博多東中洲的旅館清流荘，寫了一封寄給大阪市東區內本町的「國粹大眾黨笹川良一先生／特急件」的書信，此信現仍保存於笹川手中。信中內容敘述混亂，主旨也不明確，大意似乎是芳子提議兩人一同前往重慶，與蔣介石進行和平交涉的地下工作。信封寄信人欄寫著松岡洋右的名字，大概又是芳子特有的玩笑伎倆。內容概略如下：

> 哥哥[227]的可行之道，只有一條。（中略）每天演講也只是帶來短時間的興奮，黨員增加了又如何？今後又將走向何方？這個解答只有一個，那就是與支那聯手。芳[228]想去找蔣介石。現在正是最好的時機。哥哥也一起來一下。我們好好商量，順便也跟松岡商量，之後兩人前往重慶吧。這可是一輩子才會出現一次的大好事情。

從文章看來，無法理解芳子的真正意思。究竟這是為了討笹川歡心的表演？還是芳子在太平洋戰爭爆發前七個月，看到美日關係變化後，想要幫助趕緊結束中日戰爭？不過，與蔣介石見面的想法，並非毫無道理，因為根據東久邇宮[229]日記，裡面就有多處提及昭和十六年前後，頭山滿希望爭取與蔣介石會談的機會。

昭和十七年一月五日（周一）

午後兩點半，緒方竹虎[230]前來，黯然地說：「現下東條首相認為，日本絕對不可與蔣介石進行和平談判，而且也不准交涉，因此，去年雖有頭山滿想與蔣介石交涉的提議，但，讓頭山

227〔原注〕芳子經常如此稱呼笹川。
228〔原注〕即芳子。
229〔譯注〕東久邇宮（1887-1990）：原日本皇族，稱東久邇宮稔彥王，一九四七年放棄皇族地位，改名東久邇稔彥，亦為舊日本軍人，官拜陸軍大將。政治上歷任貴族院議員、陸軍航空本部長、防衛總司令官等職，也是日本唯一擔任內閣總理大臣的皇室成員。
230〔譯注〕緒方竹虎（1888-1956）：日本記者、政治家。曾任《朝日新聞》副社長、自由黨總裁、自民黨總裁代行委員、國務大臣、情報局總裁、內閣書記官長、內閣官房長官、副總理等職。

前往支那與蔣介石會面一事，現在大概難以實現了。頭山雖然一心為國，但也只能中止作罷，實在讓人感到萬分遺憾。」

芳子是否與頭山想法一致呢？或者僅是聽說她的舊識頭山滿將採取類似的談和行動，因此給了她一個發想？

憲立說：「芳子確實有一種能把道聽塗說的知識，借來賣弄一番的小聰明。從太平洋戰爭爆發後，尤其是東條首相對她沒有好感，有一段時間她被軍方從支那遣返回日本，我想那應該是東條首相的指示吧。」

有段時間傳說芳子與東條英機夫人勝子相當熟稔。關於這點，我曾於勝子生前試著詢問過，她透過人傳話回答說：

川島芳子小姐拿了我的名字到處說項，但我跟她從未交流過，這件事還讓我感到相當困擾。

芳子被送返日本的詳細前因後果並不清楚，往後芳子自己在漢奸審判法庭上說，昭和十七年時因為毆打憲兵，與其受罰，她寧可被遣返日本。當時陪同芳子的人是小方八郎，他說：

到日本後她就窩在山王旅館的房間中，每天無所事事。她因為喜歡動物，在淺草找到了隻猴子，開始養在屋子裡，猴子又生了小猴子，最後出現了小福、小紋、阿凸、老么共四隻。

往後芳子從監獄中寫給小方的書簡，也經常提起這些猴子，「……想起在山王旅館二樓，只要窗外傳來電車通過的聲音，小紋就會歪著頭看的可愛模樣，內心就一陣酸楚。想起小福死掉的樣子，就會流下眼淚。偶爾回憶起，也會朝著晴空大喊小福、小紋、阿凸、老么啊。他們是如此可愛。如果知道會這麼快分開，當初就不會那樣責打他們了，真是後悔呀……」

與家人一向不親近的芳子，最終只有猴子成為與她心靈相通的對象。

隨著芳子的垮台，自然川島浪速的事業也走向了終點。過往一直是由川島浪速負責供應肅親王家族在旅順的生活費，扮演著把小盜兒市場的租金收入分配給肅親王遺族的角色，不過這座市場的經營權也賣掉了。清算資產時，擔任川島浪速代理人並實際處理事務的，便是笹川良一。

賣掉小盜兒市場的表面理由，是滿洲國皇帝的親族經營露天市場，有損皇家威嚴。不過，實際原因是川島浪速拿市場作為擔保，向「東拓」借了大筆款項，由於「東拓」擔心川島能否還款，因此才開始清算市場資產。

根據當時於「東拓」上班的大河內一雄於《遙遠的大陸》一書中所記載，川島借出的本金總額約達三百萬日圓。昭和十五年時，本金加上滯納利息已經達到八百萬日圓，金融監督單位拓務省與大藏省等對「東拓」總公司提出嚴重警告，要求整理此筆財務。對此，「東拓」總公司對大連分公司下達如下指示（前揭書）：

本件貸款名義人雖為川島浪速氏，但從資金用途來看，實際上都支付給成為滿洲國皇帝的宣統廢帝溥儀及清朝一族。川島氏並無清償能力，擔保物又無法處分，因此請與滿洲國交涉，促請償還債務。

根據大河內的說明，最終由當時成為少將的吉岡安直[231]與滿洲國皇帝交涉，請求支付五百萬日圓。因為這件事情讓小盜兒市場與川島浪速迅速成為當局注意的目標。

小盜兒市場出售草案，於昭和十六年六月十七日彙整完畢，在大連特務機關部，由特務機關長、關東州廳代表、大連憲兵隊代表等列席審議後，以兩百萬日圓賣出，其中細目如下所記：

一、金額三十萬日圓　露天市場及相關建築負債清償款
二、金額五十二萬日圓　王府兄弟姊妹及未亡人等分配款
三、金額三萬日圓　二名側妃及巴布扎布未亡人之致贈款

四、金額四萬五千日圓　已婚公主及廢嫡第二王子等贈與金九人份
五、金額五萬日圓　祖先祭祀費及墓地修理費等
六、金額四十萬日圓　第一王子憲章部分
七、金額四十萬日圓　川島浪速部分
八、金額五千日圓　雜費

這份明細表，由肅親王家繼承人憲章的代理人若月太郎、川島浪速代理人笹川良一、肅親王家子女代表八阿哥憲真等聯名簽署。副本各送至關東軍參謀長吉本貞一[232]及關東局總長三浦直彥等處。

到了昭和十七年十月一日，完成了「對王府市場終結在內在外各方努力者之慰勞謝禮及費用明細表」。個人取得部分大致有，川島浪速祕書村井修身為王府理事，值勤三十年，因此以慰勞金為名目致贈三萬日圓；大連市議會副議長若月太郎，過往對市場有所貢獻，致贈三萬日

231〔譯注〕吉岡安直（1890-1947）：日本軍人，最終軍階為陸軍中將，滿洲國時期日本關東軍高參。日本戰敗後，吉岡隨溥儀一起準備到日本避難，在瀋陽機場被蘇聯紅軍拘捕，被解往並死於蘇聯。

232〔譯注〕吉本貞一（1887-1945）：日本軍人，歷任第十一軍參謀長，中支派遣軍參謀長，關東軍參謀長，駐山西第一軍軍長，曾參加豫中會戰、靈寶會戰，一九四五年成為日本國內的第十一方面軍司令，日本戰敗後自殺。

圓；過往加入宗社黨的田鍋安之助獲得五千日圓；笹川良一為了負責分配事務而負擔的差旅與雜支費一萬日圓等。另外，芳子的丈夫，也就是巴布扎布將軍的次男甘珠爾扎布，以及三男正珠爾扎布，各獲得五千日圓；次女惠榮獲得二千日圓，死去的長女少眉，其遺孤的三位女兒各獲得一千日圓，可以說小盜兒市場清算後的收入金額，大致都分配給滿蒙獨立運動相關人士。

川島浪速的代理人笹川良一寫了一封信，附上此表，寄給了八阿哥憲真。書信內容如下：

> 川島浪速氏因為年事已高，打算清算露天市場並退出肅親王家經營，委託在下取得軍方許可出售該市場，與軍方交涉後，軍方回覆如川島氏全權委任在下，便准予在下經手處理。因川島氏業已全權委任，在下身為代表委員執行職務，今日有幸得以全數清算完成，今後川島氏將不再插手肅親王家事務，特此敬告。

川島浪速至此完全與大陸切割無關，川島迎來七十七大壽，而芳子此時為三十五歲。

川島抽手後的市場，由張本政[233]等人共同出資接手，後改稱為樂天公司。昭和十九年的《大連番地導覽》餘白處記有樂天公司的廣告兼告示：「為故肅忠親王一族，與親王關係深厚的川島浪速氏計畫創設此露天市場，昭和十七年七月一日在大連市名望家張本政氏等八人共同出資下」，接收全部市場經營權利。如前所述，過往的小盜兒市場，現在已經轉變成悠閒的自由市場。

小盜兒市場清算出售的期間，芳子應該蟄居於東京赤坂的山王飯店中。

沒錯，我們是在山王旅館得知太平洋戰爭爆發的新聞。不久就有俘虜被送至旅館，居住在我們隔壁房間的是一位澳洲人，雖然言語不通，不過是一位有教養的紳士，與我們相處相當融洽。當時因為燃料不足，兩間房共用一間浴室，因此才彼此認識。

小方八郎如此說明。太平洋戰爭中任職對美戰略廣播的總監，成為「東京玫瑰」上司的澳大利亞人查爾斯・考森斯（Charles Cousens）上校，在昭和十七年夏天從新加坡來到東京，旋即被送入山王旅館。一般的俘虜都被送至位於日本各地的俘虜收容所，東京的話通常是在大森俘虜收容所，被送至山王旅館算是非常特別的待遇，參照這些資訊看來，居住在芳子隔壁房間的，確實相當有可能是考森斯上校。雖然想要詢問求證，可惜考森斯已於昭和三十九年（一九六四）去世。

233〔譯注〕張本政（1865-1951）：大連人。自幼家貧，後來因投靠日本人而發跡，在日占時期的大連權傾一時、富甲一方，卻在當地中國人中惡評如潮，最終被槍決。

234

偶爾我們會離開山王旅館回到北京，不知道是第幾次往返時，在船上得知了中野正剛切腹自殺的消息。身穿支那服裝綁著領巾，戴著太陽眼鏡的芳子小姐，站在甲板上吹著海風，得知後深覺事情重大，曾一度想返回東京，不過最終還是按原來行程抵達北京。

小方繼續補充說明。中野正剛在昭和十八年（一九四三）十月二十六日的半夜自殺。中野與芳子有什麼關係並不清楚，大概是透過川島浪速而認識的吧。根據河本大作的三女回憶，當時搭乘日滿航線從神戶到大連需要三天三夜，若從門司到大連則需兩天兩夜，但即便芳子打消前往北京的念頭，從大連搭船返回日本參加葬禮，恐怕在日本的喪禮上也不會有人與她答腔說話吧。

234〔譯注〕中野正剛（1886-1943）：日本新聞從業人員、政治家，曾任東方會總裁、眾議院議員。

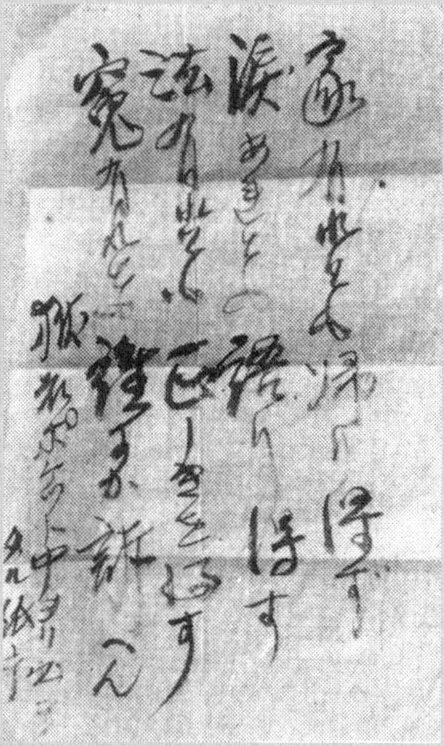

浪速寫下的芳子絕命詩。

第三章・日本敗戰，遭受槍決

逮捕川島芳子

昭和二十年。

新年開始沒多久，川島浪速就在黑姬山莊收到過往祕書村井修的訃文。村井享年六十一，病死。他的夫人八重說：「過往在大陸操勞過度，身體出了問題。」

同年七月二十九日，川島福子也在山莊嚥下最後一口氣。過世時村里的人都聚集陪伴在枕邊，但在此之前住在六疊與四疊半[235]雙房大小的山莊裡的，就只有八十歲的浪速與六十四歲的福子夫人二人。擔任筆談角色的女性祕書，歷經了村上光子、神崎輝子與擁子姊妹、庄司久子等四代，最後的庄司不知何時也離開了。福子過去曾在肅親王府管理廚房，拼命學會支那語，獲得王府上下的信賴與人望，但在歸國之後卻一度罹患精神疾病而返回娘家，但最後仍在浪速身旁結束了自己的一生。對芳子、廉子而言，福子也是養育她們的母親。

「她是性格激烈的人，確實家教非常嚴格，但也非常疼愛我們。」住在松本市的廉子如此說道。

接著就是日本敗戰。

八十歲的川島究竟抱著何等的感慨迎來日本的敗戰，並沒有留下足以說明的證據。

川島芳子遭到逮捕的新聞傳到日本，是敗戰這年的十一月十四日。合眾通訊社特約，十一月十二日發稿：

《世界日報》報導知名的日本女間諜川島芳子遭到逮捕。根據同報紙記載，她在日軍參謀本部受訓練，爾來十五年持續活躍，特別對日本侵略滿蒙做出重大貢獻。她屢屢身著男裝，戴著假鬍鬚與墨鏡。川島芳子過往以男裝的麗人而聞名，是清朝肅親王第四女[236]。滿清滅亡後成為川島浪速的養女，於日本長大成人。自九一八事變至七七事變為止，持續各種引人注目的活躍行動。現年三十二歲。（《讀賣新聞》）

這則新聞傳到黑姬山莊時，恐怕比主要新聞報導晚上了好幾天，川島以什麼樣的心情面對這則新聞，恐怕也沒人得以傾訴。

重慶《大公報》以「北方開始肅奸」的新聞標題刊載此事時，又比日本晚上半個月，已經來到十一月二十九日了。

235〔譯注〕六張塌塌米與四張半塌塌米大小。
236〔原注〕第十四女的筆誤。

（北平二十八日發專電）北平市落雪寸餘，今晨一片銀白。在漢奸紛紛出走聲中，老特務袁規攜款七千萬逃脫，在唐山已被捕。敵間諜川島芳子亦在平落網。押十一戰區司令部。敵人憲兵特務亦有一百二十名被捕，其中五十名均為曹長。大漢奸均以多年反共為丑表功，希圖赦免。

新聞標題為「北方開始肅奸／老特務袁規在唐山就逮／敵間諜川島芳子落網」。

遭逮捕前後的情形，芳子的祕書小方八郎都還詳細記得。當時在大陸有一位頗有名氣的大阪命理師，名為小玉呑象，肅親王還在世時曾進出過親王家。呑象在日本敗戰之後準備撤回日本，回國之前來找芳子，告訴她：「現在還有一條路，就是借道蒙古逃亡，讓我來為您介紹吧。」

不過，芳子卻斷然拒絕，堅決主張「我是以蔣介石政權為敵，但對中國民眾一向秉持誠心誠意相待，所以既不打算逃跑，也沒計畫躲藏」。接著芳子連日請盲人琵琶師來自家宅邸彈唱，睡到日上三竿才起床，依舊過著與以往沒什麼不同的日子。生活費推測來自昭和十七年末小盜兒市場清算賣出後獲得的分配金，芳子理應可以領到五千日圓。

就在這樣的日子中，某天早上，芳子仍在睡覺時，附近派出所員警來敲東四牌樓九條三十四號的芳子家門。小方在門內側應答，對方問：「金璧輝在嗎？」小方回答：「生病還睡著呢」，對方突然衝了進來，喝令小方「不准動！」，一路衝進屋內，拉出還穿著睡衣的芳子。小方看不下去只穿著藍色睡衣的芳子，趕緊要找件上衣讓芳子披上，但隨著進屋的五、六名憲兵隊員誤以為小方要找武器，立刻拔出手槍抵著小方。當時芳子宅邸裡，只有最近搬來、過往長期在廉子家中工作的老婆婆及其子李寶珍，以及一個丫鬟與一個看門的老人而已，可說毫無戰鬥能力。丫鬟趕緊準備了上衣，小方幫著芳子穿上，旋即貌似憲兵隊的一人質問他：「你是小方嗎？」接著將小方與芳子押上為他們準備好的汽車。兩個人頭上都蓋了條布巾，雙手被反綁於身後。芳子倒看不出有驚訝的表情。小方至今都還記得，芳子從布巾縫中使眼色、擠眉弄眼的搞怪表情。

車子來到北海公園附近的迎賓館。當然小方與芳子被各別帶往不同房間。根據小方的記憶，在迎賓館遭拘留數個月之後，兩人終於被移送到北京北城的舊日本陸軍拘留所。目前居住在千葉縣柏市的伊藤四郎，說明了拘留所的模樣如下：

> 我身為憲兵曹長，也有戰犯嫌疑，因此被拘禁在相同地方。某天把我帶去訊問室要我負責日語口譯，進去後一個身穿藍色短袖中國服裝的短髮女性已經等在那邊，她向我搭話說：「你認識我嗎？我是川島芳子。」

伊藤說，芳子因為非常想念日本人，所以故意裝作不會中文的模樣，要求派日本人口譯過來。

接著便開始偵訊，芳子還會愚弄偵訊官，例如突然把臉蹭到偵訊官面前，要對方幫她把菸叼上，還命令幫她點著。不過，當偵訊內容提及小方八郎時，芳子的態度立刻轉變。「小方只是掛個祕書的職稱，不過是個忠實的僕人，逮捕那麼善良的人根本就是在蹂躪人權，希望趕緊放了他。」芳子如此要求。

不過，某日，偵訊官的桌上放了《滿蒙建國的黎明》這部電影的膠卷。竟然利用電影或小說等，這種虛構的東西當作判決的理由根據。

伊藤如此回憶當時發生的情況。的確，在昭和二十二年十月二十二日，華北高等法院的[237]判決理由第四條即舉《男裝的麗人》為證。過往在提升芳子下滑人氣上建了奇功的《男裝的麗人》一書，最終卻取了芳子的性命。

這暫且不論。《每日新聞》特派員佐藤亮一發表了《北京收容所》一書。本書根據其日記而來，記錄了他被捲入「狂暴的獵日本人風暴」中而在四所監獄間輾轉的狀況。書中提及，同牢房中有一位「飯館的主人，因為與川島芳子有關係」而遭到逮捕。

昭和二十一年（一九四六）九月三日，佐藤寫下：

……掃除的時候，根據木元君撿來的《世界日報》報導，在第一監獄的川島芳子接受冀東高等法院檢察所調查。罪名是漢奸、間諜罪。報紙上寫她的經歷有——九一八事變後堅守於長白山儲備武力，日軍侵入華北後，與提倡日中提攜的汪兆銘會面，也與日本右翼重要人物頭山滿翁見面等等……與眾多日中兩國重要人物都有情慾交葛，被謳歌為男裝的麗人，活躍於中國與日本……等等。

長白山武裝云云，肯定是謠傳無誤，過去曾在大陸經營軍糧城精穀公司的金目（音譯）倉庫社長加藤三之輔也說：「那則傳言我也聽過不下數次，謠言中也包含了川島芳子。」

但是，卻沒有證據可以證明這則傳聞。不過，提起長白山，川島浪速於某段時期倒是有點關係。九一八事變之後失去政治舞台的川島，開始抱持某種「山岳信仰」，在吉林省朝著遠方被尊奉為清朝發祥地的長白山進行祭祀。現在還留存一張照片，畫面中川島穿著整套正式的日

237〔原注〕新聞報導大多記為河北或河北省高等法院。

造訪頭山滿（圖中右二）宅邸時的芳子。

本神官服裝，祕書庄司久子則穿著日本巫女[238]服裝，兩人在拜殿中磕頭朝拜。

住在福岡縣的庄司久子詳細記得當時情形。而芳子占據長白山積蓄武力的傳聞，不知是否從上段話題延伸而來，最終成為造假的情報。不過，芳子於某段時期確實與右翼大老，即玄洋社的頭山滿有所熟識，小方說頭山滿甚至稱呼芳子為「豪傑！」現今仍留有一張芳子與小方造訪頭山宅邸的照片。根據小方的說法，當天是頭山滿半身銅像的揭幕儀式，銅像是由在昭和七年寫下《巨人頭山滿翁》的作者藤本尚則所興建，戰爭期間為了徵用金屬而遭除去。從時間點上來看，或許小方記憶有所出入，當日或許不是揭幕儀式，而是銅像遭拔除那天。芳子帶來的花籃，裝飾在頭山滿客廳的希特勒照片前面，以此為背景，芳子坐在頭山的左側，並握著他的右手。

根據佐藤亮一日記，昭和二十一年十二月二十一日這頁中，有如下描述：

監獄中傳來一份十二月十五日的報紙（報紙名稱不詳），上頭刊載了《川島芳子獄中記》。（中略）內容概要如下：

238〔譯注〕協助祭拜儀式進行的女祭司。

——我住的這間牢房，是過去殺害情敵的劉景桂的房間，他去年死在獄中這裡真是另外一個世界，有漢奸、殺人犯、菸毒犯、盜竊犯、盜墓犯，五個漢奸裡頭最有趣的，是一個因桃色事件而入獄的傢伙。她的罪名是妨害家庭。這個女犯人從入獄以來，從來沒停過一些舉動，例如：因為牢房中沒鏡子，所以拿黑紙墊在從庭院中找到的玻璃後面，當作是鏡子；犯人沒有化妝粉，她便拿刷牙的牙粉權充；拿外面送來包裝點心的紅紙塗抹嘴唇當口紅；沒髮油改拿花生油替代，簡直就是傻子般的狂人。後來漢奸走了三個剩下兩個，一個是富豪，一個窮光蛋是我。獄友們都叫我傻大姐。後來，有一對女囚，一個是元配一個是二夫人，兩人因為吵架騷鬧才被捕。現在倒好了，兩人相處得挺和氣。這些女囚當中，有啜泣呻吟的，有喊叫吵鬧的，有唱的，有跳的，簡直像一群酒鬼。其中既有長得漂亮的，也有滿臉痲子像個醜八怪，至於我嘛，居於美醜之間吧。但我的命運，卻非一般人所能想得到的（尚有後續）。

這是不是芳子自己寫的，已經無法查證，不過在之後她寫給小方八郎的信件中，確實有提及她在獄中被稱「傻哥」。無論如何，顯然芳子即便入獄，仍然是「話題人物」，依舊受到眾人矚目。佐藤亮一引用完報導後，發表了如下見解：

不管是男裝的麗人也好，還是憂心東亞命運的女豪傑也罷，瘦小的身軀穿著軍服裝出大姐般的氣勢，堆砌出這些傳說的女性，現今似乎也精疲力盡了。是該沉默的死去，還是沉默以圖求生，走到這地步已經不想掙扎。萬一能夠獲救，希望別再被東京的玩樂分子或詭異的憂國志士們煽動，而能靜靜地過日子。

小方因為幫芳子買止痛用的注射藥劑，因此被套上「轉交毒品」這種程度的罪名，於昭和二十二年三月獲得釋放，四月三日從佐世保上岸，回到日本。起訴書於上岸時提交給撤退援護局。同個時期，伊藤四郎也被認定是「和平軍人」而獲得釋放，旋即回到日本。返國後的小方迅速向尚在獄中的芳子報平安，之後收到芳子的回覆，也算是芳子寫來的第一封信，內容如下，以變體假名潦草書寫在陸軍的方格紙上。（雖然使用舊的假名多少會造成閱讀上的混亂，仍照原文抄錄）

小方八郎鈞鑒

看過來信了。感到很高興。長兄病逝了？實在可憐。不知道該說些什麼。我在五月十四日又回到北京了[239]。在上海時想回信，卻未獲許可。連穿的衣服都沒有，不知該如何是好，讓人擔心不已。這次的審判，實在是亂來，這根本是毫無前例的事情，這種幹法，簡直就跟馬賊沒什麼兩樣。我的事情也是，完全沒定論，到現在我究竟犯了什麼罪，我自己都搞不清楚，實在讓人困擾。大概是說，我為了皇帝復辟，跟日本合作，好像被安了個漢奸的罪名。站在我的立場，實在想反問對方，究竟誰才是主角？他們從我家中搜出一顆自衛軍總司令的印章，把那玩意兒當證據，我在家從來沒見過那東西，是從哪個家裡搜出來的？你有見過嗎？四寸方形大小的印章喔，是木頭做的喔。真不可思議。隨便他們，愛怎麼搞便怎麼搞。與李先生[240]碰過面了，他是我的恩人，有空請寫信給他。我仔細地想了想，類似我這種某種意義上可以稱作名人的人，靠自己的力量，在審判中已經使不上什麼力氣，面前已經出現了一條無法理解的命運之路，各種各樣的人，世界各國的人，任性打造的這條路，除了循著路走，我想也別無他法。你也這麼認為吧？日本戰敗了。但戰敗的日本還比中國幸福、和平。你最珍貴的祖國戰敗了，你因為從來沒奉公過[241]，所以現在為祖國刻苦奮鬥，也是該然的事情，奮鬥吧！人吶，國家也一樣，只有當初嚐敗績，才開始真正理解什麼是好，什麼是壞啊。我過去經常動怒，也經常斥罵你。努力變偉大吧。還是已經變偉大了？做個偉人吧！別擔心我的事。現在連皇上[242]都在俄羅斯受苦，至於我們，怎樣都無所謂。可是我很理解你的脾氣，別氣餒沮喪。寫信給我老爸，叫他寫信來。沒關係，叫他寄到李律師那。跟他說需要李律師教我今後應該採取的抗辯策略。絕對不要擔心我的事情，我一切秉持良心，內心平靜，現在每天都過得很和平愉快。與你待的看守所或砲局[243]不同，明朗的每一天。也有高粱[244]。你要好好照料母親。等我出去了，一切都可以解決，到那時候為止，好好努力。做人嘛，比起法律什麼的，更應該以誠心與良心走下去，只要對得起良心，一切都海闊天空。每天都開開玩笑，隨心所欲，玩耍一般。這裡有工廠，大家都在裡頭工作，不管是窮人還是富人，在這個不同於他處的秋日黃昏下，仍充滿與他處毫無不同的人情世故。只有女人嘈雜這件事情，是萬國共通。大家總是在吵架，大家都粗暴不已，殺掉老公的女人還真是多到驚人。而且，除了我之外，這裡也與外界相同，都是靠錢講話的世界。有錢的人和沒錢的人，分成好幾種階級差異，在金錢面前還能擁有不屈精神的人，實在偉大。沒錢的人過著極為可憐的生活，你也是如此吧？實在是可憐啊。不過總會遇上點好事，保重身體，耐心等候吧。請轉告母親務必保重身體，一定要等到我出來，好好照顧她。你的好處與壞處，我

239〔原注〕芳子曾以北支派遣軍參謀長高橋坦中將的戰犯審判證人身分，於昭和二十二年二月被護送至南京。
240〔原注〕指李宜琛律師。
241〔原注〕指小方未收過軍隊召集令之意。
242〔原注〕指溥儀。
243〔譯注〕指監獄。
244〔原注〕指獄中飲食。

最清楚，你的孝心，我認為非常了不起，要繼續保持孝順。要寫信來，今後我都在這裡，有關審判的事情，今後會再寫信給你，記得叫老爸寫信過來，你也保重身體，好好孝順母親，知道吧。再見。

收信人　小方君

寄信人　我

審判與死刑判決

芳子遭逮捕的消息傳出後過了大約八個月，昭和二十一年七月三日的《南京中央日報》，報導了芳子已由「軍事機構」移送華北高等法院。該報還使用中央社北平二日電，刊載了芳子的起訴書，其內容主要為：

一、金壁輝為肅親王之女，長年居住於日本，擁有川島芳子日本姓名。
二、九一八事變後返國，往來於平、津及敵國、滿洲之間，從事間諜工作。
三、曾任偽滿皇宮女官長、偽滿留日學生總裁，溥儀遊東京時，領導歡迎。
四、在滿收編國軍陳國瑞部，組織偽定國軍，圖挾溥儀入熱河省寇邊。

五、七七事變後，向敵建議利用汪精衛置於關中，並擔任聯絡工作，誘惑汪組織偽南京政府，反抗祖國，延長戰禍。

六、在日以文字及廣播，發表我黨政軍內情，俾敵周知。

七、圖復興滿族，統一中國，唆使偽帝溥儀遷都北平[245]。

八、日人村松梢風所編《男裝的麗人》小說，為其具體證明。

被告均直認不諱，爰依懲治漢奸條例及特種刑事案件訴訟條例移送審判，財產全部查封，列冊附送。

據芳子的祕書小方八郎回憶說，二戰結束後，曾將現金與珠寶等，裝入一個乾隆年間的大壺裡埋在住宅的後院。被捕後，芳子和小方在幾名軍憲的陪同下，把這些東西挖了出來，所以起訴書中所提到的財產，約莫就是指這些東西。

昭和二十一年八月二十八日，過去的滿洲國皇帝溥儀以證人身分出席東京軍事法庭，從蘇聯監獄移送至日本，並站上證人席，引起了相當騷動。此時，合眾通信社特電也發布了下面這

245〔原注〕根據不明。

則關於芳子的消息：

（北京特電UP二十五日發）河北省高等法院正在審理日本第一女性間諜，過往縱橫中國，身為日本侵略陰謀爪牙的川島芳子。（中略）法庭上收到英國武官提供之情資，得知川島為日本祕密機關「白扇協會」的亞洲部長[246]。

有關芳子的報導，即便在敗戰的日本，也是虛實交錯，經常成為人們談論的焦點，不管是好是壞，都起因於芳子本身充滿了明星特質。例如：

男裝的麗人，川島芳子之名，曾經是軍國時期少女們嚮往的目標。她可說是舞踊於侵略戰爭浪濤上的「毒藤」之花。（中略）她與男性間的情慾往來也極其多采多姿，軍部的大人物，特別是與小磯、土肥原等，都擁有過人的親密關係。（中略）以女性之身化為東洋豪傑，她也算是時代造就的一位唐吉軻德。她的窮途末路，確實令人哀憐。

類似這樣的報導，當時屢屢出現在再生粗紙裝訂的八卦雜誌上，權充填補頁面空缺。

昭和二十二年，川島芳子第一次公開審判開始。當然中國方面也對她抱持高度關心，公審時看熱鬧的人甚至太多，造成無法開庭的狀況。十月十一日的《朝日新聞》上記載：

（南京放送九日＝RP）河北省高等法院八日午後發生了大混亂。以日本遠東瑪塔・哈莉知名的川島芳子，開始戰犯公開審判，三千多人為了一睹其容貌，都想擠入法庭，狂熱的群眾們擠破窗戶、踩壞椅子，造成了混亂，因為無法維持現場秩序，只得延期公審。

大約過了一周，十月十四日重新展開公審，這次也只能做個形式便草草結束了。依據十月十六日的《南京中央日報》的報導：

（北平十五日電）收監兩年多的知名女間諜金壁輝（川島芳子）公審，於昨天午後兩點在法院後花園召開臨時庭，唯因旁聽人數達五千人，無法維持秩序，開庭後不足三十分鐘，宣布明天改於第一監獄開庭後退庭。

報導中說明在後花園開庭，可以推測當初應該是計畫在戶外公開審判。選擇戶外，是有鑒

246〔原注〕關於「白扇協會」（White Fan Society）出處不明。

於第一次開庭經驗，在法院內完全無法開庭的狀況，但同時也被認為是蔣介石政權末期想要操弄社會輿論，而故意安排的一場演出。

結果第三度的審判，於十月十五日終於得以在第一監獄開庭。《南京中央日報》如此描寫當天的情況：

> 由吳盛涵法官負責的漢奸審判法庭，金壁輝穿著白色毛衣、綠色褲子出庭，對法官與律師各行一鞠躬。審判中並沒有特別流露羞恥的表情，也沒有巧妙的逞口舌之能，態度與平常無異。金壁輝為清王朝肅親王之女，日人川島浪速養女，九歲時認多田駿為義父[247]，承認與頭山滿、松岡洋右、近衛文麿[248]、東條英機、本庄繁、土肥原賢二等皆有親交，並宣稱自己絕對沒有背叛祖國，力陳自己的思想都以清王朝為中心。民國二十一年於上海與田中隆吉熟識，在長春軍司令部參加定國軍之後，其兄金壁東企圖於長白山獨立，遭多田駿識破並以武力驅散。民國三十一年因毆打憲兵遭遣返日本。民國三十二年再度返回北京，成立華北人民自衛軍，據其供述，一度考慮擔任司令，但最終並未實現。此時律師李宜琛因旁聽人數過多，難以維持秩序，要求休庭，經吳法官同意後，將擇期再審。

第二回公審於隔天的十月十六日下午一點五十分開始，至四點十分結束，當日結審，並於下個月二十二日宣布判決。

《南京中央日報》十月十七日的報導中，說明芳子在全程兩小時二十分鐘的審判中，凡對自己有利的問題，即作出回答；對自己的罪行卻諱莫如深，反問庭長「你是怎麼知道的？」還說她衷心熱愛中國，儘管擁有日本國籍，還是發誓忠於清王朝。

就《南京中央日報》的報導來看，芳子的公審只有十月十四日在花園沒有開成的一次，十月十五日華北第一監獄重新開庭一次，以及隔天十六日，共三次審判而已。而他在法庭最後答辯時重申自己「衷心熱愛中國」，不管是否客觀，但肯定是表明了自己的真實心情。而發誓忠於清朝的說法，或許是與漢民族對立，強調自己身為滿洲民族的自豪之處。但是，結審大約一周後的昭和二十二年十月二十二日上午十一點十五分，芳子就在華北第一監獄，從法官吳盛涵口中得知死刑判決。

《南京中央日報》有如下報導：

247〔原注〕芳子都暱稱多田為爸爸，但當然九歲時根本還沒見過多田。

248〔譯注〕近衛文麿（1891-1945），日本昭和時代前期的政治人物。歷任貴族院議員、副議長、議長，內閣總理大臣，外務大臣，拓務大臣，班列，農林大臣，司法大臣，國務大臣等職銜。太平洋戰爭發動初期的內閣總理大臣，日本戰敗後自殺。

（中央社北平二十二日電）不受內外影響，女間諜金壁輝（川島芳子）漢奸審判，已於十六日由河北省高等法院審判終結。本日同法庭公布死刑判決。判決於第一監獄宣布。

主審法官　吳盛涵

預審法官　陳天

　　　　　劉仲山

檢察官　　秉銓

書記官　　李嘉第

於上午十一時十五分開庭，被告穿著黑呢子大衣，綠色西裝褲，黑色皮鞋，短髮略施薄粉出庭。面露愉悅表情，立於證人台上，仍不時露出微笑。主審法官問清被告年齡、本籍後，旋即站起宣讀判決主文。

——

金壁輝通謀敵國，反抗本國罪行，處以死刑，褫奪公權終身。除為被告人家屬留有必要的相當生活費而外，沒收其全部財產。

判決理由如下：

一、被告自稱為中國血統，日本國籍，但其父肅親王為中國國民，金壁輝當然為中國人。其取得日本國籍，乃其養父川島浪速代辦，不足為證。

二、被告與日本軍政界過從甚密，一二八事變[249]爆發之際，於上海偽裝舞孃刺探軍事機密。

三、九一八事變後參加關東軍，組織定國軍，於多田駿帶領下協助設立滿洲國軍，主張健全滿洲國說法。

四、《男裝的麗人》係以被告為原型之小說，亦是電影《滿蒙建國的黎明》之原著[250]。前者書寫被告於上海活躍之情狀，後者則描繪被告於滿洲國建國前之功績。

五、七七事變後被告使溥儀移居北京，命其恢復滿清帝國[251]。並對日本建議組織南北傀儡

249〔譯注〕依據本書作者原注，指一二八事變為「太平洋戰爭」，但根據此處的上下文判斷，較可能是指上海的一二八事變，引用的原文可能有所誤植。

250〔原注〕此處原文混亂，作者依自行判斷進行調整。《男裝的麗人》於電影《滿洲建國的黎明》上映後才出版，不可能成為電影原著。

251〔原注〕根據不明。

政府及進行人事配置。

六、經各方面調查，判明被告為暗中活躍於國際間之人物。

依據以上罪狀，依漢奸懲治條例第二條第一項第一款處以極刑。除本法庭依職權向最高法院申請再審外，如被告對判決有異議，於收受判決書後十日內可提抗告。

——

金壁輝沉默聆聽判決理由後，於十一時三十五分退庭，受護送回監。華北漢奸審判中係第六名受死刑判決者。

給祕書小方八郎的信件

判決後的聖誕節，芳子寫了一封長信給小方。欄外也以漫畫的風格畫上心愛的猴臉，雖以詼諧的文體寫成，但仍透露出獄中生活景況及芳子的心情。

致　小方八郎

信件與書本皆已收到，謝謝！你依然有如我的神明，這樣已經很足夠了。這是好事。你的信中要我愛世間萬物，要愛法官和記者，確實如你所言，我呢，即便你不提醒，也會愛法官，保持原本的態度，所以才被判死刑啊。這世上大概沒像我這麼無所謂的人了。大家對我深表同情而呆然不已。宣告死刑那天，我還吃了兩大碗麵，難友[252]都同情我而流淚，我覺得應該分享歡樂，不想讓大家共受悲傷淚水，所以仍是笑嘻嘻的，無論現在或過去，都一樣無憂無慮，開開玩笑，這大概一輩子也改不了吧。「碰」一聲上天橋[253]受處刑的日子已經定了，我告訴自己也告訴其他人，這根本沒啥不同。怕死的支那人，謠傳我因為被捕腦筋變得怪怪的，所以才會如此若無其事，唉，說我腦袋不正常呢。她們說芳子小姐都已經體驗過了，所以事到如今也不用說什麼遺憾了，她們在說啥，我完全，一句都聽〳〵不懂，後來才想出來，原來她們在講男人那話兒。小紋的媽媽[254]身體還好嗎？腎臟還好吧？我想起在山王旅館二樓，只要窗外傳來電車

252〔原注〕指獄中朋友。

253〔原注〕指刑場。

254〔原注〕指小方八郎。芳子把小方當作猴子小紋的媽媽，所以給他取了這麼個渾名。

通過的聲音，小紋就會歪著頭看的可愛模樣，內心就一陣酸楚。想起小福死掉的樣子，就會流下眼淚。偶爾回憶起，也會朝著晴空大喊小福、小紋、阿凸、老么啊。他們是如此可愛。如果知道會這麼快分開，當初就不會那樣責打他們了，真是後悔呀。你也很想念小紋吧？報紙上有登，小紋還是在抽菸[255]，一點也沒變。公審那天，有個姓羅的人跑來說要面會，卻沒能碰面，因為人像潮水一般湧來，那種混亂，不太可能見面。我最想念的還是猴子，這次寫信，寫到牠們不禁流下淚來。跟別人說會惹笑話，所以不提，實際上公審那天，法官問我，「為什麼回到北平來」，我回答說，「因為猴子痢疾拉肚子」，大家哄堂大笑。在這個俗不可耐的世界中，沒人能理解我最珍愛如命的就是猴子。報紙上說你是我的愛人喔！感到光榮吧。小紋的媽媽人最好了。我永遠都會記得。如果我真的死了，你跟老爸就把我的屍骨撿了，把小福挖出來，跟我埋在一起。我不想和人埋在一起，但可以跟猴子一起。猴子很正直，小狗也是，波吉不知道在哪，現在天氣很冷了吧。連猴子跟狗都要沒收的國家，也真不多見，真是過分。我已經徹底厭倦了。你辦了松笠那檔事了嗎[256]？跟老爸說過了嗎？已經快正月了，今天是聖誕節喔。蹲在牢裡的寂寞聖誕。現在我正在唱《海行兮》。眼淚都流下來了。

第一張紙寫到此為止，欄外還潦草地寫著「試著唱《海行兮》。淚珠滾落，我每天都唱歌。松笠的事情明白吧？加油。要跟老爸講。要快」，可以看出把央求麥克阿瑟的請願書看成一線生機的模樣。接著第二頁到第五頁為止，密密麻麻地寫滿了紙張，內容如下：

你，告訴堀內老師[257]，我每天寫下內心浮現的種種，之後留下來都送給他。提起神明，大家都當耳邊風。真正理解神的，就只有我一人。中國的神明，都出門在外，都不在家啊。所以正直的人們也只能哭泣。我對自己的悠閒態度深感訝異。我是個小丑，天才的小丑，天生的小丑。早上六點起床，只是一個人靜靜忙碌一日，直到日幕西垂而已。我有好幾個律師，都在頭痛。分文不取的，現在北京第一名的律師有兩人（第一名有兩個很奇怪），其他還有三人。不管有幾個人，大概都得去死吧。因為首先，我自己犯了什麼罪，我完全不知道，很滑稽吧？懂吧，就是這麼回事，這就是所謂的三民主義。八路、中央、漢奸，幾乎全都變成三民主義了。我因為流淚，所以做出沒想過的事。朋友之中，不是有個姓李的嗎？他是為東京的趙「廚師」做（幸樂）正月糕粿點心的人。他的太太也進來了，拼命地照顧我。做支那糕粿的人是李喔。

255〔譯注〕小紋是芳子養的猴子之一，跟著芳子也學會抽菸。

256〔原注〕松笠指的是麥克阿瑟將軍，松笠那檔事指向麥克阿瑟將軍遞交芳子的救命請願書（松笠日語讀為 Matsukasa，麥克阿瑟讀為 Makkasa，取其諧音之故）。

257〔原注〕芳子如此暱稱堀內文治郎中將。堀內已於昭和十七年過世，不知芳子是尚不知堀內已經過世，還是另有所指。

似乎你在看守所男子部時，她也正好進來了。很忠實的人。我不管到哪裡，都很幸福啊。身上一毛錢也沒有，大家卻都願意養我。有八個人，拿到家裡送來的饅頭，一個也沒吃都送給了我。我邊流著淚邊吃，已經過了兩年啦。現在，三爺[258]也因為鴉片，進到這裡的男子部，給了我五十萬元，五十萬元，卻只值五十錢的世道。給你寫封信也得花掉三萬元，別吃驚。欸……。我可犧牲了三萬元寫封信給你喔。因為寫日語，照自己的意思寫也沒人懂。不過你寫來的信，其他的信全部都要接受檢閱。不要寫神明什麼的，懂了嗎，再寫人家都錯把你當瘋子了，把你當狐仙太爺，中國的狐仙太爺知道嗎？狐狸的神仙，在砂上寫字，像瘋子一樣。如果在幸樂，大概也沒這種事情。我的身體健康，不管是悲傷的時候、生氣的時候，只要運動一下便可恢復，隨心所欲的控制心情。我也深自認為自己變了不起了。但遇到好笑的事情，還是立刻笑出來。開心的時候，如果也能靠運動停下來，那就真的了不起了。人在死前，似乎會變得很偉大。神明把人打造得真好。沒死的人，就變成世上的偉人聖人，統治別人。應該屢屢跨越內心的死亡界線，即便像堀內老師這麼偉大，因為沒被判過死刑，其他事情不論，這部分我更勝一籌，比他偉大些。支那的死刑，內心的死亡境界。要知道，進一次監獄，對人生來說，當然也因人而異，不過確實是難得的寶貴經驗。監獄就是人生的篩子，沒被篩落的，出去了就會變偉大。你也要變偉大。你呢，我贊成這輩子就朝日本神道學者的路邁進。你實在是個好人，既正直，心地又好，過往我身旁有過各式各樣的青年男女，可你是心地最好的青年。精神強健，始終如一。

因為你是日本人，應該好好為日本奉獻。然後再為了所有人類，打造永久的和平。即便身子弱，也絕不可無所事事而終。別浪費了在我身邊的這幾年。物質什麼都不是，只有精神才是永遠的樂園，要擁有美麗的內心。像我這般遭世人如此誤解的人也不多。即便時候未到，也總是跟日軍吵架，已經什麼都沒在考慮了。比起這個，更擔心老百姓的生活。生活艱難至極，如果我死了支那能變好，那比起在這監獄中，過著毫無意義的每一天，不如想早點死去。我依然如你所知一般，一點都沒變，真的非常擔心支那，擔心到受不了。一輩子單身走到此，這次也就只有死刑這麼一條[259]，很滑稽吧？可是，不是這樣的。知道我的內心，有多麼擔心支那嗎？又開始寫些無聊的事情了，我還是老樣子，忘了非當個諧星不可的事情。花開了就獻給你吧……[260]你會唱這首歌嗎？日本歌裡面有幾首相當好，支那也有。我的命運，讓我成了詩人。我寫了好多詩，屆時再整理寄給你。能否獲得許可還不知道。你送來的書不發給我。因為被說是崇拜日本的書，所以沒收。他們實在是可笑至極，沒法溝通。這事就擺一邊去吧，傻呀，要到死了才能治好。所以我沒辦法拜讀。照例狂熱者（素不相識）又寫信來。沒辦法好好回信，因為寄信費

258〔原注〕指三阿哥憲平。
259〔原注〕根據不明。
260〔原注〕《花語之歌》。

寫信用太貴了。還在十一戰區時，小紋的媽媽不管送什麼來，都不被許可，那時我經常哭泣。寫信給松垣先生[261]了嗎？幫我寫信向他請託。從日本除了書、信之外還能寄其他東西嗎？我這邊能寄嗎？幫我查查。想寄香腸「腸詰」給老爸。去拜託人，如果可以郵寄，寄送之後寫封信給老爸。有個叫金又貞的蒙古王妃，會來面會，打算拜託她，她也挺窮困，也送她一些。我從老爸那學到的教訓，託此之福，跟他說不管何時我都不會驚慌失措。小方！仔細想想，像我這麼不幸的人實在不多，可是，我一點都不悲觀。悲觀也只有五分鐘，立刻覺得世間充滿樂趣，又跟著大家一起笑了。這裡的報紙說，應該將我開放參觀，收取入場費，拿來救濟貧民，那就多多來參觀吧。把我當成觀賞品了，好啊。這裡的典獄長駝背，很可憐。科長鼻子很大，大家都叫他大鼻，接下來依序就是我、律師們等等[262]，所以大家管我叫二鼻，難友們都叫我「傻哥」，意思是初出社會，什麼都不懂，什麼都做不來的意思。拿支那語說我壞話我也不懂，所以也不會生氣，大概因此被當成傻子吧？不過我不想被當女人。女人吵架時，不是很麻煩嗎？女人是很囉唆的動物啊，針頭大的小事也得拿出來吵。遇到這種事，我就算吃點虧，也會說好好好，大概因為如此又被說成傻子了。聽好了，我打算一個人活著，每天是這麼過日子的。不可憎恨大家，他們是犯了罪的可憐同胞。為何大家無法相親相愛，實在是很不可思議。我的朋友在收集日本各式各樣的郵票，我也答應把自己的郵票給她，各種舊的、「使用過」的郵票也無妨，都寄來給我。寫不下去，手凍僵了，沒法好好寫。五天後就是正月了，想吃年糕、雜煮湯、紅豆湯。之後會再寫信。我經常想，猴子的臉我都記得很清楚，老爸或你的臉卻都給忘了。你的臉長什麼樣子？戴著眼鏡是吧，老爸的臉忘了，紅豆湯的味道倒還記得。哈……嘿……出去之後連自行車也不會騎，汽車也不知怎麼駕駛，電車也忘光，連搭法都不知道了。回日本後哪個是我老爸，幫我介紹說明一下。你在臉上貼上名片來接我，搞錯了可就麻煩了。不過，法官的臉一輩子都忘不了。那麼，再見了。五天後的恭賀新禧，今天先說了，再見。猿公大明神。你寫信來時，要認真寫喔，因為要檢查的。我寫的好像沒檢查，看守的人說不用，似乎懂日語那個人被開除了。

書簡中隨處可以看到芳子在意著養父浪速，換個角度來看，即便反覆經歷過這麼多人生變化，結果芳子除了浪速以外，仍舊沒有其他人可以依靠。

當時有留下一封芳子寫給川島浪速的長信（原文照錄）。

敬呈　父親大人尊前

261〔原注〕是否意指松笠？

262〔譯注〕此處應該是指牢友們取綽號，科長是大鼻，芳子是二鼻，其他律師們也各有綽號。

正月七日是父親的生日。

從獄中恭賀生日快樂。山上很冷吧。庄司女士[263]也辛苦了。我非常健康，依舊總是惹人笑話。

請無須擔心。向父親報告我的狀況。每天早上天未亮便起床，過著一整天無所事事的日子，關在狹小的牢房內，除了三十分鐘的運動時間以外，都在六尺方形的牢中休養。在這個日子不好捱的紛亂中國裡，此處反而是最好的保險箱，也是安全至極的樂園。坐著吃飯，規律正常，時間到了就有餐食「玉米粉」送來，只是口感差了些，也有水喝，無須勞力，有飯吃是最感謝的了。與外面花花世界每天為了生活，方方面面都得絞盡腦汁相比，可能還稍微羨慕獄中的生活。

法官「就是日本的裁判官」，反反覆覆執拗地調查，結果報紙上登出「你都沒有認真回答，拼命講自己猴子的事搪塞」，法官也管不了新聞怎麼報導，一直以來我也只懂得耍猴戲三流演技，現在只能像一休和尚的弟子，到事情結束為止，恭謹地接受死刑，至今還在上訴之中。比起審判，首先這是測試自己心理狀態的最好時機，測試之後，發現心情非常寧靜又透明，讓我自豪自己不愧是父親的孩子。不是在吹牛，是真的。這麼好的機會真的不容易找到。上訴文中我絕對不會以身為父親的孩子為恥，請您放心。我已經體會到，像吃茶泡飯一般輕鬆滑稽的人生，才是最好的。

我給小方寫過信，他應該已經向您報告。總之，結局就是什麼都不自由，請您理解。開庭時我光講些猴子的事情惹法官生氣，我想大概會是死刑吧，判決書的理由寫著日本大間諜，從事清朝復辟，私通日本人，出賣中國等事，以他們的想像判決我的死刑，實在是多謝了，我在他們想像中竟然是那麼偉大的人，對不起，實在不敢當，如果反問他們，請他們出示個證據讓我看看，就又開始那些耍猴戲的三流演技，小貓吐毛下畫上句點做收[264]。

也就是說，完全都是靠想像在判決，代表國家的法官就這麼明講，我就算敗訴了也是勝利。死不過是件小事。唉呀完全沒變，這就是我熱鬧的人生。連放個屁也都成新聞。

這封信也是奇怪的東西。御出木偶劇從過往就是日本各地自豪的東西，現在也沒什麼好大驚小怪的。但是人在小時候受過的教育，可以說會關係到一輩子。還在外面社會上時，不特別顯眼的小智慧，在這種狀況下，便會不知不覺地浮現。不管遇到什麼想不透的時候，就是一休和尚。我最喜歡一休和尚，最後一刻也是一休和尚。到死為止，那一瞬間，還是一休和尚。可

263〔原注〕指川島浪速的祕書庄司久子。

264〔譯注〕原文照譯，似乎為芳子特有的行文風格，意義不明。

是支那人不可能理解。不管什麼時候都是平佐衛門[265]。只有希望父親大人一整年都身體健康。在充斥狐狸與狸貓的世界上，只要能悠悠哉哉地活著，無罪也好，死刑也好，也沒什麼太大的差別，如果是父親大人，應該更能理解吧。那些俗物們不懂。重點就是，我體悟到在這世上，能與父親大人共度兩人的人生，才是最令人心安的。法院這種最低俗的地方，與我的性格完全合不來。監獄生活和花花世間的生活沒有差異，那就跟在銀座中心坐禪一樣，都是相同的道理。

正月七日，在遙遠監獄的中庭，如往年一樣鞠躬敬最敬禮。想要早日回到父親大人身旁。請務必原諒這個不肖的孩子。

父親大人經常說，養妳不是為了要妳孝順我，而是要妳為民眾而死。現在都細細想起來了。我有兩位最偉大的父親，卻生出這樣的孩子來，實在抱歉。雖有志，未能成事。現在即便蹲在牢裡，果然還是擔心著民眾老百姓的事情，擔心的程度大概沒人能理解。老百姓，真的很可憐。比犯人還要可憐好幾倍。難道完全沒有拯救他們的辦法嗎？最後，敬祝父親身體健康，就此擱筆。請務必務必健康，等待我回去的那天。請一定一定要活著。敬筆

懷念的父親大人　芳子　拜

欄外以潦草的字跡寫著「請送阿爾卑斯的照片過來」，可以看出她懷念第二故鄉松本的模

樣[266]。雖然沒有日期，不過是在一審結束後，大概是在昭和二十二年的晚秋所寫。先不管所謂芳子剪短頭髮穿著男裝，是為了保護自己不遭川島浪速毒手的風評，至少在此信中，芳子仍然相當敬慕養父浪速。同時，一審遭宣判死刑的芳子，在這個階段可以看出仍極其樂觀地接受判決的態度。

過完年，還等不到櫻花盛開的時節便遭處刑，這大概是此時作夢也沒想到的吧。

獄中生活

對於川島芳子的死刑判決，在日本自然也成為矚目話題。昭和二十二年十二月三十一日，在東京軍事審判中東條英機首相與首席檢查官季南（Joseph B. Keenan）兩人隻身對決，引起世界矚目。除此之外，日本戰犯審判中引起眾人矚目的，就是十二月十三日的《朝日新聞》，刊載了一則彷彿要與東京戰犯審判相對比，標題為「間諜？中國法庭審判」，揀選編輯四段有關川島芳子死刑宣判與其獄中生活的報導。由署名野津浦的人所書，原稿選輯出如下容：

265〔譯注〕日本俚語，指心平靜氣、心平氣和之意。
266〔譯注〕此指日本阿爾卑斯，包括日本中部的飛驒、木曾、赤石三個山脈。

……這天川島芳子的樣子，依照《大公報》記者描述，「白色瓜子臉上有著黑色的大眼睛」，頭髮如男性一般削短，身上穿著南京友人送來的白色毛衣，黑色褲子，樣子像個摩登的貴公子」。死刑宣判的二十二日[267]，芳子穿著黑呢子大衣，深綠色西裝褲，臉龐略施薄妝，面無懼色，悠然左右張望，嘴角浮現微笑。（中略）肅親王遺孤金壁輝，是果如宣傳一般的革命兒，還是身為國際間諜擁有幹練手腕的人物？或者只是因為名門之累，為了利用其背景而遭日本軍部操弄，不過是個現代版唐吉軻德？華北高等法院判決有罪，判處極刑，但她仍申請上訴，如果公審繼續進行，披著面紗的男裝麗人的真正身影，應該會被追究的更加清楚吧。芳子的年齡一說是四十一歲，另一說是年華正盛的三十一歲，何者為真，並不清楚，這應該也會在近期內釐清。而《大公報》的特派員彭女史與芳子的獄中會見記，報導如下：

　　在獄中她完全看不出摩登風情，穿著白色上衣灰色中國式西裝褲，沒穿鞋子。囚房空蕩，牆上掛著她尚未完成的水墨山水畫，她感嘆自己沒錢，所以買不起紙張。

　　「我不是漢奸」……她以男子般的口吻說……「如果是的話，在日本投降之前應該就逃回日本了吧。我是往來於中日兩國間，力說兩國親善。而且一直以來都攻擊日本的獨善主義和侵略主義。中國勝利時我非常開心。我雖然持日本國籍，但流的血是中國人的。戰爭結束時，我還飛奔到街上，高舉雙手歡迎中國軍隊，也高呼著蔣主席萬歲。心中吶喊著中國要成為民主國家，要成為世界強國（中略）」。

她在女囚之間頗受愛慕，女看守員指著她說：「是像個孩子般純潔的人。」

芳子從獄中寫給小方的信件，有些也使用假名寄出，寄信年月日不明，只能大略推估寄信時間，下面這封信恐怕正是此一時期所撰寫（原文照引）：

大家都還好嗎？我很好。最近，我的「籍」[268]出現問題，我已經託老爸寫信了，你也趕緊把信寄來，松本與黑姬，兩邊都寄來，如果是日本人，很快就能出獄。去年，有收到寄送至天津的資料。那是廉的，利用那份資料，這次把廉換成俺，其他的保持原狀即可。出生年月日，也是保持廉的資料即可。不這麼辦救不了韓二[269]。沒跟哥哥們會面過，說什麼他們都不知道。全都是大笨蛋，令人困擾的薄情人[270]。老爸還好嗎？能見面嗎？良平[271]先生也可以，怎樣都不能

267〔原注〕昭和二十二年十月二十二日。
268〔譯注〕芳子只以片假名拼音「セキ（籍）」，應指「國籍」。
269〔原注〕應是指甘珠爾扎布。
270〔原注〕親戚裡頭誰都沒去監獄與芳子會面，也沒有送東西給她。
271〔原注〕浪速的胞弟。

理解時，你親自去一趟。然後趕緊送來，如此就能儘早回去，東西也都會歸還，東西也有你的分。他們說會交還日本人。你用母親的名義寫信給我。我最擔心的是沒法與老爸見面，希望他務必保重。也希望你的母親健康安好。只要我的「籍」能解決，馬上就能見面，我打算立刻前去。最近沒什麼事情，前些日子南行[272]，當時變成官僚[273]，我好生拒絕了才回來，歸還了官僚的服裝，大家都一陣驚訝，詳細情形見面時再聊。

緒方史郎君拿走一半，八的一半就是四[274]

和子[275] 書

芳子特有的散漫文體相當難解，重點大概就如第一章已經說明過的，把芳子的姪女廉子，也就是金廉鋁的「廉」字，以「芳」字取代，用來證明日本國籍，可以說使勁渾身力氣懇請小方協助。此外，文中提到「不這麼辦救不了韓二」，大概是擔心過往的丈夫，即甘珠爾扎布的情形。在《婦人公論》雜誌中，芳子以「韓氏」標記甘珠爾扎布。甘珠爾扎布於九一八事變當時，身為蒙古青年獨立黨兩千黨員的指揮官，領軍由側面攻擊國民軍的通遼騎兵第三旅。芳子這件審判怕會牽連諸多，扯出甘珠爾扎布，為了不使其蒙受波及，在這層意義上，芳子也清楚表達想要變更國籍的意願。

另一方面，這個時期芳子也頻頻請求養父川島浪速送來戶籍謄本。委託書的正本目前已經佚失，昭和二十四年六月發行的《川島芳子獄中記》裡，則刊有此幀照片。此書是由「養父川島浪速祕書林杢兵衛編」，但林氏已經過世。林氏生於明治三十一年的岐阜縣，在太平洋戰爭中因川島浪速的知遇之恩，當時擔任職務還稱不上祕書，但戰後卻到黑姬山莊陪伴川島度過一段時間，推測應該是在這個時期整理出了這本書。林氏有三個孩子，生於昭和二十一年的么女，是由川島浪速幫忙取名，取黑姬（Kurohime）諧音命名為日女子（Himeko）。日女子現於長野市經營精品店。

與其說林氏是「編者」，還不如說他是站在作家的立場整理出這本書，其中大半都是林氏的創作。芳子的書簡也在書中到處插入引用，但很遺憾的都被大量修改加工過。林氏曾經擔任過地方報社的記者，或許對於芳子「天衣無縫」的拙劣文章[276]，實在不想照著原文如實引用吧。

272〔原注〕指前往南京。
273〔原注〕意思不明。
274〔原注〕將「八郎」分成一半變成「四郎」，並取諧音寫成「史郎」（日語中「緒方」與「小方」發音相同）。
275〔原注〕芳子使用假名。
276〔譯注〕日語原文即以「天衣無縫」來形容芳子的文章拙劣，中譯時將「天衣無縫」保留並加上引號。此處大概是以此成語嘲諷芳子的文章，雖然拙劣有時又意義不明，但仍可通篇成文，讀來有「天衣無縫」之感。

與小方所收藏的原文相互對照後，發現不僅文體有所修正，用語也多少有所改變，但不至於脫離原意，因此在這點上，仍有必要一讀林氏編輯的這個版本。

父親大人：您好嗎？在獄中最擔心的就是您的健康。我在此處益發安好，請勿掛心。只是此次來信，需要父親協助戶籍抄本一事。如果我有日本國籍，便可無罪釋放。先前送抵天津的抄本，請急速送來。拜託父親。現在就認為會被處決恐怕時期尚早，因此懇請盡快送來。雖然還有許多事情想向父親稟報，但因身在獄中沒有自由，等見到父親再一一回報。最近獲得通信許可，因此書寫此信。無論如何，請保重身體。

敬書

六月三十日 277

良拜

代為向母親問安，並轉達請寫信給我。如果能夠寄送小包裹，請送來白絹一疋。棉被已經全部破損，也無衣服可穿，全數皆遭沒收大約在此時期寄出的，還有下面這一封信件：

前信中說漏了一件事，在此簡要回報。憲章的字與廉的字必須修改。其他保持原樣即可。反覆再說一次，日期也遲些較佳。

比起肅親王，只要能說明我是父親的孩子，且有法律性的證明即可。大哥[278]的名字不需要。不要填入阿廉的名字，要寫芳。不這麼辦無法成事。其他部分保持原狀即可。

我是父親大人的孩子，此事眾所周知，應該還算好辦。只要文件上有我的名字便可。請好好保重身體。我現在能收信了。不過請趕在十一月中旬寄達。如果辦妥，很快便可與您見面。　敬書

父親大人　收

照這個方式辦理，可能會前往村公所進行查問。不知道哪邊會先寄達，因之現在寄出一封。就是送來天津的謄本一事。拜託了。大連一片混亂，似乎無法進行調查。

277〔原注〕日期尚有疑義。

278〔原注〕指大阿哥憲章。

七月三日[279]　良拜

如前文所說明過的那般，芳子想從第一王子憲章次女的廉子日本國籍下手加工，做成川島浪速養女芳子的偽造戶籍謄本寄來，因此懇請養父幫忙。

芳子的辯護律師團自然請求上訴，但風向一改變，立刻就會成為媒體的注目焦點，這種傾向不管是何時、何國都一樣。上訴的動向很快被國際通信社等關注，原本與芳子案件沒有關係也無干涉立場的美國人，竟在北平發的特電中出現如下的辛辣筆調：

◎……川島芳子小姐在單人牢房中抱怨連連地說：「與其在這種地方冷到發抖牙齒打顫，還不如乾脆把我殺了爽快。」……

◎……一些微不足道的小事竟然控訴到南京最高法院。

◎……現年四十二歲的姿容，看不出過往魅惑諸多高官的妖豔身影，毛衣包裹著乾癟的胸部，面帶怒容牙齒脫落，簡直就是秋風掃落葉般的樣貌。

（《讀賣》，昭和二十二年十一月十六日）

另外在晚報《新大阪》等報紙上，也出現了七個段落的報導，附上芳子半身照兩張：

……十七歲時，她進入某學校習得戰術與情報相關技術。（中略）黑龍會看上她，讓她成為蒙古一位王族的太太，透過此關係遂行情資工作。（中略）後因忍耐不了荒涼的蒙古沙漠生活，某天傍晚她穿著緋色衣裳跨上白馬，企圖逃出沙漠……（十月二十六日）

報導已經到了為了戲劇效果不惜添加毫無事實根據的內容，還加上一句「在與原滿洲傀儡皇帝溥儀氏命運一同頹敗的清朝哀史中開出的一抹花瓣」，為芳子虛構的形象再次增添戲劇性。這段時間浪速居住的長野縣上水內郡信濃尻村，村長與村會議長聯名，向北京發了一封請願書，該請願書的草案現今仍保存在黑姬山莊保存會」。首先是：

昭和二十二年十一月

日本國長野縣上水內郡信濃尻村

村長　常田豐治

村會議長　井澤久藏

請願書

279〔原注〕日期有疑義。

謹呈　閣下請願書。吾等為日本國長野縣上水內郡信濃尻村的代表者。昭和二十二年十月一日，在戰犯罪名下經公開明白審判之結果，受到死刑判決的川島芳子氏（日本名），幼時便於本村居住、成長，從而，到芳子成人為止的性格，吾等較之他人更為清楚。芳子氏出生於貴清國正統之肅親王家，三十六年前當時六歲，由川島浪速氏一家收為養女……

請願書如此起頭，接著便連綿說明，川島浪速不斷考慮芳子的國籍問題，但因為當時的日本國情，難以獲得許可，因此錯失了入籍的時機，但自義和團事件以來，日本人川島浪速與支那人肅親王之間擁有深厚的信賴關係，加上川島浪速協助保全紫禁城及建立支那警察制度基礎等，為了支那投注了大量心血，盡心盡力等等。

在這樣的前提下，作為川島浪速與肅親王之間信物的芳子，怎麼可能做出背叛支那的事情，請願一方透過以下文字嘗試說服對方：

肅親王殿下與吾川島浪速氏，皆為以提攜道義為根本，竭力主張保全大東亞之大理想家。在他們共同生育教養之下，繼承充滿仁慈與豐富思想的芳子氏，無論如何實在難以想像會有叛逆侵略之野心。

最後說明芳子過往生活在信濃尻村時，經常提起日支間戰爭的可怕，力說擁有工業力與充滿豐富資源的支那，應互相攜手合作，「……吾等深懷戒慎恐懼之心，推度此次死刑宣判，必然為神聖不可侵犯之判決。（中略）然則芳子氏之真意，其理想及見解，如本請願文不厭其煩詳加說明一般，實乃基於道義及日華親善之思想基礎。（中略）如蒙上訴再審之機會，將不勝欣喜，頓首再拜懇請再予機會為荷」。

全文大致依此脈絡演繹。並於最後追加，因養父川島浪速已高齡八十三，若芳子遭處死刑，「體察無人盡孝的川島氏心情，實在於心不忍」，以此訴求酌量情狀。

日本國民的官方證明書

此時人在長崎的小方，也收到一筆川島浪速給他的慰問金。大概是因為小方從逮捕到獄中生活為止，一直陪伴著自己的養女，川島藉此表達對小方的感謝與同情之意。

小方把這筆款項寄贈給當地的「聖母騎士團」，該團體主要針對遭受戰爭災害與戰後返國的孤兒進行援助。小方也把此事回報給川島，該書信至今仍保存於黑姬山莊保存會，小方於信中也向浪速傳達當時擔任芳子主辯護律師李宜琛的見解：

……李先生也表示，只要有日本國籍，就會當作戰犯處理，最終淪於證據不充分的狀況，一定能夠（讓芳子）無罪。能否由老師寫一感謝函致北平市西單麻豆腐作坊甲四號李宜琛律師，順可詢問各種情狀？

也就是說，律師的作戰策略，是把被當作漢奸處理的芳子，先拉回日本人戰犯的定義圈內，在此基礎上以戰犯身分否認控訴罪狀，企圖藉此拯救芳子性命。確實這個論述如果成立的話，芳子至少應該可以留下性命。提段閒話，過往以李香蘭之名在大陸集眾人目光於一身，現任日本參議院議員的山口淑子，戰後經過九個月的軟禁生活後，於昭和二十一年終於平安回國，據說當時靠的就是她擁有日本國籍。根據小方的說明，李律師過往曾經留學日本，戰爭期間雖然留在重慶，但戰後旋即回到北京，開始為日本人戰犯辯護，幫助許多人獲得無罪釋放的判決，對芳子一案也充滿同情。小方在寫給川島的信件中提到李律師是「年輕有為的人士」，但沒有說明確切年齡。依據芳子親族的意見，大家都一致推測如果李律師尚在人世，現在應該居住在臺灣。在小方的指示下，川島迅速寫給李律師如下陳情書。

肅啟　敬賀閣下清祥安好

據聞，本次川島芳子審判事件，端賴閣下的同情與正義，多所襄助，此次小方八郎氏歸來，自長崎詳細報告後，現已知悉情況，對於台端的恩情，敝人身為芳子父親，深表感激之意。

芳子生父故肅忠親王與予，對於保全東亞大局觀念，由清朝政權存續時期起便全然一致，以此契機，雙方意氣投合，交情益深，之後更義結金蘭，同心協力，曾致力日華兩國真摯互助之策，爾來交情不讓管鮑。清朝政權消滅，自親王避難來旅順至親王薨去十年間，王家五十餘口之生活，皆因予手支持，知此事者，北平方面的華人之中，料想應不在少數。如此一般，親王與予之交誼，更甚於血親兄弟。其時親王因予無子，憐予家庭甚為寂寞，於大正二年將芳子送至東京予家，當時芳子剛滿六歲。此前予屢屢往返旅順之際，親王家眾兒女間最為疼愛幼兒芳子之故，因之成為領養契機。彼時起她即成為予家子女，先就讀池袋小學[280]，後進入跡見女學校，大正十年予為保護親王一家，所有資產悉數蕩盡[281]，亦失去居所宅邸，歸隱故鄉長野縣松本市，當時芳子亦隨之前來，進入松本市高等女學校就讀。

芳子如右所述，自幼全然接受日本教育，言語、風習、習慣等自然完全日本化，而她本人也幾乎沒有意識到自己是清朝人之子，一般日本人亦認定芳子為川島家的孩子。依據日本規畫

280〔原注〕可能是豐島師範附屬小學之誤，或者之前曾短期就學於池袋小學。
281〔原注〕就事實而言，至少川島浪速此時期確實有養活肅親王一家。

法正式取得國籍，記憶中應於大正八年，當時居住於東京市外岩淵町字稻付，於該公所登錄戶籍簿，然大正九年[282]東京發生大地震，該公所保存文書因而付之一炬，其後新本籍改設於黑姬山莊所在地，即「上水內郡信濃尻村大字野尻」一九六四番地，今芳子來信要求身為日本國人之官方證明書，而要求當地主管公所信濃尻村長開立證明書，寄送至北平宣門外監獄女監第三號芳子處，同樣亦寄送於台端以資參考，懇請為其辯護。如前所述，芳子三十餘年前即具備予家子女資格，無置疑餘的，她不僅風俗、習慣，甚至精神、智識、情感等，全部皆為日本式，她本人亦自認是日本國民一員，日本國民一般亦咸認其為日本人，依此認識，彼此廣結人際關係網絡，中華民國政府因為誤解，以漢奸罪名將其拘禁，大施虐待酷刑，因而導致輿情大為憤愾。

予原本想法亦與輿情相同，直至小方氏通報，方理解真相，中國官員軍警等，對芳子保持公正同情態度，予深感銘謝，亦努力將此訊息傳達於一般日本人。

小生今年已是八十三歲高齡，身心不斷衰微，因之懇切盼望能夠釋放芳子，使其回到依然孤獨無子的老朽身旁。無論如何請秉持公平仁愛，盡最大努力。自講和條約成立以來，予領清朝二品銜客卿之銜居住北平達十二年，內心深自期待，或有機會舊地重遊，拜見台端，親述感謝之意。

本次以日華兩國敵對關係為基礎，九一八事變當事人等，驅騁個人功名野心，扭曲日本於東亞之大使命真意，因為混入侵略色彩，方釀成此種重大過失。日本人必須自覺反省，一改步調。中華人亦須體悟，東亞保全之道最終仍在日華相互提攜、一致協力之上。

芳子於北平所為諸般事宜，予全無收受通報，因而無法得知，然其幼小時予便諄諄教導，薰陶東亞大局觀念，望其以四億民眾為對象立身成為女菩薩，在此教訓之下，應該不會出現偏袒日本、忘卻中華之舉。請以賢明之心寄與芳子諒解之情，在下不勝感激之至。敬白

川島浪速頓首

李宜琛先生台啟

文中提及的身為「日本國人之官方證明書」，川島浪速先說明因為「在下因為沒有子嗣所以從肅親王處領養」第十四格格芳子作為養女，這件事情日本的人們都有所認知，因此提出信件給村長，信中請求「敬祈證明以上事由」，接著信濃尻村村長常田豐治再記入「前記事項確認無誤，此茲證明」，透過這個方法希望證明芳子是日本人，但這終究無法代替戶籍謄本等官方文件。此外，對於芳子所作所為一概不知，但自己教導她的都是要成為女菩薩，絕對沒有類

282〔原注〕應為大正十二年九月一日之誤。

似背叛中國的思想，這種論證方法，換個觀點來看，也可以視為川島浪速採取了一招巧妙的保身之術。

沒多久川島浪速的書信與附上的證明書便寄抵李律師之處。但芳子讀了之後，卻以抗議般的口吻，回了浪速一封如下書信（原文照錄）。

父親大人

今日從律師處拜見父親寫來書信與村代表們所寫請願書，幾乎流下眼淚，但最終仍無法哭泣。（中略）公審之日，我的年齡是個問題。父親寫給李宜琛律師的信中，年齡寫錯了。現在請重新考慮。九一八事變當年，我剛滿十六歲。因此現年三十三歲無誤。父親的記憶有錯，如果大正二年我六歲，現在已經四十五、六歲了。大正二年是憲德[283]到日本的那年。年齡搞錯了將會搞出無法收拾的事情。我大概帶有別的什麼想法才說謊，加上寄到天津的謄本可能也有誤，如果我生於宣統年間，就會具有中國國籍。如果我出生於外國，在中國就沒有國籍。父親的想法有錯，而且沒把重點放在年紀這點上。或許因為我弟姊妹過多……

小方有寄信給您，請詳細讀過。

父親信中雖然提起我上學的事情，但卻讓人困擾。我在學校的狀況一句都沒說明。請把學校部分拿掉，好像要把我小時候如何頑皮搗蛋都周知天下一般，今後兒時往事，學生時代的事情，因為與法律無關，請別再提起，讓人感到非常羞恥。即便沒寫這些事，與生俱來好惡作劇與開玩笑的個性，現在也沒改變，不管如何自我小心，還是會顯露出來。父親請說，芳子從來沒被留過級，非常孝順雙親，不是壞孩子。如果新聞記者前去採訪，也不要詳細說明。像往常那樣：「那孩子很麻煩，被學校退學，不斷留級，不聽長輩講的話，是個沒人要的孩子」

這種話都請不要說。父親說孩子多可愛的事情馬上就能見報，世人們就會沸沸揚揚地討論。這次要能出獄，我一定會當個好孩子。會好好孝順父親，也會當個觀世音菩薩，請您放心。回日本後天天念經，當個偉大的人。請託某人寄來猴子照片。聽說松岡爺爺[284]已經過世，是真的嗎？（後略）

父親大人　不孝的死囚芳子拜上

就在方才，證明書寄達了。但是法律上仍欠缺效力。戶籍上的證明才可，不講第幾個孩子

283〔原注〕指二阿哥。

284〔原注〕應是指昭和二十一年六月二十一日過世的松岡洋右。

也沒關係，只要證明是父親的孩子即可。說明幾年幾月，幾歲時成為父親的孩子就好。可是父親的證明有錯。與我說的事情有出入。與我學生時期，完全不相符。我想父親的記憶有錯誤，請好好思考，總之到被殺之前，似乎還有點時間……我會再寫信來。

簡要來說，就是懇求浪速要證明，芳子出生於日本，九一八事變時年紀十六歲，是個孝順的好女兒。為了救芳子一命，這肯定是兩大重點無誤。憲立對於芳子的死刑判決有如下見解：

確實律師有說過，判刑的證據怎麼看都不夠充分，應該可以得救。此外把她從漢奸審判的立場拉到日本人戰犯的範圍，堅持盯緊日本國籍一點，也是非常聰明的策略。蔣介石的親信，擔任第十一戰區司令進城接收北京的孫連仲[285]，他夫人也是滿族人，我也偷偷透過夫人央求救芳子一命。可是芳子在法庭中做了對自己不利的發言，所有努力都化為泡影。搭救失敗的原因或許就在這點，至今我仍遺憾不已。

根據憲立的說法，芳子的審判也透過廣播直播。當時憲立一面避人耳目藏身，一面也關注傾聽廣播。可是，公審之中芳子突然提起孫文的長男孫科一事，當時直播立刻中斷，以極不自然的方式結束。憲立說，當孫科的名字出現瞬間，廣播即被切斷，所以完全不知道芳子的證詞內容，但如果依照田中隆吉之後於著作集中發表的內容，可以知道應該是一二八事變後孫科彈劾蔣介石，而芳子利用日本歐洲航線客船藏匿孫科，助其逃回廣州一事。如果芳子於法庭上說明此事，那麼當時身處蔣介石政權核心的孫科，就會立刻失去自己的立場。孫科為了自己，當然想封住芳子的口，所以必然會盡力促成芳子死刑，這大概是憲立想傳達的言外之意吧。

駁回後再上訴

新年過後，時間來到了昭和二十三年（一九四八）三月六日，芳子一方正式提請重審。

（《南京中央日報》六日北平）金璧輝死刑判決後律師提出新證據請求重審。近日以來於獄中以日語寫成數千語自白書，此與重審請求理由書一併於下周一向法院提出。

但重審請求卻在三月十四日遭河北省高等法院駁回（《時事新報》昭和二十三年三月十六日）。

285〔譯注〕孫連仲（1893-1990）：中華民國陸軍二級上將。馮玉祥手下「十三太保」之一。

重審遭駁回後，芳子寫了如下的一封信給小方，可以看出雖然表面上逞強，但心中知道來日無多而感到焦急的心情。

內容以混雜變體假名的平假名書寫，欄外還以平假名寫著「隔牆有耳，四處都有耳目，什麼都不能說」，讓人聯想因為害怕檢閱，所以更以日本特有的假名書寫。此信已於第一章引用部分，為了方便讀者閱讀，此處加上標點，全文抄錄（舊假名用法仍依原文照錄）。

給八公

俺終於兩回死刑了，不過沒有洩氣，精神還算不錯，依舊每天邊想辦法邊呼呼噴菸[286]。遇到這種慘事，也沒什麼解決辦法，不過沒關係。非常非常擔心你的健康，俺果然還是最愛小紋的爸爸啊。等著，保重身體，別掛了。哈哈哈。北平把俺的事情做成有聲片還是歌劇啥的。報紙上有寫，大為轟動。老爸，把不需要的內容，寫在信裡，給律師。裡頭寫得太過詳細，因而對我很不利。阿年全暴露了[287]，俺非常驚慌。俺生於大正五年。趕緊幫俺改了，這樣事變[288]當時才十六或十七歲，事變時根本沒能力做什麼，此點可能有救。老爸想袒護俺，詳細寫了，反而困擾。趕緊幫俺寫信，這是最大的問題，不行也得行，快寫信呀。小紋好像最近會到俺這裡來，不知道還記不記得俺，俺呢，每每看著天空流淚，呼喊著他們，原諒了[289]。你的衣服已經還回來了，別擔心。我會加油。辛苦啦。小紋的爸爸身子孱弱，俺很擔心。有梧桐淚[290]嗎？這裡井邊有很多，想起來心中便百感交集。回憶起俺老是斥責小紋的爸爸，可是也最喜歡小紋的爸。俺不認為自己會死。加油。幫俺跟老爸說已經兩次都死刑。因為寫信即便寫錯一個字，都會變成麻煩事的蒸句[291]，簡單說就好。如此可照俺的意思解釋，否則雙方說話不相符會造成困擾。俺不知道「籍」會出這麼大問題，照俺的方式幹，沒問題。俺想很快就能見面。趕快以航空郵件寄來。跟老爸說各式各樣的事情不要寫喔，三郎[292]也進來了，因為呼呼了一年，很可憐不過也沒辦法，因為良心不好啊。十四[293]死了。祥[294]的親戚的妹妹因為呼呼也來了，關在一起。趕快

286〔原注〕呼呼似乎是指鴉片。
287〔原注〕阿年指年紀一事。
288〔原注〕指九一八事變。
289〔原注〕可能是指要與心愛的猴子小紋見面，訴說看著天哭流淚之意。
290〔譯注〕可能是梧桐樹之誤。
291〔原注〕證據。
292〔原注〕指三阿哥憲平。
293〔原注〕指十四阿哥憲立。
294〔譯注〕片假名シヤン，意義不明，此處採音譯。

把麥克阿瑟的證明寄來。拜託一下應該就可以了。要求俺的事情，啥都不過問直接移交給日本。如果不成，下次就死定了。真的喔。第三次就全完了。即便對律師也不能全說真話。跟老爸說「強」式[295]就是這麼麻煩，俺大爺木有大針[296]，渾身清爽舒暢，是件好事吧。幫俺寫信給松垣問好。別忘了。為了二本[297]幹了那些，現在竟然棄俺不顧，不要的話最初就說不要，不就全了結了。我這不憋屈嗎。誰都不能說，紋公的老爸應該懂吧，拉拉手玩玩遊戲就好了，人生沒啥大不了，調查也沒啥大便也沒，這就是「強」式。安心啦，跟老爸說，不要按照二本式的方式思考。最近更加亂來。北海道有個人。男的。啥都沒幹，只是「是！是！」的回答就無期[298]。要保重身體啊，要孝順喔，等我回來了，大家都會好起來。可憐的紋公的老爸，如果喜歡你就好啦。對啊。你很好，是好男人，我左思右想就是喜歡，沒用的傢伙，這是幹了很美好的事情，出來啦，我想你能懂吧。再見了。這別給人看，因為別人會笑話。律師是北平第一響噹噹的三人，免費。可是可是卻沒法安心，老爸的信沒送到啊，下次寄到聯絡部。要寫「必面呈」啊。四方[299]在南京[300]穿紅衣服了。可憐啊。還會再寫信給你。只能看著小福的夢想了[301]。重點就是，如果事變當時俺不在十六歲以下，可能無法獲救。立刻轉達老爸，這是最重要的。與其寄給律師不如直接寄給我，寫到聯絡部，由他們轉交。要快，如果不快，將趕不上最高院。不想死掉還得被驗屍。死了也沒人來。沒法寫長信，很困擾。因為沒◯了。你偶爾寫信來。死刑檢閱特別嚴厲，不管啥都嚴厲。跟老爸講，如果有附上檢閱畢印章的信混有一些莫名其妙故意寫入的內容，叫他不要當真，因為可能寫了一堆亂七八糟的東西。保重身體喔，寄到聯絡部來也會有檢閱，別忘了。

緒方福筆

從最後幾行看來，芳子為了躲過檢閱，特意使文章脈絡更為混亂。重點在於芳子要以最快速度向麥克阿瑟提出請願書、要混淆年紀送來偽造戶籍謄本等，作為她最後的訴求。

芳子獄中書信的寄出人使用假名，或者寫下虛偽的住址等，有些也明確寫著住處是「中國北平宣外第一監獄」。過往拘留芳子的宣武門外第一監獄，也就是現在的「北京監獄」，據說曾於文化大革命時期拘禁過許多「思想犯」，芳子的胞妹默玉，也在毛澤東政權下在此服了

295〔原注〕支那式。
296〔原注〕指沒有注射。
297〔原注〕指日本。
298〔原注〕指無期徒刑。
299〔原注〕應是指中支派遣憲兵隊司令官四方諒二少將。
300〔原注〕應指南京監獄。
301〔譯注〕應是「只能在夢中見到小福了」之意。

十六年的刑期。從過往北京城護城河方向面對北京監獄正門，往內窺探可以發現內部相當深邃。接近死期，過著鬱悶日子的芳子究竟被關在哪個區域，完全無法推測。清朝最後王族姊妹，這個桎梏他們生命的場所，現實的沉重感在沉默之中飄盪著一股陰鬱的氣氛。

依據《南京中央日報》報導，昭和二十三年三月十七日午後，也就是芳子處刑的八天前，三位律師李宜琛、劉煌、李朋等，從河北省高等法院向最高法院提出書狀，請求撤銷原判決。這是芳子最後的抗告。

北平第一監獄槍決

芳子過往的家庭教師本多松江，此時任職於名古屋的保護司，為了救援成為死囚的芳子，做出了一項重大決定。她的丈夫是林高寺的住持，松江向她丈夫說：

不知道要讓你在寺中空守多久，也不知道此去自己性命是否不保，但我想去試著救芳子。

而她丈夫則如此鼓勵松江：

不管要等多久，都會等到你回來，請不用有所罣礙，照妳的想法去做吧。（《松風之跡》）

本多松江首先拜訪了川島浪速，並四處尋找松本高女時代芳子的同班同學，並進一步拜訪了各界相關人士，收集了三千多人的連署。請願書的主旨只有「川島浪速的養女川島芳子是日本人，不該當漢奸罪名」，聚焦於這一點。接著本多前往大妻學園拜訪與她熟識多年的大妻古太佳（コタカ音譯），獲得大妻的協助以學園為基地，出發遍訪眾議院議長松岡駒吉、長野及愛知縣選出的國會議員，還找了GHQ[302]幹部等等，邀請他們加入救援的一方。據說過往留學哥倫比亞大學的本多認識蔣介石夫人宋美齡。不過宋美靈從衛斯理學院（Wellesley College）畢業後，大正六年回國，所以應該與本多留學時期有所出入，但身為上海YWCA[303]重要會員，與本多可能在宗教關聯的集會上有過一面之緣也不一定。本多認為應當也要與宋美齡聯繫，總之先帶著請願書與署名簿飛往北京繼續執行計畫。但是，就在這個時候，新聞傳來芳子處刑的消息。據說精疲力竭的本多當場昏倒。

《南京中央日報》三月二十六日報導芳子行刑的文章，意外簡短：

302〔譯注〕「盟軍最高司令官總司令部」（General Headquarters, GHQ）。

303〔譯注〕基督教女青年會（Young Women's Christian Association, YWCA）。

川島芳子槍斃

上圖為押抵刑場俯作笑容之川島芳子。

下圖為一彈畢命後之屍身（華北日報張伯生攝）。

報導川島芳子遭處決的新聞。

川島芳子，昨日於北平執行死刑

只許外國記者旁觀

（本紙二十五日北京發）金璧輝（川島芳子）於今晨六時四十分於北平第一監獄執行死刑。金先前提出之抗告書由最高法院北平事務所駁回，下令執行死刑。

只有如此簡單的報導。在北京監獄的一隅，芳子遭行刑。

北平特電二十五日發的美聯社（ＡＰ）訊，稍微詳細一些，有如下說明：

一發子彈終於決定了川島芳子的命運——因叛國通敵罪而被判處死刑的東洋瑪塔・哈莉川島芳子，其死刑二十五日於中國最高法院北平分院刑場執行。為了滿足她「不要讓任何人知道」的希望，於天色未明之際送往刑場，讓芳子面對牆壁站立。行刑官問她：「還有什麼想說的話嗎？」芳子簡單回答：「想給長年照顧我的川島浪速氏（養父）寫封信。」便站著將信寫迄。相關人員告知上訴已遭駁回，確認姓名後命令她跪下。一發手槍子彈旋即命中腦後，命運坎坷的芳子，三十三歲的命運於此畫下終點。根據負責官員的說法，她宛如貴婦人一般，眉頭都沒皺一下，接受了死亡（《讀賣新聞》，昭和二十三年三月二十六日）。

處刑前十天的十六日，美聯社記者特派員史賓塞．穆薩獲得於獄中單獨訪問芳子的許可，訪問內容由北平發十八日共通電送出，《讀賣新聞》於三月二十一日刊載內容如下：

〈討厭男人〉

死刑前的川島芳子

……與清朝最後皇帝，也是滿洲國偽皇帝溥儀擁有血緣關係，在戰爭中為日本施展魅力，被稱為東洋妖婦的川島芳子，已經看不出過往風華。兩年的獄中生活已經徹底磨耗她的健康與容貌。她的門牙已經脫落，但美麗的皮膚、大又黑的眼睛、柔軟小巧的手，仍留駐著往昔的美麗。嬌小的身軀穿著灰色的外套，讓她個頭看來比實際更大。頭髮如男性般剪短，記者問：

「你究竟認為自己是哪國人？」

她聽完回答：

「父親是清朝的皇族，母親是蒙古公主。因為父親在我三歲的時候過世，所以成為父親好友川島浪速的養女。」

說明三十三年前雙親流亡東京時生下了她。她目前在獄中被禁止讀書寫字，以日文寫成自己坎坷身世的手記目前只完成了一半。打算把手記拿給現年八十三歲，目前人在日本的養父川島浪速，但是她承認因為「連買紙的錢都沒有」，懷疑自己究竟能否把手記寫完。

「你的養父究竟是不是黑龍會的成員？」

她聽完大感困惑，回答：

「哎」、「不是……我不清楚」

她自己表示：

「我一次也沒結過婚。我討厭男人。因為男人只會給女人帶來困擾。」

她說自己只吃監獄給的供餐，因為沒錢，所以無法從外部取得食物。她一月二十二日[304]對死刑判決提出上訴後遭駁回，現在只等著行刑而已。現在能救她性命的，只有來自南京的緩刑命令而已。

如果記者所寫無誤，芳子確實說三十三年前雙親在東京流亡時生下了她，那恐怕是芳子集中力氣的最後一搏，藉此強調自己出生於日本，成長於日本，想要被承認是日本人吧。芳子謊報年齡，已如前述再三說明一般，是為了製造九一八事變時尚未成年的假象，當作逃脫罪責的招數。

304〔原注〕應為三月十七日。

「我一次也沒結過婚。」如果芳子也確實如此向記者說的話，大概是怕會牽連到過往的丈夫甘珠爾扎布吧。之前芳子催促小方及早寄來戶籍謄本時，信中提過「不這麼辦救不了韓二」，已經說明過不想把事情牽連到分手的丈夫身上。

至於她在獄中頻寫手記的傳言，似乎經常可以聽到，而此次訪問中也提到她把自己坎坷的一生寫成手記，要寄給川島浪速，但目前只完成一半。川島浪速的手邊沒有收到任何類似手記的信件。中國國際文化交流中心的日本部長高地，也曾擔任過新華社的日本特派員，日語非常流暢，過去他朋友曾拿來據說是川島芳子親筆寫的三十幾首和歌，委託他翻譯。雖然沒有芳子的署名，不過內容是在獄中懷念日本而寫成的和歌，應該是芳子所作無誤。而被謠傳成「獄中手記」的，或許指的就是這些手稿。

在日本陸軍拘置所時，雖然耍弄過偵訊官，但當芳子被要求說明小方八郎的證詞時，態度立刻轉變，強調小方並無罪過，這已經說明過。而對於分離的丈夫，芳子也處心積慮顧及不要波及對方，這也講過了。不過，除此之外，芳子對其他人，例如舊友手塚安一，也表現出自己一肩扛罪的態度。

出生並成長於大陸的手塚，能夠講非常地道的中文，而且擁有張三平這個中國名字。對日軍而言他自然是珍貴的人才，戰爭結束不久他也遭國民軍逮捕，但終於平安返國，並擔任賀屋興宣[305]的祕書。手塚能被釋放、返國，全靠川島芳子賜予的一個轉機，那段經過往後他自己告訴了林逸郎，也就是曾經擔任過東京軍事審判辯護律師那位。

手塚已於昭和五十八年過世，林則於昭和三十四年八月的《日本週報增刊號》中詳細發表那段經過。大致內容整理如下。

昭和二十二年六月底，在河北省高等法院特別法庭的等候室內，幾位被告之中包含了川島芳子，同樣身為被告的張三平（也稱手塚安一）見到了芳子，在「懷舊之情驅使下」與她打招呼，芳子卻回答：「你是誰啊？」一句話便把手塚支開。不過等到宣布開庭，等候室沒其他人影時，芳子看狀況抓緊時機，以日語快速地對手塚說：「我會說不知道、不認識你，你好好配合」，便匆匆走向法庭。公審中法官自然再三質問芳子是否認識手塚，當時她回答，「認識我的人或許很多，但要我一一記住這些人，那是不可能的」，以此反駁，並至最後為止都咬死辯稱不認識手塚。翌年的昭和二十三年三月，透過其他嫌犯之手，手塚拿到一封芳子寫來的信，內容如下：

305〔譯注〕賀屋興宣（1889-1977）：日本政治家。一九三七年擔任第一次近衛內閣的大藏大臣時，提出「賀屋財政經濟三原則」，為中日戰爭預算大開門道。太平洋戰爭爆發時又發行戰時公債支援日本戰爭體制，並把華北、大東亞共榮圈等納入以日本為首的集團經濟，這些舉措也造成他戰後被指名為甲級戰犯，並被判終身徒刑。於一九五五年獲假釋，一九五八年起連續當選五屆日本眾議員。他與美國ＣＩＡ、中華民國蔣介石政權都有極深往來，於戰後抓緊國際反共勢力、自民黨與右翼人士的鐵三角態勢，在日本國內外廣築右派人脈。

張平三君，我很擔心你的事情。保重身體。我的事情已經交給上蒼了，完全不在乎。每天都會唱國歌《君之代》。代為向岡崎君問好。當時你要是說認識我，就是七年囉[306]。別擔心了。我身上沒半毛錢也活了兩年，你是男人，更要加油。別喪氣喔。這種政府不會長久，你逃亡的時候要多加注意。身體健康最重要。人偶爾要當個傻瓜才會變偉大。誰都不知道、不認識這才最好。不給人添麻煩之下結束一切。幫我問候大家。必須一致。

最後這句「必須一致」，可能是說要團結一致面對事情的意思吧。根據林逸郎的文章，手塚遭控與川島芳子共謀為日本從事諜報工作的嫌疑，最後終於得以洗清。靠著「不知道、不認識」保護了手塚，芳子的發想果然勝利了。

關於芳子一肩扛罪包庇朋友，還有另一則重大的軼聞。當田中隆吉站上東京軍事審判的證人台時，有個機會向中國的向哲濬檢察官詢問當時公審中芳子的狀況。根據田中的著作集，向檢察官說，「她遭判刑的最主要罪狀是一二八事變時從事了間諜活動，她對於這些事實坦承不諱，而且不斷主張這些謀略計畫全都是她自己構思的」。這一切明明都是田中隆吉推測關東軍首腦部的意圖後，基於自己遠大方略所下達的指示，而且根據田中自己的回想，當時芳子也不必然還對自己抱有情愛之意，即便如此她到最後仍「絕口不提」不利於田中的供述。向檢察官也說芳子「是田中先生的大恩人」，對於芳子強大的意志讚賞不已。

至少川島芳子在這種極端的狀況下也沒有顯露任何焦躁混亂，盡可能由自己背負所有罪名，即便要離開人世時，依然幫忙這些遭混亂時代愚弄的人們，盡力減少這些人的數量。

遺體認領的前後狀況

川島芳子的遺體認領情況，在處刑後第六天的三月三十一日，有一封由中華民國北平市內二區東斜街二十四號電信監理局宿舍齋藤方小橋助人[307]之處，寄給川島浪速一封內容詳細的信件，全文的副本由小方八郎保管，抄錄如下。

遺體認領前後的狀況

昭和二十三年三月二十五日早晨七點多，律師來電話，商量如何領取芳子遺骸，請我們盡速前往一談。古川師[308]由日僑自治會員廣瀨英雄氏擔任口譯，與其同伴趕赴律師宅邸。從律師

306〔原注〕指求刑七年。

307〔譯注〕此處寄信人地址與人名皆照原文抄錄，其中齋藤所指為誰不明。

308〔譯注〕古川大航（1871-1968）：日本臨濟宗僧侶，後來擔任妙心寺管長。

處領取寫給監獄當事者的文件，九點半抵達第一監獄，將律師給的文件轉交，等待進一步指示。執行結束後驗屍尚未結束，要我們暫時等候。十二點過後，前往監獄西門外，長形略凹的白色板子上放著遺骸，臉部蓋著草蓆，為了不讓風吹走而放置兩顆破紅磚，屍體仍身著獄衣，右臉破爛一片血汙，難以辨認，因為子彈從後腦往右臉射出，因此造成此種狀況。首先把草蓆取下，以三層新棉布蓋上，底下鋪好白床單，以白毛毯包妥遺骸，套上新的棉被套，其上鋪蓋繡有五色花模樣的布疋，禪師誦讀佛經中移上卡車，午後一點多從監獄出發，兩點多抵達朝陽門外火葬場。在此之前於西門外誦經之際，為了警衛之故來了約兩、三百名巡警，各自表示靜肅哀悼之意。尚禪師將遺骸移至卡車之際，抬起頭部，因為血流之故沾汙外套，甚為可憐。

抵達後同處日蓮宗本山妙法寺僧深澤世傳師、廣瀨氏及同所員工共同將遺骸搬至室內安置，簡單執行送葬儀式，後收入火葬場嚴封處理。

原本是夜應執行火葬，但因事發緊急，薪柴準備不及，因此改為明日早晨點火，故委託火葬場監視人員及深澤氏看照。當夜附近約百餘名中國人前來，欲參拜遺骸，但因官廳命令，一切謝絕，但眾人仍表達哀悼之意。

翌日二十六日早上十點，與古川師共同前往火葬場，被告知至少還需要兩、三個鐘頭才能火化完成，便先行選擇遺骨分骨的埋葬地，掘好洞穴，下午一點半火化結束，自火房移出，由古川師、深澤師與小生共同撿骨完畢，分出寄送閣下部分與餘下當地埋葬部分，誦經後其一收入容器，其一送往墓地安葬，燒香撿骨完成。

根據傳聞，中國人每日來參拜者絡繹不絕。

法名「愛親壁臺妙芳大姐」位。

應寄送閣下之遺骨，先安置於觀音寺佛堂，每日由禪師上香。同月三十一日相當於頭七日，禪師通知諸位知己，簡單進行法事。參拜者有左列人等。

日本日僑自治會會長古閑二夫夫婦。舊華北交通，佐藤周一郎、笹井光太郎、茂手木宗一、坂本七三郎夫婦。原鐘紡天津支店長足立氏；另外有男女七八人。

同日下午兩點開始法事，至下午四點結束。

遺骨由古川師歸國時帶回，將送至貴公館。此外本次一切費用承蒙某氏好意全額負擔，待古川師歸國拜會閣下之際會稟知某氏為何人。

老生雖在當地，卻沒能幫上什麼忙，領取遺骸之際未能隨侍在側，僅於火葬後撿骨，以及參加法會參拜而已，實在無顏相對，尚祈見諒。

追記

文章前後不連貫，難讀不解之處，尚請推敲細察為荷。

文末恭祝閣下健康安泰。

遺物有棉被衣物等十數件，部分由古川氏領取部分由此妥善處分。慎重起見一併向閣下稟報。

負擔所有費用的某氏究竟何人，至今依然不明。日僑自治會會長古閑二夫夫婦在當地舉行法會時有到場，古閑與曾幫助孫文展開辛亥革命，南京臨時政府成立時參與擘畫的宮崎滔天[309]有姻戚關係，以南方派志士身分馳騁大陸，回國後曾任熊本縣玉名郡長洲町長，於昭和四十年去世。夫人美子生於明治四十五年，現居於東京都調布市，她以深信不疑的態度說：「我記得參加了芳子小姐的法事，但是受刑的是替身，芳子小姐本人不久便回到日本來了。現在也還住在東京吧。」

確實在芳子受刑後，她還活著的說法就在中日之間不斷流傳。行刑後兩個月左右，五月十六日的日本各大報紙，出現了如下報導：

活著的川島芳子

今春於北平遭槍決，應該已經結束傳奇一生的「東洋瑪塔·哈莉」川島芳子，有位叫劉鳳貞的人卻向南京監察院提出川島芳子尚在人間的告訴。訴狀中說明遭槍決的是劉的妹妹，約定以「十條金條」為代價作為川島芳子的替身，但最後只拿到四條，監察院立刻展開調查，但卻因告訴人住址不明，最終無法查明真相。執行芳子槍決的河北省高等法院表示，這是對法院的誹謗，希望徹底查明（北平十五日發中央社共同）。

關於替身說，憲立有如下說法。亦即，以孫連仲進入北京為契機，憲立也展開拯救芳子的動作。因為孫夫人與肅親王家有血緣關係，所以他判斷或許有拯救芳子的可能，結果獲得的答覆是，「可以偽裝遭處刑的樣子，但仍放她一條生路」，代價是一百條金條。另一種說法是，蘇聯當時也希望從芳子身上取得情報，所以芳子行刑當天，蘇聯有兩台飛機在等候。

蘇聯與蒙古的國境附近，有肅親王家的土地，執行完死刑後搭上飛機，芳子還是有可供逃亡的去處。可是即便芳子能夠順利搭上飛機，能寄託的對象也只有過往丈夫甘珠爾扎布的哥哥，濃乃扎布而已。他從陸軍士官學校畢業後回到蒙古擔任文教部的要職，但從該時期起也就行蹤不明，直到現在為止。假設芳子逃到他的土地上，也沒有任何人可以保障她的生活。

309〔譯注〕宮崎滔天（1871-1922）：本名寅藏（或虎藏），號白浪庵滔天。支持辛亥革命，也是孫文的好友。他同時也是一名浪花節作家，藝名為桃中軒牛右衛門。

憲立如此解釋。從他的口吻聽來，可以察覺在某段時間他也對自己親人芳子抱持著或許還有一線生機的期待。客觀來說，其實還留下部分謎團。

例如，如前所述，古川大航自發性地提出願意前往領取芳子遺體，但在此之前古川完全不認識芳子。雖說前往認領遺體，但他有什麼可靠的線索能夠分辨那是否是芳子呢？順帶一提，古川生於明治四年（一八七一），埼玉縣人，在臨濟宗妙心寺道場與鈴木大拙[310]等人共同修行，昭和二十七年成為同派的管長。

另一方面，當川島浪速於黑姬山莊倒臥於床時，GHQ正在針對浪速寫給友人的一封書簡進行調查。

該信被譯成英文，現收藏於美國國立公文書館中，此處將此川島的書信再度從英文翻回日文如下：

昭和二十三年十二月十二日

東京都中也區多田町三十八　瀧澤德太郎

依據中國報紙《大公報》報導，川島芳子的槍決實際上並未執行，謠傳由某位替身代替她受刑。報紙上刊登的屍體照片，留長髮綁著現代中國風的髮結，根據過去曾與她同房生活過，現已釋放返回日本的小方八郎說法，她總是身穿男裝剃短髮，受處刑者絕非川島芳子司令。

古川大航師也說屍體顏面血汙浮腫，無法確實辨認，頭髮長度大約及肩。

不過，根據古川師的說法，屍體手中握著一張紙片，描述的內容是除了芳子之外誰也無法寫出的心情，依據這張紙，古川師才斷定該屍體是芳子無誤。

至於瀧澤德太郎，現在仍在世的川島浪速祕書們以及相關人士，皆不認識此人。至於死者所持紙片，上面書寫的心情目前以英文資料形式保存於美國國立公文書館。

I have a house; but where I cannot return,
I have sorrow; which I cannot disclose,
I have a law; which I cannot protect me,
I am innocent; but I have no one to appeal to.

確實，如果這首絕命詩的原物尚存，而且確實握於遭槍決的屍體手中，的確可以成為芳子

310〔譯注〕鈴木大拙（1870-1966），世界禪學權威，日本著名禪宗研究者與思想家。

受刑的一個證據。

　　GHQ將此文件歸檔於G2（參謀第二部）密件，於一九四九年三月十日通知各相關單位：

　　一、川島浪速書簡提及關於日本間諜川島芳子遭國民政府處刑一事，而中國報社機關與出版物則報導由替身代為受刑。

　　二、日本《每日新聞》發行之《世界動態》亦提及以替身接受槍決。

　　三、因此，隱藏使用目的，暗中收集此些刊物，並向上呈報提出。

　　GHQ照會《每日新聞》詢問可否提供刊載雜誌，但該社以「現無庫存」為由拒絕提供，不過GHQ仍透過別的管道拿到了一九四八年七月十五日的《世界動態》，現亦保存於美國公文書館中。

　　川島芳子尚在人世？

　　今春於北平遭槍決，為傳奇一生拉下布幕的東洋瑪塔・哈莉川島芳子，南京監察院卻收到她尚在人世的訴狀，全院備感震驚。訴狀是由一位叫做劉凰貞[311]的女子所提出，內容如下：

我的姊姊劉鳳玲與川島芳子長相相近，並且還能說日語，因此我的母親唆使姊夫劉仲濟，作為川島芳子的替身，以十條金條出賣姊姊的性命。

行刑前一天的三月二十四日夜晚，我與母親把姊姊帶至監獄。但吳典獄長卻違背約定只給了四條金條，當場發生爭執，在典獄長對我們萬般威脅之下，最終只拿著四條金條便被趕出監獄。根據在監獄服勤的劉仲濟說法，姊姊在女子監獄小門處與川島芳子調包，據傳聞川島芳子就此直接逃往滿洲。因為滿洲中共軍的周保中將軍以一百條金條買下了川島芳子。然則我的姊姊作為替身遭受槍決，卻只能拿到約定金條中的四條，而且日後母親再度前往催促時，人也未再歸來。院長大人，無論如何請徹底查明此事。（中略）

此封投書內容不知從何處洩漏，但眾人開始謠傳川島芳子詐死，以金條買命等等，監察院雖然認為不太可能發生此等情狀，但也無法放置不管。因此下令河北監察使署調查替身事件真相，同署盡速偵查過濾各方，五月二十一日發表了調查報告書。

根據該報告書，三月二十四日河北省高等法院下達死刑執行命令，翌日二十五日上午六時左右，收到命令的何承斌檢察官，協同書記官、法醫、法官等，前往第一監獄參與行刑，後亦依照規定驗屍，此段時期謠傳不法替身一事，並非事實，另針對投書起因係不依約定給付金條，

311〔原注〕新聞報導則是姊姊鳳貞。

產生不滿，以此對吳典獄長及其他二位課長施行人身攻擊，若確有不法行為投書時不該略去地址，應以真實姓名堂堂提告。從多方觀點考察，投書內容並非事實，質疑投訴者恐別有所圖，本案以特意捏造論處。（中略）

一紙訴狀竟捲起川島芳子生死之謎，甚至以真相調查報告書發表做終，某中國報紙甚至以「三國時代有死諸葛能走生仲達／現代有已死的川島芳子能再度提供社會話題的怪事」，大大報導「死川島擾亂社會」，但讀後總給人無法釋然的餘韻。

川島芳子果真遭受槍決了嗎？

現在已經沒有人可以回答這個問題，但在死刑執行之後，《大公報》記者的特電中卻可看到同樣疑問。亦即，該報如此刊載當時的情況。

三月二十四日的北京街坊四處謠傳，說川島芳子已經於德勝門外第二監獄執行死刑。但二十五日早晨五點十分，人們尚在酣然大睡時，高等法院突然下令立即執行，且果然是在收監中的第一監獄執行。為了參觀死刑幾天前便開始守候的記者，匆忙趕赴監獄，但卻大門緊閉，憲兵在外警戒，並說依典獄長命令絕對不可開門。到場的原本都是當局招待來參觀死刑的記者，眾人一陣憤慨，紛紛掏出名片要求交涉，但無論如何要求憲兵均不理會，對靠筆維生的記者而言，這簡直是奇恥大辱。但大門依然未開，獄中遭到槍決的究竟何人，沒有任何人可以看到，裡邊被動了什麼手腳也無法得知。就在等候中時間一分一秒過去，六點四十分，裡頭傳來一聲槍響。

七時許，從監獄後門扛出一具女人的屍體。記者們在監獄人員引導下從大門走到後門觀看，女性屍體頭朝南而臥，灰色囚衣下有紅色襯衫與藍色毛呢褲，外邊以藍布包裹。兩眼之間有彈孔，流出黑濃血液，左眼睜開，右眼閉上，滿臉血汙，最終仍無法辨識死者容貌。關係人員指著屍體說明「這就是川島芳子」，記著們不由得齊聲同呼「這真的是川島芳子嗎？」

其中最惋惜的當屬中央電影第三廠的攝影師們。他們原本打算製作川島芳子生平及生命最終一刻的電影，但最後一幕卻功虧一簣。想要描繪她如何進入刑場，被子彈打中時如何倒下死亡等，這精彩的場景因為無法參觀而終至無法成形。（後略）

回到野尻湖畔的遺骨

話題回到小橋助人認領遺體時的狀況，如前所述之後，他又追加了如下內容：

再追記

有關領取貴養女遺體之動機，本次當地東單東觀音寺胡二十號，居住於觀音的日本臨濟宗妙心寺古川大航禪師，於昭和二十三年三月初旬從報紙上屢屢讀到貴養女報導，與某氏商量後，透過律師表達願意代表出面認領遺體，後亦獲得法院許可。禪師理解遺體需人認領，亦知悉閣下養女之事，加之聽聞一般中國人遺骸於行刑後皆同樣棄置一處，才趕緊出面處理。又，法院並不准許一般人，或者無關係之僧侶領取遺體，因禪師如左記為有德之高僧，因此特以允許，此處一併稟報。

禪師過往於臨濟宗妙心寺擔任宗務總長、管長代理，亦於靜岡縣興津町清見寺擔任過住持，昭和十三年以管長代理身分至北支軍隊慰問，因而來到此地，並居住至今。期間擔任北支那佛教聯合會會長、山東省布教監督，明治三十年亦曾擔任朝鮮布教監督，遍來東奔西走，乃為布教而盡力之高僧。禪師現已高齡七十八，但精神更勝少壯者。

此處清楚說明因為是有德高僧，所以特別許可認領遺體，但遺體是否就是川島芳子，仍是個謎。但是，有一個人直接斷言該遺體就是芳子。那人就是芳子胞妹十七格格顯琦，也就是現居北京的默玉。

過往的肅親王府現已改為北京襪廠，在中日戰爭結束後她曾在此居住一段時間，當時她收到一張照片。默玉說：

送來照片的是銀行員朋友陳先生，五公分見方，一般人拍攝的照片。他說透過祕密的管道從外國記者手上拿到，遺體臉部都是血汙，但親人一看就知道了。從手腳的特徵上確認，知道那肯定是芳子姊姊。

據說當日只有《生活》（Life）雜誌的攝影師獲得拍攝許可，之後該雜誌社也公開了一張行刑後眾人圍繞遺體下望的現場照片，但默玉所說的外國人記者，是否就是《生活》雜誌的攝影師，卻沒人知道。

古川大航於芳子槍決後半年的九月回到了日本。他於東舞鶴站頭受訪的新聞，刊登在《每日新聞》京都版。古川談到只有《生活》雜誌獲得許可拍攝遺體，以及打算把遺書送到川島浪速處。報導還附上一張穿著中國服裝頭戴巴拿馬帽的古川身姿。另外九月九日的《每日新聞》長野版也刊出如下報導：

傳奇命運的孩子歸來　川島芳子的遺骨送往養父住處的野尻湖畔

（靜岡發）被稱為東洋瑪塔・哈莉，擁有傳奇命運的川島芳子，最近她的遺骨由靜岡縣興津町清見寺住持古川大航師（七十八）抱回國內。稍整行裝後，禪師旋即於九日拜訪位於信州野尻湖畔黑姬草的芳子養父浪速氏（八十五），將遺骨移交給等待這次傷心會面的浪速。芳子於三月二十五日早晨以戰犯身分，在北平監獄中結束了四十三歲[312]的戲劇性人生，當時因為怕被漢奸汙名連累，芳子的兄弟姊妹、親戚、朋友等，皆駐足未前，無人敢領取遺體。古川禪師知悉此事，本著憎其罪不憎其人的佛教大乘精神，雖與芳子非親非故亦無一面之緣，仍向政府提出申請，願意出面領取遺體，後獲許可，古川禪師如此說明當時模樣。

◎處刑當日正午過後被引至監獄西門。穿過門後在草叢中放著一具門板式擔架，上面躺著穿著獄服的遺體。詢問一旁相關官員，對方回答「這就是金壁輝」。

◎掀開一看臉龐，雖然遍布血汙，但正是照片上看到的芳子模樣，趕緊拿出事先準備的脫脂棉擦拭臉部，拿毛毯包裹身體，立刻由汽車運往火葬場。當我確認懷中是否有何遺物時，從口袋滾出栗子五、六顆。心想這就是過往「男裝的麗人」最後的身姿，一面從獄方交還的遺品當中拿出軍帽，置於芳子胸前，作為她餞別的最後紀念品。

◎關於芳子處刑雖有傳出替身謠言，我因為親眼見到，因此確定絕無此事。接下來將前往信州，將遺骨交給浪速氏。

古川大航造訪川島當天，川島也委託當地黑姬山雲龍寺的永井德溫協助。雲龍寺松林圍繞，寺中的德溫方丈與芳子有一面之緣，他說：「芳子曾與浪速先生兩人來訪。大家圍著吃湯豆腐，飲酒賞月，芳子小姐還說看著月亮想起了中國的亡父。」

德溫手邊還保存一張芳子寫的厚紙箋，上面寫著「嘯月／於善光寺溫泉鄉／川島芳子」。紙箋內面記有：株式會社代表取締役三浦藤吉保管，昭和四十年川島浪速十七周年忌寄贈。寄贈的三浦也已經過世了。德溫方丈又說：

浪速先生與夫人、芳子，都祭祀於本寺中。雖然有芳子小姐替身說的謠傳，但浪速先生則懇切委託說，如果是替身，一樣為其憑弔，如果是本人，那就更該好好祭祀。戒名已經由對方取過，但我重新起了一個，經過浪速先生同意，便一直使用至今。

古川大航在當地取的戒名是「愛親璧蘲妙芳大姐」，德溫重起的則是「芳雲院龍種東珍大姐」。昭和四十年德溫再追加兩字成為東珍灑脫大姐。他的這份心思可以說也相當灑脫。雲龍寺紀錄寺內受祭人士的冥帳中，有德溫筆跡寫下古川大航送來遺骨的紀錄，上面寫著「川島翁希望德溫方丈前來與使者同席」。當天，浪速拿著古川轉交的毛髮與砂子埋於黑姬山莊內，而居住在福岡縣、過往擔任浪速祕書的庄司久子補充，在她記憶中除此之外還埋了一床芳子愛用

312〔譯注〕應為四十一歲。

的羽毛棉被。另外冥帳中還寫道：

川島芳子四十歲，在大東亞戰爭中被現在中國（社會主義國共產〔原文照錄〕）以通敵理由，當她由日本前往滿洲時遭逮捕下獄，並度過許久獄中生活。最終遭現在中國政府處以槍殺之刑。此人乃中國最後皇帝（原文照錄）肅親王的女兒，一說她是第十四公主。關於遺骨的處置方式，中國政府也覺得過意不去，因此託給當時正好在中國的妙心寺管長送來轉交川島翁。遺骨寄放德溫方丈處祭拜數年。最後六月[313]村內川島翁的山莊內建了川島之墓[314]，因將遺骨埋於其側。德溫方丈永遠記得。川島翁悲泣悲哀的身姿不忍入目。每個月都委託方丈奠祭數次[315]。

文章以毛筆細心記入。明治三十一年出生的永井德溫於昭和五十八年過世。

川島浪速在收到芳子遺骨後九個月的昭和二十四年六月十四日，在山莊嚥下最後一口氣。此時是妻子福子過世後的第四年。祕書庄司已經結婚，照顧川島的責任落在松澤勘二夫婦身上。晚年的川島懇請松澤前來同住，松澤因此賣掉自宅趕來川島的住處。松澤勘二是川島浪速小舅子佐佐木照山的學生，十八歲時獲得川島賞識，受其薰陶後前往大陸闖蕩，昭和二十二年返回日本。自己也無職業的松澤大概認為不該放著晚年的川島孤身一人吧。他的胞弟是軍神秋枝中校、而他成為松澤家養子等等，前文已經說明過了。

當時除了松澤夫婦之外，還有一位女性知道芳子槍決消息後，便趕回浪速身邊，她也同住於山莊中。六月十四日傍晚，她如往常般把溫度計夾入浪速腋下時，發覺浪速已經安靜地停止呼吸了。

松澤回憶說：

上句已經忘記了，當天他吟詠的一首詩歌，最後是以「嶺掛月一輪」收尾。不知是否是站在生與死的交界處看著一輪明月。他的意識到最後都很清楚。

現在居住於長野市的塩澤鴻一手邊收有川島浪速晚年寫的書法：

寒山無俗客　積雪埋溪橋

313〔原注〕昭和二十四年六月。

314〔譯注〕此文中記載錯誤甚多。此句若照原文解釋，大概指六月川島浪速過世後，後人於居住的山莊內建了川島家墓，因此將供養於該寺的芳子骨灰改葬於川島浪速的墓旁。

315〔譯注〕原文表達風格即如此。

鳥語林間絕　柴門長寂寥

在已經無人來訪的山莊度過年年寒冬，川島浪速寫下的此種心境，果然正如其人。開始看照川島浪速以來，松澤處於半隱遁的狀態，生活全靠津田英學塾出身的夫人擔任教職負擔。昭和二十四年九月舉行了川島浪速與芳子的正式葬禮。新聞標題是「川島芳子的正式葬禮十八日於松本市舉辦」，果然還是以芳子為主體來報導，當天的邀請函如此記載：

養父川島浪速因病於六月十四日逝世，僅辦理家內喪禮，九月十八日午後一時假松本市美須須宮（舊護國神社）會館以神道儀式辦理正式喪禮。此外，此次也一併舉行去年三月於北京逝世的乾姊川島芳子喪禮。

生前與兩位故人擁有深厚情誼的諸位　謹以上通知。

昭和二十四年九月十日

嗣子　川島良繼[316]

親戚總代　川島良平[317]

葬儀委員代表　雄谷村司　和田芳郎

葬儀事務所　松本市外淺間　三浦敬次宅（相生之湯）

不知是偶然還是故意，川島浪速與芳子正式葬禮舉行的當天，正好是九一八事變的十八周年。

有家不得歸

昭和二十六年（一九五一）三月二十四日，靜岡縣興津町清見寺舉辦了芳子的第三回忌，由當時的住持古川大航舉辦。新聞報導中提及當日古川做了回顧談，並公開展示了芳子的遺物，但現在的清見寺完全不見類似芳子遺物的東西。當時展示了什麼物品，也找不到人可以說明。

時序很快進入到所謂「已經不是戰後」的昭和三〇年代，芳子又再度成為焦點。村松梢風在戰後針對川島芳子重新寫了一部《燃燒的上海》，並由現代 Pro 公司製作成電影。山村聰扮演村松，川路龍子扮演芳子，村松自述，電影作品偏離了自己的原作，在最後場景中，村松嚴厲地批判了芳子的行為後便與之訣別（《All 讀物》昭和三十年二月號）。之後昭和三十二年

316〔原注〕川島浪速的姪兒，廉子的義弟。
317〔原注〕浪速的胞弟，良繼的父親。

（一九五七）由新東寶的野村浩將導演拍攝了《戰雲亞細亞的女王》，由高倉美雪扮演芳子的角色。過往擔任芳子家庭教師的本多松江聽到這個消息，會同人在長崎的小方八郎一同趕往新東寶攝影廠造訪野村導演，但野村只表示現在碰面也無法改變電影內容，拒絕這次拜訪，本多與小方只得改往拜會高倉美雪。根據東京中日新聞同年十一月八日的報導，兩人指責「《戰雲亞細亞的女王》中，無視現實中的川島芳子作為，只有強調醜聞的部分」，並出現了下述「要求」：

真正的芳子小姐是更堂堂正正的人，為了亞洲不惜付出生命。（中略）村松梢風先生的小說《燃燒的上海》也如此扭曲描繪，總是把川島芳子當作醜聞的主角來處理。這種電影與現實相差太多，我們特別自己拿出旅費前來說明。只要我們認識芳子，就無法漠視社會上對她的誤解。什麼「東洋的瑪塔．哈莉」這種亂七八糟的東西，芳子小姐才不是為了金錢不要性命的人。此外，依照芳子小姐各式各樣醜聞講述的故事，非常可悲的，幾乎都是推測或者想像而已。（中略）既然是傳記類作品，希望能夠依照「事實」來講述。她是一位太過傳奇性的人物，所以也被過度描繪成傳奇劇的女主人公。我們遠道而來，只想對社會傳達一些事實。（中略）電影公司雖說事實太過無趣，但真實的芳子小姐是更戲劇性的人物。對於只透過電影或小說等虛構情節來認識芳子的人而言，這實在是太可悲了。

主演的高倉美雪只回應了「電影已經進入拍攝作業，現在才要改變整個形象，已經來不及了」。不只本多松江，目前也還有兩個人不斷強調芳子受到世間的誤解。一位是住在福岡縣的川島浪速祕書，庄司久子，曾經與芳子共同生活過一段時間。她寫的長篇文章中，有如下部分：

……芳子小姐的事情，至今為止出版了許多書籍，充斥著許多負面傳聞。確實她具有不符世間常理的面向，但與我共同生活過的芳子小姐，給我的感覺絕對不是如大家謠傳般，是個利用他人的策士。我反而強烈覺得，各種偉大的日本軍人與民間人士，反而是在色與欲上利用這位清朝肅親王遺孤。

芳子小姐卓越的頭腦如此聰慧，善於縫紉、茶道、花道、料理、馬術、射擊等等，而且她的另一項特技，就是常說立刻就被拆穿的謊言。大概因為如此才經常招致誤會。在我看來她只是一位非常寂寞的女孩。在大連一同生活的時期，每天晚上都在房中獨自哭泣，如果被我撞見，她必定會要求我「絕對不可以跟父親說我在哭」。雖然她也惹出了許多麻煩，養父多少應該也覺得困擾，但最終浪速翁還是看到了芳子純粹的一面，所以比起其他王子公主，他更加疼愛這個孩子。

另一位就是芳子過世前大約十年時間，都陪伴在她身旁的小方八郎。小方也寫下了如下見解：

……我不會奉承說芳子小姐是一位理想的女性。但她也不過是個流著紅色血液的人，處於如果不假裝堅強就會被權謀計略與冷酷人際關係壓垮的世界，所以她更會去壓抑自己的寂寞感受，對外表現得更加開朗，藉以吸引人們的目光，這點希望大家能夠理解。確實她的行事作風絕非一般普通人，但我更希望大家能注意到她內心深處對人們的眷戀，以及被環境壓迫到極限的人性面。

文化大革命中因為與芳子有血緣關係而被捲入波瀾受到清算的親戚們，大概多少感到困擾，但與她沒有實際利害關係的旁觀者，只要是過往在她身邊生活過的人，都頻頻為她辯解。這個事實應該也可以成為一種評價，當我們對她至今的形象加以斟酌時，此點能給人更多的正面感受。

因為《戰雲亞細亞的女王》而產生意外波瀾後，松本市為芳子建立墓碑，據說是透過風外會[318]的協調。昭和三十三年（一九五八）五月二十一日《每日新聞》長野版報導：

去年底被拍成電影《戰雲亞細亞的女王》的女主人公，生於松本市的話題人物川島芳子，去年十二月透過相關人士的協助，樹立起她的墓碑，十九日由松本市城山正鱗寺為該墓碑舉行開光儀式，讓人憶起川島芳子華麗燦爛的過往。（後略）

當時本多松江從名古屋趕往電影公司，指責電影部分內容有誤，力陳川島芳子是一位從心底祈求東洋和平，為日本盡心盡力的偉大人物。

雖然報導中對芳子多所著墨，但實際上鳳來山正鱗寺內建立的墓碑上，當然還是川島浪速的名字刻得最大。

高約一公尺多的自然石塊中央以優美的書法刻著「國士／川島浪速之墓」，右側則是「同夫人福子」，左側「同女芳子」，角落則有「妙心寺管長八十七叟大航書」的署名。不知道是古川大航自己率先提筆所寫，或者是受風外會的懇請後才落筆，已經不得而知。墓碑內側上方打磨出一個四方形空間，首先寫著：

芳雲院龍種東珍大姐　建碑式插香

318〔譯注〕不詳，應為紀念川島浪速（雅號「風外」）而組織的團體。

古川大航雖然在北京當地為芳子取了「愛親璧薹妙芳大姐」的戒名，但最後仍依照雲龍寺德漚重起的戒名。接著是：

芳名鳴國際　纖手謀中原　龍潛幽松下　英雄未了魂
昭和三十二年十二月　花園正法山主　八十七叟大航艸

大概可以翻譯為「國際上聲名大噪的芳子，以女子之身圖謀復辟，英雄的壯志未酬，帶著王朝的血脈靜靜躺於松下」吧。龍自然是意指王室，至於「英雄」倒也不失為直截了當的表現方式。雖說是川島浪速的「親子」墓碑，但還是聚焦在芳子身上。

在古川的題詩下刻有如下字樣：

福子福德院蓮台如覺大姐　昭和二十年七月二十九日六十五歲、浪速證相院殿速通風外大居士　昭和二十四年六月十四日八十五歲、芳子芳雲院龍種東珍大姐　昭和二十三年三月二十五日推定四十二歲[319]、昭和三十二年十二月建立

附近一帶似乎是川島家的墓地，浪速墓碑對面右側還有川島姓的墓碑三座。其他還有自然

石上刻著「紅爐上一點雪」的石碑，這是為了憑弔明治三十七年日俄戰爭之際於沙河龍王廟戰死的浪速胞弟順吉而建造的。據說他臨終之際叫喊著這六個字，石碑內側有浪速的解說。碑文的文字，則署名由「大清肅親王善耆」所書寫。在日本的一隅，這個意想不到的地方竟然保存著肅親王的筆跡。

正鱗寺的墓地入口處立著一個寫有「男裝的麗人／川島芳子之墓介紹圖」的看板，墓旁則有如下告示：

男裝的麗人　川島芳子

川島芳子生於一九〇六年[320]，為清國肅親王第十三王女[321]，大正三年九歲時[322]，成為當時活躍於滿蒙的舊松本藩士，被稱為國士的故川島浪速翁養女，與同翁一同移居淺間溫泉就學於松

319〔譯注〕應為四十一歲。
320〔原注〕應為一九〇七年。
321〔原注〕應為第十四王女。
322〔原注〕應為七歲。

本高等女學校（今蟻之崎高校）。據說是位騎馬上學的活潑女孩，成為市民間的話題人物。之後，在戰爭中以中國大陸為舞台，被稱為男裝的麗人或者東洋瑪塔．哈莉，因大力協助建立滿洲國而名聘天下，昭和二十三年二月[323]，年僅四十二歲便為波瀾生涯拉下閉幕。

川島廉子來日本之後，看到這個立牌眉頭一皺。她說：「東洋瑪塔．哈莉這個說法很令人不快。因為這個發音很像『股を張る』[324]，懂日語的中國人都把瑪塔．哈莉當作妓女的同義詞。」

城山正麟寺川島親子的墓碑建立沒多久，昭和三十六年（一九六一）十月一日，在黑姬山莊的浪速十三回忌上，透過「川島翁建碑世話人會有志一同」[325]之手，眾人在山莊的舊址上立了約莫一個人高的石碑。川島浪速過往曾受過當時任職滿鐵理事的十河信二[326]照料，十河也為石碑題字：「風外川島浪速先生終焉之地」。背對著雜木林，竹林之中直立起四角形對角線的形式，立起了灰色石碑，這個場所並不在進入山莊的主要通道上，而是在平常人煙罕至的山裡。石碑的左側立有四角形木柱一支，這是芳子的墳墓。根據雲龍寺德溫的說法，古川大航送來芳子遺骨當日，川島浪速把古川移交的毛髮與北京當地的砂子、遺骨的箱子等，都埋在黑姬山莊，或許這就是埋入的地點。

昭和二十六年在興津町，如果古川大航確實有為芳子辦了回顧與遺品展示，那麼究竟展示了什麼樣的遺品，為了慎重起見我也試著問了黑姬山莊保存會事務局長中島英雄，中島拿出了一張已經變色的小紙片，並說：「我聽說處刑後從芳子的口袋中掉出寫有絕命詩的紙片，原物最終並未找到，不知是否古川師帶回去了。浪速翁抄錄的版本目前則留在此處。」

毛筆的筆跡確實是浪速筆跡無誤，角落上還注記著「在囚衣口袋中之物」。似乎美國國立公文書館所藏「屍體所拿著的紙片」，就是據此翻譯。

絕命詩的原物在何處？實際上，芳子究竟有沒有帶著絕命詩站上處刑台，事到如今都已經無人知曉了。中島展示的紙片上寫的，是川島芳子從少女時代便經常琅琅上口的詩句，作為絕命詩，大概沒有比這更合適的一首作品了。

有家不得歸
有淚無處垂

323〔原注〕應為三月。
324〔譯注〕發音為「mata wo haru」，意思可以解釋成張開大腿。
325〔譯注〕組織名稱原文照錄，中文應解釋成「川島翁建碑發起人會有志一同」，配合上下文，應即有志一同的發起人會諸位成員們，共同立碑之意。
326〔譯注〕十河信二（1884-1981）：日本政治家和鐵路官員、西條市榮譽市民。曾任愛媛縣西條市第二任市長、日本國有鐵道第四任總裁，被譽為「新幹線之父」。

有法不公正
有冤訴向誰

後記

我的寫作一向關懷受戰爭牽連而命運乖違的女性，因此從過往便一直非常關注川島芳子。她被捲入中日十五年戰爭的導火線之一、也就是所謂的上海一二八事變中，戰爭結束後在北京遭到槍決。她的命運，可以說與戰爭是一組共同體。

不過，雖然抱持關心，關於她的證詞或資料卻非常缺乏。市面上雖然已有不少著作，但幾乎都根據相同的資料。在還不能掌握新證詞與新資料的狀況下，我也不敢貿然決定要寫川島芳子的故事。

昭和五十五年（一九八〇）七月十日發生了一個令人難忘的契機，使這個在我腦中擱置許久而有點枯萎的想法，再度被注入生命。《朝日新聞》的「青鉛筆」專欄中報導了「被稱為『東洋瑪塔．哈莉』，戰爭期間在中國為清朝復辟『暗中活躍』的川島芳子，她的妹妹」希望前來日本參加同學會的消息。

接著一年之後的昭和五十六年（一九八一）八月七日，穿著白色上衣藍色棉褲，腳上套著中國式布鞋，提著紅色手提袋的川島廉子，在她穿著工人服裝的次男文肇陪伴下，抵達了成田機場，從當天起川島芳子又重新在我的胸中悸動，我萬分期待能與廉子女士見面一談。

但是一直到能與廉子敞開心懷無話不談為止，仍經過了各種曲折，但這些困難反而讓我更加振奮，當時已經感受到自己確實切入了圍繞著川島芳子的各種事實核心，激起我重新處理這些題材的心情。

川島廉子來訪日本，起因於松本高女同學會的邀請。藉此機會我當然趕緊向同學會的負責人申請與廉子女士面談，而當時的接洽者則採取了驚人的警戒態度，我甫探問之初就遭對方拒絕，負責人再三強調廉子女士此番來日與川島芳子毫無關係。在這個階段我還處於看情勢如何再決定下一步的狀態，不久獲得復原川島浪速氏山莊的麻積村村長宮下土義的協助，在他的牽線下實現與廉子女士面談的夢想。此時我終於逐漸看到整個寫作的大致輪廓。

當天，我向在麻積村公所工作的小山隆子（音譯）女士借了一張古早的賀年卡。這是從前廉子寄給小山家的卡片，圖面上設計有滿洲國的國旗。

可是，當我向廉子女士展示這張賀年卡時，她不僅沒有任何懷念的表情，一瞬間反而嘴角僵硬了。我瞬時察覺，滿洲國對廉子而言，充滿了不祥的回憶。沒想到這個她亟欲擺脫的過往，今日突然又再度遭人提起。

恐怕在現今的中國，說起提倡滿蒙獨立的川島浪速或其養女芳子的話題，仍然是一種禁忌。戰後已經過了三十九年，且中日之間也恢復了邦交，我們日本人已經輕易地回到原本安穩的心情，但中國方面仍有許多根深柢固的考量。此時我才親身感受到，要在這些考量中給川島芳子一個定位，並非如此簡單。

過了半年之後，我前往松本市市營住宅再度拜訪廉子。一面享受她巧手製作的餃子，一面在她身旁聆聽她的心底話，讓我又有了全新的認識。

昭和五十七年（一九八二）三月，廉子提起了一件訴訟。亦即，在恢復日本國籍、也就是從金廉鋁成為川島廉子後，她主張自己擁有繼承養父川島浪速二分之一遺產的權利。

這件事情在三月十七日的《信濃每日新聞》上以「為遺產繼承控告上班族／川島廉子女士」的標題進行報導。被告對方是上班族川島良繼，血緣上算是川島浪速的姪兒，與廉子一樣都入籍成為川島浪速的養子。因為我想不透為何要對相當於自己義弟的人提起訴訟，便請教了廉子女士。我記得當天她只淡淡地說出大概類似下述涵義的說法：

確實祖父肅親王夢想著復辟，養父浪速也不惜以己力加以協助。但是，川島在幫助清朝復辟的同時，我認為他也在進行自己的「復辟」。我身為肅親王家的一族，生活靠的是我們自己民族的財源，我很確定我們並不須去依靠其他人的同情。我自己並不認為受到川島父親的扶養，也不因此感到矮人一截。透過這次的訴訟，我想表明我與繼承川島家血統的人是站在對等立場上的，並希望這點能夠獲得大家公認，才採取這樣的行動。我不是為了一己私慾才這麼做。假設能夠勝訴，我也不打算把土地納為己有。

最終，昭和五十八年（一九八三）一月十五日的《信濃每日新聞》刊載了如下報導，宣告這次訴訟以和解落幕。

以「幫助日中友好」名義和解　川島廉子女士之訴訟

……和解內容，根據廉子一方的律師說明，此次訴訟標的之土地，所有人名義仍維持良繼先生，但廉子女士如果打算建設類似日中友好會館等，利用該土地促進日中友好時，雙方都必須協助實現這個想法，大致就是如此……

和解成立後過了一年多，昭和五十九年五月，良繼便過世了。

昭和十五年於大連舉行婚禮後便未在日本居住，一段時期甚至生死未卜的川島廉子女士，現在又恢復了日本國籍，對過往夢想滿蒙獨立的養父，反將了一軍。對我而言，除了學習到來自大陸的血脈竟有著如此壓倒性的黏著力之外，也了解到日本人描繪的王道樂土美夢，竟然在異族的人民間留下如此的波瀾。當初廉子女士來日不斷強調與川島芳子無關，此時也更理解當初如此主張的背景了。

我因為中國的坦白從寬政策，終於一償夙願來到日本。因為在與日本關係上犯了罪刑，因此之後要讓大家知道，我在日本重新站了起來。

聽著廉子的說明，我也更加堅定意志，要盡可能描繪出川島芳子的真實樣貌。中國現在頻頻強調文化大革命的錯誤，但所謂強調這種行為，同時也會頑固地留下一些影響。在一堆毫無根據的臆測不斷交織下，即便在社會體制已然改變的中國，川島芳子仍是遭人敵視的對象，這樣的情形讓我非常不悅，也在我的胸中開始燃起了一把火。撰寫此書，便是一種為了釐清圍繞川島芳子身邊各種事實真相的作業，而相信這樣的作業在今天仍具有相當的意義，這種信念便是支持我不斷寫作的動力。

協助本書整理成形，必須要感謝文藝春秋的半藤一利、新井信、花田紀凱等諸位的照顧。此外也感謝下列諸位的協助、建議以及資料的提供：

小方八郎／川島廉子／田中香苗／金憲立／金顯珴／金默玉／孟惠榮／金靜　金憲東／笹

川良一／中島英雄／林慧兒／蒔田廣良／村井八重／渡邊策／庄司久子／松澤勘二／柴田長男／片倉衷／百武昭子／園田真平／伊四郎／田中孝治／宮下士義／小山隆子（音譯）／村松友視／田中稔／原乙三／河本清／朝日縫子／岡田芳政／林日女子／小松蒼一／武藤清晏／田健一／佐藤浩市／佐藤文子／百瀨博行／百瀨美澄（音譯）／酒井千夫／藍原芳子／清水吉平／岩附登見／中島健男／清水弘

照片部分則借自下方諸位：

河本清／黑姬山莊保存會／小柳之湯／聖博物館／小方八郎／川島廉子／佐佐千代子／中蔦翠

筆墨真跡則向下列所藏諸位拜借翻拍：

酒井千夫／小松蒼一／黑姬山雲龍寺

藉此向上記諸位致上謝意。

昭和五十九年秋　上坂冬子

解說

文／桶谷秀昭（日本文藝評論家）

在戰爭結束前的昭和時代，川島芳子這個名號聽在我們耳中，就是一個羅曼蒂克的傳說角色。男裝的麗人，隱藏著異樣事件與飄蕩著詭異氛圍，她的身姿驅騁於大陸的風塵之中。

與我們大約同世代的曾野綾子[327]，回想起「日本對支那大陸懷抱野心的那個時期」，正值她的少女時代，她寫道：「川島芳子與橫川省三的名字，與日式的死亡美學緊緊相扣，震撼著我的內心。比起少女小說，當時這類讀物反而更吸引我的注意。」（芙蓉書房刊《喀喇沁王妃與我》序文）。曾野綾子很自然地把川島芳子與橫川省三聯想在一起，這點引起了我深切的關注。橫川省三與沖禎介於日俄戰爭初期潛入滿蒙進行軍事偵查，川島芳子則是在九一八事變前後活躍於大陸，即便兩者的時代背景不同，卻自然把他們聯想一起，究其原因，就在於川島芳

327〔譯注〕曾野綾子（1931-），日本作家。本名為三浦知壽子。

子是一種悲劇的象徵。

日俄戰爭期的日本國民情感，是基於歐洲強國俄羅斯露骨地南下侵略，因為獨立與自衛本能，國民賭上國家存亡加以抵抗的想法，同時，也伴隨著「扶清卻露」[328]的亞洲連帶情感。當時東京外國語學校教授二葉亭四迷，抱著埋骨大陸的覺悟，經由哈爾濱前往北京闖蕩，類似這樣的國民情感，可以說是最純粹的知識分子（intelligentsiya）型表現。二葉亭前往北京協助當時主持警務學堂的川島浪速，但這樣的協力關係並未長久，原因與其說是思想上的差異，不如說是文人、知識分子與大陸浪人之間的氣質差異。

川島浪速在本書中，被描繪成一個配角，是女主角的養父，他的清朝復辟夢想破裂，是個既老又殘的過時大陸浪人，不過如果欠缺這位養父的薰陶，也就不會出現川島芳子的悲劇了。川島浪速希望在滿蒙建立一個強力的國家，用以對抗俄羅斯，拯救清朝，這種亞細亞主義的構想，從他於明治十九年離開外國語學校前往大陸後，便未曾改變。這個構想的底蘊，那股純粹的心情，則由其盟友清朝皇族肅親王的女兒顯玗（芳子）繼受。

川島浪速的亞細亞主義，出發點與昭和時期操控滿洲國的官僚統治本質不同，浪速他們的想法，從投身生活於中國民眾之間開始：一起吃苦，以自己的肌膚去感受民眾，這種實踐欲望發展成一種可以為中國民眾而死的信念。芳子繼受的，正是此種思想，日本敗戰後她在獄中書信裡也有談到這個部分。那份對血脈相連同族的想念，對她而言是極其自然的表現。

但是，造成芳子悲劇的原因之一，也是因為有個殘酷的要素介入。這個要素，作者上坂冬子不敢斷言直說，但我們仍然可以推測得出，那就是因為她身為女性而不得不面對男女性事上的抑鬱委屈。一位十七歲的少女，突然剪斷頭髮化身為男性的異樣行為，大概只能說是一種殘酷。

上坂寫作的意圖之一，就在於剝除男裝麗人這個浪漫的外衣，想要追究芳子的真實形象，但這種殘酷的意象，卻也更添加了芳子身為女性英雄的姿態。那是與女豪傑、女丈夫、有知識教養的女史等經常可見的畸形刻板形象不同，是另一種的傷痛。川島芳子的傷痛，與受到近代人權意識形態毀損女性自然本我的女史類型不同，那股傷痛讓我不由得感到同情，這位女性的天性，如果放在不同的時代或環境中，或許可以出現更圓滿的結局。

她機敏的行為、因為想與人親近而滿溢的激情，都遭陰謀的細網所纏繞、捕捉、甚至利用。如果不帶同情的批判，便會認為這是一種性格的缺陷，例如她的說謊癖、自我展示欲、對男性奔放的情慾史等等。從外界來看，很容易把她當成是某種天真爛漫、毫無防備的天性遭受扭曲後的類型。不過當她因為漢奸罪名被置於生死關頭上時，仍然設法拯救相關人士的性命，可以看出她的本性是一位不後悔犧牲自己性命的人。

328〔譯注〕「露」指「俄羅斯」。

與以一介女身，將青春奉獻給國家工作，而且不至於毀損自己天性，之後擁有圓滿家庭，順利過完一輩子的河原操子相較，川島芳子的傷痛便更為清楚明顯。

河原操子從御茶之水女子高等師範學校畢業後，先回故鄉長野縣立女學校任職，因為想要一償平日宿志，之後又離開橫濱的大同學校教職，渡海前往上海的務本女子學堂擔任教師。接著更為了擔任內蒙古喀喇沁王府教師，單身從北京啟程前往喀喇沁。

她在《蒙古土產》一書中如此寫道：「喀喇沁在何方？在北京的東北。途中需要歷經九天的旅程。途中除了風景千篇一律外，其他什麼事情都沒被告知，不僅沒被告知，我自己也全然不了解狀況。」明治三十六年（一九〇三）十二月，日俄之間風雲詭譎，她除了表面是喀喇沁王府的日本人教師，也得負責探查蒙古境內俄羅斯勢力的動態；此外，為了方便橫川省三、沖禎介的偵查行動，她也被委託負責日本國家政策中必須暗中執行的機密業務。喀喇沁王府內大多數人都屬於親俄派，操子完全不知何時會遭遇哪種危難，因此河原一直以來，都是短刀與護身用手槍絕不離身的狀態。

一位正值二十幾歲的女性，擁有什麼樣的動機，懷抱何種的宿志，才會想渡海前往大陸呢？她落落大方，極其自然地寫道：「在厚冰之下暫時被閉鎖的宿志，也就是投身清國女子教育的希望，在暖春陽光的沐浴下，又如草木般復甦萌芽了。」一位如此年輕的女性，卻能如此自然地下了這個決心，這應該就是河原操子的人格，也是那個時代的心聲。那是一個石光真清[329]所謂的「國家的命運和個人的未來被緊緊繫在一起的時代」(《望鄉之歌》)。那個時代的心情,在日俄戰爭之後便失去了。

保田與重郎[330]在昭和一〇年代中期,於改版的《日本之橋》雜誌上發表了一篇〈河原操子〉。他寫這篇文章的動機,在於追思已經失去的遙遠文化情操,以及抗議昭和戰間時期的國策言論:

古代封建之世,與其教導女子意識形態的表現方法,更著重於努力創作文化的母體基礎,其結果,便是在這個新日本的動亂期,藉由一位日本少女之手,讓國家躍然於整個世界舞台上。女人講道理、宣傳思想時不需靠嘴巴。女史們不論是在和平還是戰爭時期,她們展現出來最高明的人類行為之一,就是不依賴人工性的理論,她們依照的理論,是最自然的,發自內心的愛的教誨。小生今日為了想要批判當下非常時期型、國策型的女丈夫諸君,指責她們非日本的一面,因此文章中不厭其詳地討論了有關河原女史的事蹟。

329〔譯注〕石光真清(1868-1942):日本軍人、諜報活動家,最終階級為陸軍少校。

330〔譯注〕保田與重郎(1910-1981):日本文藝評論家。

回過頭來思考川島芳子時，如本書作者所介紹的那般，有第三者批評說，考察芳子既帶傷痛又充滿華麗的行為軌跡後，發覺她缺乏任何明確的思想體系，但正因為如此，這也暗示著她扭曲心理下的愛，而這種愛正是造成她奔放行為的原因。當她的心情表現在行為上時，便屢屢加強了她想由高崖上一躍而下的決心。剪斷頭髮、改穿男裝，就是最初的行為表現。

上坂寫道：「或許芳子以她自己獨特的感受性，察覺了養父浪速進退維谷的實情。無論真相如何，此時期理了個大平頭的芳子，她的舉止未必能以一句『古怪』，便可解釋清楚。」這是大正十三年（一九二四）十月的事情。浪速的盟友肅親王兩年前於旅順過世。浪速經歷了兩次受挫的滿蒙獨立計畫後，袁世凱突然死去，中國進入軍閥割據時期。

大正十三年，發生了第二次直奉戰爭。日本政府與陸軍首腦們苦惱、議論著究竟應該支援奉系軍閥張作霖，還是該支持直系軍閥吳佩孚。當年九月川島浪速前往東京，一天夜裡在帝國飯店裡，對各政黨幹部、陸軍、貴族院的老支那通、在野關心支那問題的有志之士等眾人面前，舉行了一場演講。講話內容被速記下來，收錄於名為《支那的病根》的傳單上，從該文章可以一窺當時川島的心境。

簡單來說，關於國家統一，他對支那人的國民性感到絕望。也就是被稱為「一盤散沙」的特性。高度發達的利己之心，只讓小個體變得堅固，但與其他個體間卻完全缺乏黏合能力，就像沙子的特性一般。因此川島浪速主張不應該期待任何新興勢力，不管是張作霖還是吳佩孚，甚至是孫文的國民黨，他們都是不值得期待的幻想，因為所有人都犯了「一盤散沙」的民族性病根，所以支那只能如沙子般一路崩盤下去，前方完全看不到統一與安定。此時日本如果深加介入，那將會是最愚蠢的舉動，最好的策略應該是，只要在日本的利益與權利不受侵犯的前提下，繼續保持在旁靜觀其變的態度。

不過，他也有稍微暗示，當混亂至極時，仍可能透過滿蒙民族以強大武力進行統一，但這不免給人只是附加性說明的印象。川島浪速在這個時間點上，早已把清朝復辟這種想法當作可笑的夢想，捨棄不論了。

男裝的國士川島芳子，可以說從養父浪速的絕望感中飛騰而出。如果說芳子抱持著到死為止都要與國民黨戰鬥，要為清朝復辟而犧牲性命的想法，那這個信念的出處，與其說是承繼養父浪速過往的夢想，還不如說是因為浪速的絕望感讓她產生鋌而走險的扭曲心態。

最終關東軍以武力支配了滿洲，出現了傀儡國家滿洲帝國，這與浪速過往的夢想完全是天差地別。想當然爾，這種局勢也無法撫慰當時暗地裡活躍的芳子。作者引用那首芳子經常掛在嘴邊的詩句：「有家不得歸，有淚無處垂；有法不公正，有冤訴向誰」，完全貼切地描述了這位走過傳奇命運的女性一生。

而那同時也暗示著，在明治文明開化期抱持興亞理想的一介青年川島浪速，隨著他象徵的理想隕落，也帶來了遠東日本的近代悲劇。

參考文獻

《アジアの曙》／田中正明／日本工業新聞社
《一億人の昭和史》①満州事変前後、②満州事変／毎日新聞社
《楳本捨三著作集》④銃殺こそわが誇り／楳本捨三／秀英書房
《女スパイ第一号》／駒場英之／ルック社
《回想の満洲国》／片倉衷／経済往来社
《川島浪速翁》／会田勉／文粋閣
《川島芳子獄中記》／林杢兵衛編／東京一陽社
《漢奸裁判史》／益井康一／みすず書房
《近代日本総合年表》／岩波書店
《近代日本の女性誌》⑦国際舞台の女たち／円地文子監修／集英社
《粛親王》／石川半山／警醒社書店
《粛親王家の人々》／原田梅奩記／自作小冊子
《証言》①私の昭和史／東京 12 チャンネル報道部編／学芸書林
《昭和の歴史》④／江口圭一／小学館

《人物近代女性史》⑥／瀬戸内晴美編／講談社
《世界の歴史》⑬／村瀬興雄／中央公論社
《戦前期日本官僚の制度・組織・人事》／戦前期官僚制研究会編／東京大学出版会
《田中隆吉著作集》／田中隆吉／自費出版
《男装の麗人》／村松梢風／中央公論社
《東亜先覚志士記伝（中）》／黒龍会編／原書房
《動乱の蔭―私の半生記》／川島芳子／時代社
《日本陸海軍の制度・組織・人事》／日本近代史資料研究会編／東京大学出版会
《破天荒―人間笹川良一》／山岡荘八／有朋社
《原田伴彦著作集》⑥人物史夜話／原田伴彦／思文閣出版
《遥かなり大陸―わが東拓物語》／大河内一雄／績文堂出版
《秘録・川島芳子―その生涯の真相の謎》／渡辺龍策／番町書房
《女間諜川島芳子》／《秘録・川島芳子》簡中版／江蘇人民出版社
《別冊一億人の昭和史》②満州④続満州／毎日新聞社
《松風の跡》／本多まつ江顕彰会／自費出版
《満州建国側面史》／宮内勇編／新経済社
《満州帝国》①②③／児島襄／文藝春秋
《陸軍大将本庄繁》／林政春／青州会陸軍大将本庄繁伝記刊行会
《わが半生上下―「満州国」皇帝の自伝》／愛新覚羅溥儀／筑摩書房

川島芳子年表

西元紀年	川島芳子生平大事	中國與世界重要大事摘要
一九〇七	明治四十年／出生於北京，為皇族肅親王善耆第十四格格。	
一九一一		宣統三年／十二月，革命派人士選出孫文作為「中華民國臨時大總統」。
一九一二	大正元年／因辛亥革命清朝遭到推翻，肅親王舉家逃往旅順（今大連）。	民國元年／一月，「中華民國」宣布於南京成立。此即為辛亥革命。清廷全權委託握有軍權的「袁世凱」對抗革命黨，希冀藉此解除危機，但袁世凱反與革命政府勾結，提出自己可迫使「宣統帝（溥儀）」退位作為條件，從孫文手中接過臨時大總統的職位。清朝至此告終，中國的專制王朝體制也劃下句點。
一九一四	大正三年／芳子七歲。抵達日本成為川島浪速養女。川島素與肅親王至交，也是滿蒙獨立運動的提倡者。芳子進入豐島師範附屬小學就讀，之後進入跡見高等女學校。	民國三年／第一次世界大戰爆發。

一九一五

民國四年／日本「大隈重信內閣」對袁世凱政府提出《二十一條要求》，企圖擴大日本於山東半島等地之權益。

一九一六

民國五年／袁世凱企圖透過鎮壓革命黨人以強化獨裁體制，並即位稱帝，企圖恢復帝制。但在國內外反對聲浪中受挫失敗，並於當年去世。

一九一八

民國七年／十一月，第一次世界大戰結束。

一九一九

民國八年／「巴黎和會」中，中國政府強烈要求廢止《二十一條要求》，但和會並未採納。北京大學的學生們於五月四日發起抗議運動，主張拒買日貨，風潮擴大到全國。此即「五四運動」。

一九二一

大正十年／芳子十四歲時移居松本市淺間溫泉。轉學至松本高等女學校（今蟻之崎高校）。

民國十年／孫文組織「中國國民黨」，同年於廣州成立「革命政府（日本亦稱廣東政府）」。陳獨秀等人受俄國革命影響，接受「第三國際」指導成立「中國共產黨」。

一九二二

大正十一年／芳子生父肅親王過世，回到滿洲參加喪禮。半年後返回松本，欲回松本女高復學卻遭拒絕。剪短頭髮換上男裝。

西元紀年	川島芳子生平大事	中國與世界重要大事摘要
一九二三	大正十二年／九月一日日本發生關東大地震。	民國十二年／孫文與蘇聯接觸日深，該年開始承認共產黨員加入國民黨，是為「第一次國共合作」。
一九二四		民國十三年／「外蒙古」逐步推進脫離中國政府的獨立運動，並受俄國革命影響成立人民革命政府，在蘇聯的援助下成立了「蒙古人民共和國」。
一九二五		民國十四年／三月十二日，孫文病逝。
一九二六		民國十五年／「廣州政府」改為「國民政府」，在握有軍權的蔣介石指導下，為了打倒北方軍閥統一全國，於該年展開「北伐」。
一九二七	昭和二年／芳子換回女裝。與致力於滿蒙獨立的蒙古將軍巴布扎布之子甘珠爾扎布成婚。	民國十六年／四月，因共產黨勢力逐漸強大，蔣介石感受到威脅，開始鎮壓共產黨（清黨／四一二事件），國共合作至此瓦解。
一九二八		民國十七年／繼續「北伐」，同年東北軍閥首領張作霖遭趕出北京。張作霖於返回奉天（今瀋陽）途中，遭日軍炸死。張作霖之子張學良繼承父親勢力，接受蔣介石指揮。至此中

一九三〇

昭和五年／芳子結束三年婚姻，再度換上男裝。在上海與日本上海公使館付武官補佐田中隆吉接觸，成為田中諜報部的成員之一，以「十四號女間諜」的名義從事間諜活動。

國幾近統一，蔣介石亦開始於南京國民政府擔任主席。

一九三一

昭和六年／九一八事變爆發，在田中的命令下，芳子開始接受關東軍參謀板垣征四郎指揮，協助末代皇帝溥儀的皇后婉容逃出天津，至「滿洲國」建立時擔任皇宮女官長。

民國二十年／國共分裂後，共產黨於農村設立「蘇維埃區」，沒收地主土地分配給農民，進行土地改革以作為革命據點。同年於江西瑞金成立「中華蘇維埃共和國臨時政府」（主席為毛澤東）。日軍自行炸毀柳條湖一段日方架設的鐵路，並誣賴此「南滿洲鐵道爆破事件」為張學良軍隊所為，最後演變至日軍進佔東北全境。（此即「九一八事變」，日本稱「滿洲事變」）

一九三二

昭和七年／芳子參與上海一二八事變（第一次上海事變）。

民國二十一年／日軍扶持成立「滿洲國」，並迎來清遜帝溥儀，即滿洲國皇帝位，成為日本的傀儡國家。

一九三三

昭和八年／芳子以「熱河安國軍總司令官金璧輝」的身分，參與熱河作戰。

民國二十二年／「國際聯盟」根據「立頓調查團」的報告，決議不承認「滿洲國」，日本因而退出國際聯盟。

一九三七

昭和十二年／芳子為了治療脊椎而至東京就

民國二十六年／七月，以發生於北京郊外的蘆溝橋事件為藉

西元紀年	川島芳子生平大事	中國與世界重要大事摘要
	醫，出院後回到松本休養。後於松本高女與松本市公民館，發表批判日本大陸政策的演講。在中國天津經營「東興樓」中華料理店。	口，日軍在未宣戰的情況下展開全面性侵略戰爭，「中日戰爭」自此展開。為此，國共再次展開合作（第二次國共合作）。十二月，日軍占領首都南京，並對俘虜與一般市民施加暴力、展開殘殺（南京大屠殺），日本因此受到國際指責。
一九三九		民國二十八年／九月一日，第二次世界大戰爆發。
一九四〇	昭和十五年／芳子著作《動亂之蔭——我的半生記》發行。因批判日本軍部的發言過多，芳子甚至被軍部視為危險人物而意圖暗殺。	
一九四一		民國三十年／十二月七日，日本海軍偷襲珍珠港。
一九四五	昭和二十年／十月，芳子遭蔣介石的國民政府憲兵逮捕。	民國三十四年／八月六日，美軍於廣島投下原子彈。八月九日，美軍於長崎投下原子彈。九月二日，第二次世界大戰結束。
一九四七	昭和二十二年／芳子因為不具日本國籍，法院認定其並非日本人，並以漢奸罪名判處死刑。	

年份	日本	中國
一九四八	昭和二十三年／三月二十五日清晨五點，芳子被執行槍決，死時四十一歲。	
一九四九	昭和二十四年／芳子養父川島浪速過世，享壽八十五。	民國三十八年／毛澤東宣布成立「中華人民共和國」。蔣介石的「國民政府」退至臺灣。

川島芳子：男裝麗人的時代悲歌

男裝の麗人・川島芳子伝

全新修訂版

作者—上坂冬子
譯者—黃耀進
主編—洪源鴻
責任編輯—洪源鴻
行銷企劃總監—蔡慧華
封面設計—虎稿・薛偉成
內頁排版—虎稿・薛偉成
社長—郭重興
發行人兼出版總監—曾大福
出版發行—八旗文化／遠足文化事業股份有限公司
地址—新北市新店區民權路108-2號9樓
電話—02-22181417
傳真—02-86671065
客服專線—0800-221029
信箱—gusa0601@gmail.com
Facebook—facebook.com/gusapublishing
Blog—gusapublishing.blogspot.com
法律顧問—華洋法律事務所／蘇文生律師
印刷—成陽印刷股份有限公司
出版—二〇二二年五月／二版一刷
定價—四八〇元

◎本書初版為《亂世的犧牲者：重探川島芳子的悲劇一生》（2015.12）

ISBN｜9786267129104（平裝）、9786267129128 (ePub)、9786267129111 (PDF)

川島芳子：男裝麗人的時代悲歌
上坂冬子著／黃耀進譯／二版／新北市／八旗文化出版／
遠足文化事業股份有限公司發行／民 111.05
譯自：男装の麗人・川島芳子伝
ISBN：978-626-7129-10-4（平裝）
1. 川島芳子　　2. 傳記
782.886　　111003615

國家圖書館出版品
預行編目（CIP）資料